JN434972

신자유주의와 감성

감성총서 25

신자유주의와 감성

인 쇄 | 2018년 6월 12일
발 행 | 2018년 6월 15일

저 자 | 정명중
발행인 | 정병석
발행처 | 전남대학교출판문화원

등록 | 1981. 5. 21. 第53호
주소 | 61186 광주광역시 북구 용봉로 77
전화 | (062) 530-0571~2 마케팅 530-0573
팩스 | (062) 530-0579
홈페이지 | http://www.cnup.co.kr
이메일 | cnup0571@hanmail.net

값 12,000원

ISBN 978-89-6849-509-0 (93810)

이 저서는 2008년 정부(교육과학기술부)의 재원으로
한국연구재단의 지원에 의한 것임(NRF-2008-361-A00006).

감성총서 25

신자유주의와 감성

— 정명중 —

전남대학교출판문화원

책머리에

우리는 유리처럼 나약해
곧잘 깨져서는 서로를 할퀴네
절망처럼 검은 밤이면
서로의 체온 속을 파고들면서도
— 김윤아 「유리」 중에서

이 책은 신자유주의Neoliberalism에 관한 치밀한 분석서나 이론서가 아니다. 대신 신자유주의 체제가 오늘날 생활세계에 남겨 놓은 심각한 감정적 폐해와 상흔을 추적하고 기록한 일종의 보고서라고 해두자.

총력전total war과 흡사한 무한경쟁의 이념을 앞세워 신자유주의 체제는 유동성과 유연성 그리고 혁신과 계발의 미덕을 우리들에게 집요하리만치 다그쳤다. 그러나 결과적으로 사회는 일시적이고 찰나적인, 그래서 예측 불가능하고 위험천만한 '무無사회' 상태로 주저앉고 말았다.

게다가 경쟁에서 밀려난 숱한 루저loser들이 좀비 떼처럼 곳곳에서 창궐했다. 그들은 잉여redundancy로 취급되거나 때로는 내부의 악령 노릇을 떠안은 채 사회에 불안과 우울의 짙은 그림자를 드리웠다.

비루한 루저들의 마음을 지배하는 것은 바로 증오와 원한의 감정이다. 책을 관통하는 핵심어 두 개를 꼽는다면 역시 증오와 원한이다. 이 부정적이고 파괴적인 감정이 오늘날 온갖 혐오의 감정들, 이를테면 젠더혐오, 인종혐오, 계급혐오, 세대혐오, 소수자혐오 등의 근원적 토대라고 판단한다.

사회를 그 뿌리에서부터 좀먹어 가는 증오와 원한의 감정을 해소하거나 약화시키기 위해서는 과연 어떤 조치들이 필요한 것일까. 그러나 책에서 그 근본적인 해법 같은 것을 제시하지 못해 유감이다. 다만 다음을 강조하고자 했다.

무엇보다도 먼저 인간의 실존적 조건인 취약성vulnerability을 부정하지 말아야 한다. 곧 완전성에 대한 불합리한 이상을 접고, <의존성=수치>의 도덕관념을 효과적으로 떨쳐내야 한다. 그럼으로써 자기배려와 타자성(공유성)의 윤리가 함께 실현되는 '공감共感의 장場들'을 만들 수 있어야 한다.

물론 아직은 공소한 당위적 주장처럼 보인다. 마땅히 주장의 실천적·정치적(윤리적) 근거들을 더 면밀히 살핀 다음 그것들을 체계적으로 정교하게 가다듬었어야 했다. 안타깝지만 미진한 부분은 훗날의 과제로 남겨둔다.

지난 10년간 감성인문학 Emotion-Humanities이라는 전인미

답의 영토를 그야말로 헤맸다. 좌고우면 와중에 신자유주의의 문제를 겨냥하거나 내심 염두에 둔 글만을 모아 책으로 엮었다. 내세울 게 없다. 그러나 나름의 진정성과 문제의식으로 신자유주의의 폐해를 천착한 결과물이라고 스스로 위안해 본다.

깜냥이 미치지 못함은 두고두고 부끄러울 일이다. 다만 이 부끄러움조차 앞날의 공부를 위한 자양분이기를 감히 소망한다. 이 자리를 빌려 집단지성의 가능성과 힘을 동시에 일깨워준 전남대 호남학연구원의 모든 동료에게 감사의 마음을 전한다.

2018년 6월

정명중

차례

치유를 말하기 이전에

유행의 이면

우리들 중 상당수는 불안과 우울, 고독과 아픔의 나날을 살고 있는 게 틀림없다. 빈번히 회자되는 치유(또는 치료)라는 낱말이 주는 울림이 예사롭지 않은 이유이다. 그러한 울림에 대한 나름의 실천적 응답이리라. 인문학 내에서도 치유의 문제를 화두로 삼아온 지 꽤 오래다.

치료하여 병을 낫게 함. 이것이 치유의 뜻이다. 그러나 치유란 우선 특정한 병을 전제해야만 성립되는 개념이다. 따라서 치유라는 말 그 자체가 주는 긍정적 뉘앙스에도 불구하고 이 말이 유행한다는 것은 우리의 삶이 심각하게 병들어 있음을 오히려 반증하는 것이다.

하여간 어떤 낱말의 유행이 그것의 실질을 결핍하는 경우가 있다. 예컨대 우리 사회가 행복한 사회라면 행복학과 같은 유사학문이 회자될 리 없다. 말하자면 어떤 것의 유행은 곧 그것의 결핍이다. 치유라는 말이 유행하는 이면에 무엇인가 치유돼야 하지만 근본적으로 그렇게 되지 못하는 정황 같은 것이 가로 놓여있는 것이다.

각설하고, 지금껏 근대(혹은 서구) 의학 또는 정신의학이 인간의 신체와 정신에 대한 독점적 지배권을 행사해왔다고 할 수 있다. 그러한 독점 현상을 반성하고 비판하고 있다는 점에서 각종 인문학적 치유 프로그램의 등장은 일단 고무적이다. 건강한 삶을 살기 위해 우리가 취할 수 있는 선택지가 그만큼 더 넓어졌다는 뜻이다.

그러나 유감스러운 것은 치유에 대한 세간의 비상한 관심에 무엇인가 빠져있다는 점이다. 미리 말하자면 오늘날 치유담론에는 그 진정한 의미의 '사회'에 대한 성찰이 결여돼 있다.

한편 오래전부터 인문학의 위기가 회자됐고, 그 타개책으로 인문학의 외연 확장이 지속적으로 논의돼 왔다. 그러나 위기의 타개나 외연의 확장 차원에서 인문학이 치유의 문제를 끌어들이는 것이 비단 근대적 의학 또는 정신의학에 대한 대안적 기능에 그 소임을 한정하는 것이 돼서는 안 될 것이다.

물론 여기서 현재 진행형인 다양한 인문학적 치유담론의 이념적 맥락이나 방법론을 모조리 분석하고 검토할 수는 없다. 더군다나 여러 문헌들을 조사한 결과 이 문제와 관련하여 인문학 안에서 그간 제시되었던 이론적 스펙트럼이 넓고 실천적 성과도 상당해 보인다.

따라서 인문학 내에서 의욕적으로 실험되고 있는 다양한 치유 프로그램들에 대해 그야말로 각론 차원에서 메스를 들이대는 것은 엄두도 낼 수 없는 일이다. 다만 치유의 문제가 근본적으로 어디에서 출발해야하고, 또 궁극적으로 어디로 향해야 하는가에 대해 약간의 제언을 하고자 한다.

병病이라는 형이상학

오늘날 치유담론들은 매우 다양하다. 그러나 이 담론들이 대체적으로 근대의학의 사각지대에 관심을 기울인다는 점에서 일치점이 있다. 이를테면 기존의 의학은 신체의 병에만 집중한 나머지 인간의 건강한 삶을 온전히 담보해내지 못했고, 대신 마음의 병에 초점을 맞춰야 한다는 식의 주장이 퍽 일반화 돼 있기 때문이다.

이러한 경향을 대상화된 신체 또는 사물(객체)로서의 인간에 대한 보이콧으로 이해해도 좋다. 아니면 신체와 마음의 조화를 내세우는 일종의 전일주의holism라 해도 상관없다. 이러한 점들에 비춰볼 때 오늘날의 치유담론들이 대체로 근대적 삶이 낳은 모순에 대한 문제의식에서 출발한 것이라고 선의로 해석해볼 여지도 분명 있다.

그러나 그러한 문제의식 안에 신체의 그것이건 마음의 그것이건 병(혹은 병이라는 관념) 그 자체에 대한 급진적인 물음이 전제되어 있는가, 하는 점은 의문이다. 오늘날 치유담론들은 병에 대한 근대적 관념을 실천적으로 극복하고 있는 것일까. 그렇지 않다면 즉 병이라는 이 근대적 관념을 의심하지 않는 한 우리는 근대의학 패러다임을 넘지 못할 것이다.

근대의학은 이른바 병원체설로부터 시작했다. 병원체설은 달리 병의 특이 원인론이라고도 한다. 이는 각각의 질병은 명확한 원인을 가지고 있고 그 원인이 되는 작용 인자를 공격하거나 혹은 신체의 병든 부위에 치료를 집중시킴으로써 그것을 박멸할 수 있다는 관념이다.

문제는 이러한 관념이 '전체로서의 환자' 또는 '환자의 환경 전체'를 중시했던 고대의 히포크라테스적 의학 전통을 완전히 붕괴시켰다는 점이다. 한편 가라타니 고진柄谷行人은 병원체설에 뿌리를 둔 근대의 질병 관념이 형이상학적 이데올로기에 불과함을 다음처럼 지적한 바 있다.

> 즉 결핵균은 결핵의 <원인>이 아니다. 거의 모든 인간이 결핵균이나 그 밖의 미생물 병원체에 감염된다. 우리는 미생물과 함께 살아가고 있으며, 그것이 없으면 소화도 되지 않고 살아갈 수도 없다. 몸속 병원체가 있는 것과 발병하는 것은 완전히 다른 일이다. 16세기에서 19세기에 걸쳐 서양에서 결핵이 만연한

것이 꼭 결핵균 탓도 아니고 그것이 감소한 것이 꼭 의학의 발달 덕분이라고만은 할 수 없다. 그러면 무엇이 궁극적인 원인인가 하고 물어서는 안 된다. 원래 하나의 원인을 확정 지으려는 사상이야말로 신학·형이상학적인 것이다.

뒤보스의 말처럼 <인간과 미생물의 투쟁>이라는 이미지는 정말 신학적인 것이다. 세균이라는 것은 눈에 보이지 않지만 산재되어 있는 <악>인 것이다.(…)

코흐는 결핵균을 발견한 것은 사실이다. 하지만 그것이 결핵의 원인이라는 것은 프로파간다이다. 뿐만 아니라 사람들이 이 학설을 쉽게 받아들인 것은 그것이 신학적 이데올로기였기 때문이다.[1]

우선 위의 인용에서 몸속에 병원체가 있다는 사실과 병이 발병하는 사태는 완전히 다른 일이라는 진술에 주목해보자. 예컨대 푸코M. Foucault는 "질병이 자리 잡은 신체corps de la maladie와 병든 사람의 신체corps de l'homme malade가 완전히 일치하는 경우"는 우연적인 사태에 지나지 않다고 했다. 게다가 그것의 완전한 일치란 하나의 가상 또는 허구fiction일 가능성이 높다. 왜냐하면 "우리가 어떤 눈으로 질병을 바라보는가"[2]에 따라 그 사태는 전혀 다르게 보일 수 있기 때문이다.

이러한 맥락에서 일개 학설에 불과한 병원체설이 우연적인 사태를 마치 필연적인 것인 듯이 간주하고, 이어 병에 대한 다른 시선(관점)들을 모조리 배제(억압)한 채 하나의 시선만을 특권화 한다는 점에서 그것은 프로파간다 이상이 아니다.

그러나 그러한 프로파간다가 여전히 지배적인 영향력을 행사하는 이유는 일정한 사태를 앞에 두고 하나의 원인(실체)을 찾거나 확정지으려는 신학적 이데올로기 때문이다. 이 이데올로기에 대해 니체F. W. Nietzsche는 이미 '번개와 섬광의 분리'라는 비유를 통해 다음처럼 비판했다.

> (…) 그것은 마치 사람들이 번개를 섬광에서 분리하여 후자를 번개라 불리는 어떤 주체의 **활동**이며 작용이라고 가정하는 것과 마찬가지로, 민중의 도덕도 마치 강자의 배후에는 강한 것을 나타내거나 나타내지 않는 것을 **자유롭게 할 수 있는** 일종의 중립적인 기체가 있는 것처럼, 강한 것을 강한 것을 표현하는 것과 분리한다. 그러나 그러한 기체는 존재하지 않는다. 활동, 작용, 생성 뒤에는 어떤 '존재'도 없다. '활동하는 자'는 활동에 덧붙여 단순히 상상에 의해 만들어진 것이다. — 활동이 모든 것이다. 사람들은 번개가 번쩍일 때, 실제로는 활동을 중복시킨다. 이것이 활동의 활동이다 : 같은 사건을 한 번은 원이라고 보고 다른 한 번은 결과라고 보는 것이다. 자연과학자들이 "힘이 움직이게 한다. 힘이 무엇을 일으키는 원인이다."라고 하며 그와 같은 것을 말했지만, 사태를 좀 더 잘 만든 것은 아니다. — 우리의 과학 전체는 그 모든 냉정함, 감정에서 해방되었음에도 불

구하고 여전히 언어의 유혹에 사로잡혀 있으며, '주체'라는 뒤바뀐 기형아에서 헤어 나오지 못하고 있다. (예를 들어 원자란 그러한 기형아이며, 칸트의 '물자체'도 또한 같은 것이다.)[3](강조-원문)

요컨대 하나의 동일한 사건을 쪼개서 한쪽을 원인으로 다른 한쪽을 결과로 보는 일은 작위적이며 언어적 환상이다. 즉 어떤 사태와 사건의 배후에 있는 것으로서, 게다가 중립적이기까지 한 어떤 실체로서 주체를 상정하는 일은 형이상학적 허구이다.

우리는 병과 싸운다, 라는 말을 즐겨 사용한다. 그러나 이는 "병이 마치 작용하는 주체로 존재하는 것처럼 간주하는 말투"일 뿐이다. 물론 '병을 고친다'라는 표현 역시 "고치는 주체(의사)를 실체화"[4]한다는 점에서 이미 신학적이다.

예컨대 정과리가 『의학과 문학』에서 "의학이 인간의 육체에 침범한 병maladie을 퇴치하는 데서 시작되었다면 문학 역시 인간의 정신을 침범한 악mal을 몰아내는 데서 시작되었"[5]다라는 식으로 말한다. 문학과 의학의 기원이 그 기능에서 동일하다는 것이다. 그러나 그 본 취지와 상관없이 그러한 주장 역시 이미 형이상학적이고 신학적일 뿐이다.

이때 병maladie과 악mal의 어원적 유사성은 문제가 아니다. '병'이 '악'으로 치환되고, 혹은 '병'이 어떤 실체나 '주체'로 변환되는 형이상학적 토대가 문제인 것이다. 게다가 그러한 토대를 근대의학뿐만 아니라 근대적 사유 패러다임 전체가 공유하고 있다는 점이 더 심각하다.

통곡의 골짜기

오늘날 치유담론들이 저와 같은 이데올로기에 대해 근본적인 물음을 접고 인간의 정신적 병리나 고통의 문제를 실체화된 개인 또는 자기self 차원으로 환원해버리는 식의 일을 계속하는 한, 인간과 사회의 병리를 치유하겠다는 포부는 실현불가능한 일이 될 것이다.

게다가 더 이상 쪼갤 수 없는 최소 단위(실체)로서의 개인이라는 관념이 과연 광범위하게 받아들여질 수 있는 것인지도 의심스럽다. 우리는 자유로운 개인이라는 말을 일상적으로 사용한다. 한데 그러한 개인을 실재하는 것으로 받아들이는 것이 정당한가. 더군다나 우리가 '자유로운'이라는 술어를 사용할 때, 그것이 무엇으로부터 자유로운 것인지에 대한 철학적 성찰도 충분히 진전된 것처럼 보이지 않는다.

그러나 이에 대한 논의는 일단 접어두자. 강조하고 싶은 것은 우리가 치유의 문제를 사유하기 위해서는 소위 환자 개인이 아니라 개인을 떠받치고 있는[6] 환경 전체 또는 시스템에 대한 발본적인 문제제기가 전제되어야 한다는 점이다.

예컨대 우리 앞에 소위 문제아 또는 불량학생이라 불리는 한 청소년이 있다. 물론 학교 공부에는 아무런 관심이 없다. 학교를 빠지는 일도 다반사이고 하루가 멀다 하고 갖은 비행(?)을 일삼는 그야말로 사고뭉치이다. 어떤 교정 노력도 소용없다. 교사도 부모도 포기했다.

우리는 이 학생을 도대체 어떻게 처리해야 할까. 물론 이 학생에 대해 다양한 진단을 내릴 수 있다. 예컨대 그 학생이 지닌 성격장애, 정서불안, 만성적 분노, 자존감 결핍 따위를 읽어낼 수 있다. 아니면 삐뚤어진 심리의 기원을 그 학생 개인의 차원에서 아니라 가족관계망(이를테면 오이디푸스 삼각형이나 그 변이형들) 안에서 찾아낼 수도 있다.

이러한 진단과 해석은 물론 의미 있다. 게다가 그에 따라 적절히 문제를 해결함으로써 그 학생이 정상적(?)으로 학교생활에 적응할 수 있도록 할 수도 있다.

그러나 이러한 방식은 기본적으로 환경 전체나 시스템에 대한 시선이 결여돼 있다. 이와 관련해서 베이트슨G. Bateson의 다음 언급은 주목할 만하다.

> (…) 영국의 공립학교 교육이 떠맡지 못하는 소년은, 비록 소년의 비정상이 본래 '뜻밖의' 외상적 사고에 기인하는 것이라 해도, 공립학교 체계에 반응하고 있다. 소년이 익힌 행동 습관은

> 학교가 주입시키는 규범을 따르지 않겠지만, 그 행동 습관은 바로 규범에 대한 반응에서 얻어진 것이다. 소년은 정상적인 것과 정반대되는 패턴들을 익힐 수도 있지만(종종 그렇게 된다), 결코 무관한 패턴들을 익힐 수는 없다. 그는 '불량한' 영국 학생이 될 수도 있고, 미친 사람이 될 수도 있지만, 그의 비정상적인 성격들은 여전히 그가 저항하는 규범들과 체계적으로 관계될 것이다. (…) 마찬가지로 그 소년이 전형적인 공립학교의 특성과 체계적으로 관계되어 있다고 말함으로써 그의 성격을 묘사할 수도 있다. 그의 특성은 그가 살고 있는 사회 속에서 관계의 모티브와 패턴에 적응된 것이다.[7]

누군가 베이트슨이 언급한 위의 상황을 두고 영국적 특수성에서 기인한 것에 불과하다고 생각해버린다면 할 수 없는 노릇이다. 다만 하나의 사회 현상을 설명할 때 개인 또는 주체의 차원에서 바라볼 것인가, 아니면 사회의 구조적 측면에서 접근할 것인가, 하는 식의 철지난 사회학적 이분법을 떠올린다면 그것은 대단히 소모적인 일이 될 것이다. 사회의 현상은 자유의지나 혹은 인과적 결정론 따위로는 어떻게 해도 충분히 설명해낼 수 없다.

하여간 핵심은 불량소년의 비정상적인 행동 습관조차도 그가 저항하는 규범들에 체계적으로 관계될 수밖에 없다는 점, 예컨대 그의 비정상성은 '정상'이라고 여겨지는 규범들과 일정한 공모관계에 있다는 것이다. 그래서 학생 개인이 아니라 그 개인이 살고 있는 사회와 연결된 관계의 모티브들 또는 패턴들을 읽어내는 일이 대단히 중요하다.

예컨대 마르크스K. Marx는 「헤겔 법철학의 비판을 위하여, 서설」에서 종교는 '인민의 아편'이다, 식으로 말한 적이 있다. 그러나 우리들이 상식적으로 알고 있는 것과는 달리 그것은 단순한 종교 비판이 아니다.

그런 상식에 얽매어 있는 한 마르크스는 특별히 새로울 것도 없는 불경스러운 무신론자일 뿐이다. 그러나 그가 문제 삼고 싶었던 것은 인민들이 집요하게 종교라는 아편을 욕망하고 거기에 빠져들 수밖에 없는 현실적 구조 또는 시스템이었다는 사실을 염두에 둘 필요가 있다.

제도적 폭력과 탄압을 불사하면서까지 인민들에게 특정 종교를 금지하는 것은 헛된 일일 수밖에 없음을 마르크스는 일찌감치 깨달았다. 대신 그는 "환상을 필요로 하는 상태"에 대해, 이른바 인민들을 그러한 환상에 몰두할 수밖에 없도록 만드는 "통곡의 골짜기"[8]를 직시해야 한다고 했다. 그런데 과연 오늘날의 치유담론들은 그러한 현실적 구조 또는 시스템을, 다른 말로 '통곡의 골짜기'를 심각하게 문제 삼고 있는 것일까.

아 옛날이여?

한편 우리는 종종 사회의 병리와 타락을 지적한다. 그러나 반드시 짚고 넘어가야 할 게 있다. 병리니 타락이니 하는 그와 같은 일상화된 말의 용법이 지닌 어떤 위험성이다. 이를테면 우리는 주위에서 입버릇처럼 "옛날에는 사회가 이러지 않았는데, 지금은 이 모양이다." 식으로 말하는 이들을 종종 본다.

물론 그런 말들에 대해 뭔가가 급격하게 변해버려 도무지 따라잡을 수 없는 세파와 인정을 향한 푸념 정도로 이해해도 큰 무리는 없다. 다만 그러한 푸념이 일정한 가치론의 문제와 버무려지면 사태는 전혀 달라진다. 예컨대 좋았던 '과거'와 나빠진 '현재' 식의 이분법적 사고는 원초적으로 신학적 이데올로기를 반영한 경우가 적지 않다.

소위 신학적 역사관에 의하면 역사란 순수했던 태곳적 과거를 잃어버려 오염된 것에 불과하다. 곧 인류의 역사란 창조주와 생명의 관계를 유지하며 복되게 살던 상태로부터 떨어져 인류 전체를 비참하고 불행한 실존 상태로 돌입하게 한 도정이다. 세속적인 시대감각의 수준에서건 아니면 꽤나 정교한 사상적 맥락에서건 그와 같은 사유 패턴은 역사 속에서 끊임없이 반복되어 왔고 지금도 끈질기게 그 생명력을 유지하고 있는 듯하다.

또한 이러한 역사관은 일종의 유토피아주의 형태로 변환될 수 있다. 그 이유는 타락(죄)의 역사에 소위 잃어버린 것을 되찾는다는 식의, 그래서 오염되지 않았던 순수한 상태로 거슬러 올라간다는 식의 이른바 구원의 역사(되찾음의 역사)가 병치되기 때문이다.

물론 그러한 구원에 대한 정념이 역사에서 가장 비참한 형태로 구체화된 예가 바로 파시즘이다. 즉 구원의 파토스가 소시민 특유의 자학적인 파괴충동과 맞물리고, 이어 예외적 인간 또는 영웅(메시아)에 대한 맹목적 숭배라는 집단적 히스테리에 의해 매개됨으로써 역사적 악몽으로 탈바꿈해버렸던 가장 극적인 형태가 바로 파시즘이었다.

중요한 것은 우리가 사회의 병리나 타락을 지적할 때 늘 세심한 주의가 요청된다는 점이다. 그리고 다음과 같은 인식이 무엇보다도 필요하다. 즉 '좋았던' 또는 '순수했던' 과거란 하나의 신화이다. 그것도 원한resentment의 인간들이 만들어 낸 정치적 허구에 불과할 뿐이다.

돌아가야 할 또는 거슬러 올라가야 할 모범으로서 혹은 하나의 이상(고향)으로서의 과거 따위란 실재하지 않는다. '지금 그리고 여기'가 우리의 실존적 조건이다. "여기가 로두스다. 여기서 뛰어라!"(마르크스)

맹목적 주체들

물론 필자의 의도는 저명한 학자들이나 지식인들이 기회 있을 때마다 지적해 오던 사회적 병리를 새삼스럽게 되새김질 하자는 건 아니다. 대신 다음과 같은 급진적인 물음이 필요하다고 생각한다.

과연 진정한 의미에서의 '사회'가 우리 사회에 단 한번이라도 존재했었던 적이 있었을까? 본격적인 논의에 앞서 우선 현대인의 우울한 묵시록이라 해둘만한 것 하나를 소개하고자 한다.

> 한국에서 제일 크다는 서점인 교보문고에 갈 때마다 매번 놀란다. 인문서적이 전시되어 있는 코너는 초라하고 한산하지만, 경제 관련 서적 주변에는 늘 사람들로 북적인다. 경제 관련 코너에서 사람들은 진지한 표정으로 『30대부터 준비하는 은퇴 후 30년』, 『펀드보다 100배 빨리 버는 주식 투자기법』, 『주식 초보자가 꼭 알아야 할 최고의 주식 30』, 『마흔 살부터 준비해야 할 노후 대책 일곱 가지』와 같은 책들을 구경하고 있다. 그 책들은 독자들의 삶을 책임지겠노라고 큰소리 치고 있다. 그 책들에 담겨 있는 메시지는 친절하고 호소력 있다.
>
> 그 책들은 독자들에게 20대에는 무슨 자격증을 취득해야 하는지, 30대에 성취해야 할 것들이 무엇인지, 적어도 40대라면 어떤 품목을 소유하고 있어야 하는지, 50대는 은퇴를 대비해 무

엇을 준비해야 하는지를 상세하고 은밀하게 알려준다. 정해진 시간표에 따라 꼬박꼬박 수업을 듣고, 규정된 교과목에 충실하고 권장되는 순서에 따라 상급학교에 진학하는 모범생처럼, 한국에 살고 있는 대부분의 사람들은 이 책들이 지시하는 모범적인 인생의 궤적에 따라 충실하게 살려고 발버둥치며, 정해진 인생 계획에서 어긋난 사람들은 자신의 무능력을 탓하곤 한다. 대부분의 사람들은 얼마나 안전하고 표준적인 삶을 살고 있는가를 이런 책들에 의존해 측정한다. 자신이 그 책들이 제시하는 궤도에서 조금이라도 이탈해있다고 판단될 때 사람들은 불안에 휩싸인다.

교보문고에서 자신의 삶을 측정한 어떤 이가 불안감에 떨며 집에 돌아온다. 텔레비전을 켠다. 텔레비전의 홈 쇼핑 채널에선 쇼핑 호스트가 그 사람의 불안을 파고들며 호소력 있게 웅변하며 보험 상품을 소개한다. 그 책들이 제시하는 것처럼 40대에 축적해야 할 재산을 축적하고 있지 못한 사람이라면, 장시간 노동에 지쳐 웰빙은 커녕 충분히 쉬지도 못해 건강조차 자신이 없는 사람이라면, 삶의 안전을 보장해준다는 '보험'이야말로 구세주처럼 느껴질 것이다. 한 보험 상품은 개인이 삶을 이렇게 섬세하게 지켜준다고 한다. "가족의 행복을 위해 준비한 3가지 플랜. 가족 사랑을 위한 필요자금의 준비 – Ready 플랜. Life Cycle에 맞춘 활동기 집중 보자."

사적 보험이 이렇게 개인의 생애주기를 완벽하게 보호해준다면 인생에 대한 불안은 사치스러운 불안일 뿐이다. 하지만 문제는 텅 빈 지갑이다. 2006년 한국사회에서 개인들은 무한 경쟁이 펼쳐지는 시장에서 살아남아 빈 지갑을 채워 보험으로 자신의 안전을 보장받기 위해 악착같이 시장에서 전력 질주하고 있다. 2006년 한국사회에서 개인들은 자신이 인생을 홀로 개척해야 하는 외로운 주체이다.[9]

위의 인용문은 한 사회학자의 글에서 서론에 해당하는 부분을 가감 없이 그대로 옮겨온 것이다. 우리가 현대사회를 묘사할 때 단골 메뉴로 원용하는 개념들이 바로 복잡성, 이질성 혹은 혼종성이다. 그러나 퍽 아이러니한 것은 만약 위 인용문을 격자로 놓고 오늘날 우리들의 삶을 측량해보면, 우리들은 영락없는 형제자매들이라는 썩 달갑지 않은 사실과 마주할 수밖에 없다.

우리는 경제 관련 서적들이 일러준 모범적인 인생의 궤적에 따라 살아가려고 갖은 애를 쓴다. 그러는 한편 혹여 그 궤도에서 벗어난 것은 아닌지 매번 불안해한다.

일상의 불안을 잠식시키기 위해 우리는 무수한 사적 보험에 의탁하는 가여운 주체들이다. 게다가 그마저 허락되지 않을 지도 모른다는 막연한 공포심에 무한경쟁의 장에서 악착같이 질주하는 '외로운 주체들'이다. 다른 말로 우리는 맹목적인 주체들이고, 그 점에서 우리들은 서로 아무런 '차이'가 없다.

이디오진크라지

만약 아도르노였다면 이 외롭고 맹목적인 주체들의 행동방식을 관찰하고 나서 이를 '이디오진크라지Idiosynkrasie'라 불렀을 법하다. 이디오진크라지란 "고도로 문명화된 현대인에게도 유일하게 남아 있는 원시적이고 동물적인 반응 형식으로서 외부의 위협에 대해 본능적으로 움츠리는 말미잘의 촉수와 같은 무조건 반사"[10]이다. 아도르노의 말을 더 들어보도록 하자.

> 이디오진크라지가 불러일으키는 모티프들은 궁극적인 근원을 회상하도록 만든다. 그 모티프들은 생물이 탄생하던 저 원시 상태의 순간들을 다시 만들어낸다. 그것은 소리만 들어도 머리가 곤두서고 심장의 고동이 멈추는 위험의 표지다. 이디오진크라지에서는 개별 기관들이 주체의 지배로부터 다시 빠져 나가 생물학적인 근본 자극들에 자율적으로 순응한다. 그러한 반응 속에서 피부나 근육이나 사지가 경직되는 것을 경험하는 자아는 스스로에 대한 통제력을 상실한다. 몇 순간 동안이나마 신체의 부분들은 움직이지 않는 주변 자연에 동화되는 것이다. 그러나 움직이는 것이 움직이지 않는 것에, 고도로 발달된 생명이 단순한 자연에 접근함으로써 생명체는 스스로로부터 소외된다. 왜냐하면 다프네처럼 최고의 흥분 상태에 있는 생명체가 되고 싶어 하는 것인 움직이지 않는 자연만이 오직 외연적·공간적 관계를 만들 수 있기 때문이다. 공간은 절대적인 소외다.

> 인간이 자연처럼 되려고 노력할 때 인간은 자연에 반해 스스로를 경직시키게 된다. 공포로서의 방어는 '보호색Mimikry'의 한 형태다. 인간의 경직 반응은 태곳적인 '자기유지'의 방식이다.[11]

요컨대 이디오진크라지란 외부의 공포나 위협에 대한 무조건적 방어이다. 그리고 자기유지를 위해 생물학적 수준으로 퇴행하는 것도 마다하지 않는 행동 방식이다.

이러한 행동 방식 외에는 없다는 사실을, 게다가 우리들이 본래 외로운 주체들일 수밖에 없음을 그것도 가장 드라마틱하게 각성시켜준 사건이 있었다. 바로 1997년 IMF(국제구제금융) 사태다.

IMF 이후 기업들의 도산과 파산으로 노동자들에 대한 유례없는 구조조정과 정리해고가 이뤄졌다. 그들은 거리로 내몰렸다. 그 여파로 엄청나게 불어난 노숙자들과 신불자들(신용불량자들)은 사회적 골칫거리로 대두된 바 있다.

그러나 더욱 심각했던 것은 정부가 고통분담이라는 명분 아래 힘없는 서민들만 온전히 고통을 떠안도록 부추겼다는 점이다. 당시 정부가 주도했던 '금 모으기'와 같은 참으로 딱한 국민총동원 캠페인은 마치 애국계몽기의 물산장려 운동을 방불케 하는 갸륵한 몸짓으로 치장됐다. 이를 두고 시련과 역경을 이겨내는 한국인의 강한 의지를 대변하는 전형적인 사건이라고 매스미디어는 속절없이 떠들 뿐이었다.

우여곡절 끝에 위기를 어떻게든 넘겼다. 그러나 상처는 아물어도 그 기억은 오래 남는다. 안 그래도 취약한 사회적 안전망이 그 근저에서부터 붕괴되었을 때 개인이 과연 어떤 처지로까지 내몰릴 수 있는지를 사람들은 똑똑히 보았다.

무방비 상태에서 급작스러운 충격에 노출될 경우 내성耐性 같은 게 생길 리 없다. IMF사태라는 사회적·경제적 공황 상태가 불러온 충격파는 너무도 강력했다. 그것은 평범한 인간으로서 이를테면 생체리듬이라거나 라이프사이클 안에서 점진적으로 수용하거나 적응할 수 있는 성질의 것이 결코 아니었다. IMF 사태는 사람들에게 가공할 공포의 기억을 각인시켜주었다. 이 공포의 기억 안에서 인간의 행동 패턴은 비정상적으로 왜곡될 수밖에 없다.

김대중 정부 초기에 IMF를 극복했다는 의기양양함이었는지 '삶의 질'이니 '문화강국'이니 하는 수사가 흘러 넘쳤다. 그러나 공포의 기억을 간직하고 있는 이들이 세상을 그리고 이 사회를 과연 정상적인 눈으로 바라볼 수 있었는지는 의문이다.

이제 사회는 공포와 불안으로 점철된 위험천만한 곳이 돼버렸다. 이런 사회는 더 이상 사회가 아니다. 사회가 개인을 보호해야 한다는, 또는 그렇게 할 수 있다는 믿음은 철지난 신화에 불과함을 이미 깨달았다.

삶의 질이나 문화를 말하기 전에 원초적인 생존 자체가 의문시될 수밖에 없는 공간을 사회라 부를 수 있을까? 생존 자체가 화두인 사회에서 외로운 주체들을 가장 현실적으로 지배하는 관념은 이른바 '보신주의補身主義'와 '능력주의能力主義, meritocracy' 같은 것이다.

보신주의란 "개인의 지위나 명예, 무사 안일과 행복만을 추구하는 이기주의적인 경향이나 태도, 어떤 일에도 적극적으로 나서려 하지 않고 현 상태를 유지하는 데 만족하면서 살려고 하는 태도"[12]를 뜻한다. 반면 능력주의 또는 메리토크라시란 "출신이나 가문 등이 아닌 능력이나 실적, 즉 메리트merit에 따라서 지위나 보수가 결정되는 사회체제"[13]를 말한다.

언뜻 보기에 능력주의가 긍정적인 듯하다. 그러나 실은 이 두 관념 혹은 행동 패턴은 샴쌍둥이다. 둘 모두 그 근저에 불안과 공포의 감정이 자리하고 있다. 또한 기본적으로 지독한 자기유지의 원리에 따라 작동하는 것이기도 하다.

경제적 또는 사회적 악재의 시기이다. 보신주의가 대중들 속으로 파고든다. 이때 사람들은 자신이 소유하고 있는 티끌만한 부와 기득권이라도 악착같이 움켜쥐어야 한다는 심정에 매몰된다. 그야말로 땅에 엎드려 숨죽인 채 세상을 관망할 수밖에 없다.

하찮고 미미한 위험 요소라도 철저하게 경계해야 한다. 이런 상황에서 내 이웃은 이웃으로 보이지 않는다. 내 부와 기득권을 노리는 잠재적인 약탈자일 뿐이다.

다행히 호재의 시기가 도래했다. 능력주의가 등장할 차례다. 자신이 소유한 부와 기득권의 지반을 확대하고 더욱 공고하게 다져 놓아야 한다. 언젠가 다시금 도래할지도 모르는 악재의 시기를 대비해야하기 때문이다.

이때 사람들은 사소한 업적이나 공이라도 부풀려 그것이 부와 기득권의 보증수표로 환원되도록 온갖 계략을 도모한다. 이때 역시 내 이웃은 이웃이 아니다. 내 공을 가로채려는 잠재적인 파렴치범 같은 경쟁자에 불과하다.

이러한 두 개의 행동 패턴이 황금비율로 잘 맞아 떨어지는 사회일수록 자기유지의 원리는 폭력적이고 야만적인 방식으로 작동한다. 자기의 생존과 삶을 유지하기 위해서라면 자신의 형제마저도 적으로 여길 수 있어야 한다. 룰도 심판도 없는 생존게임이 일상화됨으로써 사회는 총성 없는 전쟁터로 탈바꿈한다.

우리는 그런 사회를 사회라 부를 수 없다. 이러한 상황에서 개인들이 겪게 될 모든 불행은 순전히 그 당사자의 몫이다. 실업자로 전전하다 노숙자로 전락하고 결국 신원불명으로 죽어가도 그것은 그 당사자의 몫이고 게다가 그의 자유의지이다.

웰빙담론과 구별짓기

한국사회 외로운 주체들의 보신주의와 능력주의는 소위 웰빙well-being담론이나 처세담론과 절묘한 조합을 형성하는 듯하다.

이른바 웰빙 현상에 대한 철학적 토대를 밝히거나 그 담론이 지닌 정치적 함의 등을 논파한 글들이 있다. 그러나 웰빙담론이란 기본적으로 사회에 만연한 대중들의 불안 심리가 특정 산업의 마케팅 전략과 교묘하게 맞물려 직조된 허구일 수밖에 없다. 웰빙담론은 그야말로 사회적 안전망이 총체적으로 붕괴된 이후 맞닥뜨린 야만사회의 병적 징후 그 이상도 이하도 아니라는 게 필자의 생각이다.

불안과 위험이 가득한 사회에서 개인들의 생존은 개인들이 책임져야 한다는 식의 비장한 고립감과 공포감을 오늘날의 매스미디어는 일상적으로 조장한다. 환경오염, 이상기후, 온갖 재난들, 자살폭탄 테러, 인체에 치명적이지도 모를 수입산 식품들, '묻지 마 살인', 기타 등등.

매스미디어는 불안한 현대인들의 머리 위로 불길한 뉴스들을 융단폭격처럼 쏟아 붇는다. 우리들은 염려와 불안을 삶의 일부로 껴안고 살아야 한다. 신경쇠약 직전까지 내몰린 개인들의 불안 심리를 교묘하게 파고드는 것이 바로 웰빙상품(또는 산업)들이다.

그러나 중요한 것은 웰빙담론의 그늘 아래 가려질 필연적인 사태를 직시하는 일이다. 특히 소득격차로 인해 지불능력이 현저히 떨어지는 계층들을 검토할 필요가 있다. 이들 역시 자신들의 위생과 건강을 염려한다.

한데 이들은 상대적으로 가격이 높은 웰빙상품을 여간해서는 소비할 수 없다. 결국 자신들의 위생과 건강을 담보로 해야 한다는 대단히 참담한 심정으로 웰빙상품이 '아닌 것'들만을 소비해야할 게 분명하다.

빈익빈 부익부 메커니즘이 웰빙담론 안에서도 분명 작동한다. 따라서 웰빙담론 안에 계층 간의 갈등과 위화감을 조장하는 요소들이 없는지 유심히 지켜보아야 한다.

이를테면 사회적 계층 간의 구별짓기distinction 메커니즘에 의해서 웰빙담론이 지속적으로 재생산되는 것은 아닌지 따져 물어야 한다. 이 구별짓기는 산업적 마케팅 전략의 핵심 원리이기도 하다.

물론 웰빙 현상을 하나의 소비현상으로 규정하고, 그에 대한 비판으로서 이른바 '로하스LOHAS: Lifestyle of Health and Sustainability'라는 것도 있다. 이는 웰빙의 이기적이고 타산적인 생활방식을 비판하면서 등장한 소위 사회적 웰빙으로서 환경과 생활방식에 대한 중시를 슬로건으로 내세우고 있다.

그러나 웰빙에 대한 비판과 대안으로 등장한 로하스 역시 근본적인 결함을 안고 있다. 이를테면 나쁜 소비문화를 좋은 소비문화로 극복하자는 것인데, 이는 다음과 같은 점을 방기하고 있기 때문이다.

곧 소비문화를 비판하기 위해서는 "소비가 비록 자율적인 활동인 듯이 보이지만 그것은 언제나 생산에 의해 결정되고 지배된다는 것, 그리하여 나쁜 소비문화를 좋은 소비문화로 대신하는 식의 규범적 비판이 아니라 외려 소비를 자율적인 삶의 영역으로 보려는 시점 자체를 비판하는"[14] 시각이 필요하다. 그러나 로하스에는 그러한 시각 자체가 없다.[15]

사람들과 사귀는 일

웰빙담론과 더불어 IMF사태 이후 소위 성공학이라 불리는 서적들이 여전히 유행하고 있다는 점을 주목해야 한다. 한 소장 학자는 한국사회의 성공학 붐 현상을 두고 IMF와 신자유주의로 인해 위기에 처한 일상적 삶의 모습과 관계있다는 진단 아래 다음처럼 언급한 바 있다.

> (…) 그러나 현대 한국 사회에서 유행하는 성공담론들은 그냥 편하게 바라보고 거기에 동조하기에는 다소 곤혹스러운 면들이 있다. 과거에도 성공을 애기했지만, 그때는 성공이라는 단어 앞에 의례히 수식어가 붙었다. 다시 말해 성공을 말해도 어떤 성

> 공이냐가 중요한 것이고, 어디서 어떤 방법으로 성공할 것인가가 언급되어야만 할 성질의 것이었다. 그러나 지금 한국사회의 성공담론들은 아무런 수식어가 없는 성공이다. 마치 성공의 내용과 방법이 암묵적으로 합의된 것처럼 그에 대한 아무런 설명이 없다. 오로지 '성공하라'는 것이다. 그리고 그 성공의 유일한 측정수단은 '돈'이다. 몇 년 전 어느 금융회사의 광고카피는 아예 '부자되세요'였다. 이 속에 모두가 열망하는 것이 '부자'가 되어 '돈'을 잘 버는 것이었다. 방송프로그램과 일간지 섹션에서 재테크에 관한 내용들이 반드시 들어가게 된 것도 따지고 보면 먼일은 아니지만, 이제 너무나도 당연하게 늘 있어왔던 것처럼 여긴다. 심지어 몇몇 일간지에서는 '경제관념'을 가르친다는 명목으로 아동들에게 '돈벌이'와 '축적'에 대한 관념을 노골적으로 심어 놓고 있다. 과거라면 다소 점잖지 못해서 쉽사리 입에 담기 힘들었던 '부자'와 '돈'에 관한 용어들이 일상적으로 파고들어, 누구라도 열망하고 선호하는 용어가 되었다.[16]

모 보험회사의 광고 카피를 흉내 내자면 '아무 것도 묻지도 않고 따지지도 않고' 무조건 성공해야 한다. 게다가 성공의 척도는 오직 돈이다. 이것은 일종의 집단적 강박과 히스테리이다. 물론 한국 자본주의의 천박성을 고스란히 대변하고 있는 것이다.

심지어 어린 아이들에게조차 돈벌이와 축적이 권장할만한

실천적(또는 교육적) 덕목으로 강조되기도 한다. 아무런 수식어도 따라 붙을 필요 없는 성공에 대한 맹목성이 거리낌 없이 유포되는 사회에서 온갖 처세술 관련 서적들이 베스트셀러를 넘어 스테디셀러의 반열에 오를 수밖에 없다.

한 인터넷 서점 검색란에 처세술이라는 단어를 쳐보자. 성공적인 처세술을 위해 이른바 문화의 전 영역이 동원되고 있다는 사실을 금방 알 수 있다. 종교, 사상의학, 관상, 우화, 인기 드라마의 캐릭터에 이르기까지 다양한 영역을 가로지르고 관통할 수 있는 주제로서 처세술만한 게 없다는 사실에 경탄하게 될 것이다.

그중 압권은 『전두환 리더십 노태우 처세술』 같은 책이다. 그 내용이야 아무려면 상관없고, 읽기 싫으면 안 읽으면 그만이다. 그러나 제 나라 군인들을 동원해서 제 나라 시민들을 무참히 살해하기를 주저하지 않았던 당사자들의 활약상까지 리더십 또는 처세술이라는 이름으로 포장되어 우리들 앞에 버젓이 제시될 수 있다는 사실은 충격이다. 온갖 불법을 저지른 자들이 교묘히 법망을 피하는 다양한 수완과 책략을 책으로 엮어 세상에 내놓는다면 불티나게 팔리지 말라는 보장도 없다.

처세의 의미를 따져 보면 우리들이 그 말에 대해 갖는 통념상의 그것과는 퍽 다르다는 사실을 알게 된다. 우리가 처세술에 대해 비상한 관심을 보이는 한편 상대방의 그것을 지칭할 때는 이를테면 사기, 기만, 지배, 갈취, 권모술수 등과 같은 퍽 부정적인 뉘앙스를 섞어 쓰는 경우가 흔하다.

그러나 처세란 "사람들과 사귀며 살아감, 또는 그런 일"[17]을 의미한다. 결국 사전적 의미로만 따지면 처세란 그 자체로 하등 나쁠 것이 없다.

삼국지, 생존 매뉴얼

과연 시중에 유통되고 있는 처세술 관련 서적들이나 우리가 일상적으로 내뱉는 처세라는 말 속에 '사람들과 사귀는 일(타인과의 관계 맺기 기술)'에 대한 진지한 고민 같은 게 포함되어 있을까.

애석하지만 그런 고민의 흔적을 찾기 쉽지 않다. 이는 한국의 삼국지 열풍을 통해서도 어렵지 않게 확인할 수 있다. 강준만은 왜 유독 한국에서만 삼국지가 잘 팔리는가에 대해 다음처럼 진단한 바 있다.

> 치열한 생존경쟁 체제하에서 산전수전 다 겪은 한국의 부모들은 세상이 살벌하며 권모술수가 흘러넘치는 곳이라는 걸 잘 알고 있다.(…)
>
> 2002년에 자살한 사람은 모두 8,631명이었는데, 자살은 20~30대 사망 원인의 두 번째로 떠올랐다. 그런 자살의 주된 원인

은 두말할 필요 없이 치열한 생존경쟁에서의 경쟁력이다. 행여 나중에 자살이라도 하지 않게끔 자식의 경쟁력을 미리부터 키워줘야 하는 건 우리 시대 부모의 사명일 것이다.(…)

"세상 알 건 알아야지요." 자식에게 삼국지를 읽히는 부모들 가운데 그렇게 말하는 분들이 많다. 삼국지를 읽으면 무엇을 알 수 있다는 것인가. 무엇보다도 삶은 전쟁이요, 처세술과 임기응변의 절대적으로 중요한 무기라는 걸 알 수 있을 게다. 물론 그 무기를 다루게 되는 법도 배우게 될 것이다.

그걸 배우는 게 나쁜가? 아니다. 문제는 그것이 초등학생 때부터 배워야 할 건 아니며, 불타는 향학열로 범국민적 '열풍'까지 불러일으켜야 할 학습 대상은 아니라는 점일 것이다.(…)

"삼국지가 베스트셀러가 되고 있는 나라는 불행한 나라다." 삼국지를 쓴 어느 작가는 그렇게 말했다지만, 그건 나라 차원의 이야기일 것이고 개인 차원에선 그렇기 때문에 더욱 삼국지를 읽어야만 하는 건지도 모르겠다. 그런 점에서 삼국지 열풍은 스쳐 지나가는 에피소드가 아니다. 그건 한국적 삶의 진실의 한 단면을 웅변해주는 것이다.[18]

한국의 삼국지 열풍이 부모의 자녀교육관에서 비롯될 수밖에 없다는 위의 언급은 충분히 수긍하고도 남는다. 그러나 정작 중요한 것은 그러한 자녀교육관을 낳은 조건이 무엇인가, 하는 점이다.

그것은 한국적 삶이 지닌 진실의 한 단면, 곧 '사회 = 전쟁터'라는 등식이다. 사회가 전쟁터인 이상 전쟁이 끊이지 않았던 중국 삼국시대의 다양한 영웅들과 인간 군상이 펼쳤던 처세와 임기응변의 온갖 지략들은 그야말로 사활을 건 나날의 전투에서 승리하기 위한 서바이벌 매뉴얼인 셈이다.

결국 처세술이란 '이곳' 전쟁터에서 살아남기 위한 확실한 무기 같은 것이다. 그러니 당장 목전의 생존이 문제인 사람들에게 자신이 살기 위해 타인을 찍어 누르거나 지배하는 것이 아닐 바에야 타인과 진정으로 사귀는 일 따위란 부차적인 것에 불과하다.

잘 팔리는 처세술 관련 서적들을 한번쯤 훑어보라. 과연 그 안에 타인에 대한 배려나 관용이라거나 윤리에 대한 언급이 있는가. 설사 있다고 해도 이른바 성공(사실은 '돈')을 위해 주어진 상황이 자신에게 유리하게 작용하게 하려는 이해타산의 차원에서 검토된 그야말로 책략 수준에서일 뿐이다.

계발이라는 이름의 자기부정

한국의 처세담론과 관련해서 또 하나 눈여겨 볼 현상은 소위 '자기계발'에 대한 사람들의 비정상적인 욕구이다. 주지하듯 스펙이라는 말이 있다. 스펙의 어원이 명세서나 설계서 등을 뜻하는 영어의 specification에서 비롯된 것으로 추정하지만 확실한 것은 아닌 듯하다.

아무튼 스펙이란 대체적으로 직장을 구하는 사람들 사이에서, 학력·학점·토익 점수 따위를 합한 것을 의미한단다. 언제부터인가 취업준비생들은 출신 학교와 학점, 토익 점수와 자격증 소지 여부 그리고 해외 연수나 인턴 경험 유무 등을 종합해 스펙이란 두 글자를 줄여 부른다.

요즘 대학생들 사이에서 스펙 늘리기에 대한 강박은 퍽 심각하다. 대학가에서는 이미 스펙 열풍이 뜨겁다. 이력서를 한 줄이라도 더 채우기 위한 취업준비생들의 분투기는 비장하다 못해 처절하다.

자기 계발에 대한 욕구를 나무랄 수는 없다. 그것이 강박이 되는 조건이 문제이다. 게다가 그러한 강박적 욕구가 원리적으로 현재 자신의 모습에 대한 끊임없는 부정을 전제로 한다는 점이 더욱 심각하다.

종종 사람들은 막연한 미래에 대한 기대를 품고 지금 당장의 현실과 자신을 외면하는 태도를 보이곤 한다. 예컨대 스펙에 대한 강박은 언젠가 도래할 미래 혹은 이상에 비춰보거니와, 현재 자신의 모습은 늘 어딘가 부족하고 함량미달인 그런 존재로 부각될 개연성이 높다.

이어 자신은 남들보다 뒤처지고 있다는 피해의식과 뒤따르게 분명하다. 이를 벗어나려면 끊임없이 자신을 채근하고 쉼 없이 움직여야 한다. 설사 그런 행위가 맹목에 가까워도 어쩔 도리 없다.

자신의 현재 삶은 언젠가 지양되거나 극복되어야 할 현실일 뿐이다. 그야말로 지금 당장의 현실은 미래의 이상으로 가기 위한 과도기, 일종의 징검다리와 같은 것이다. 결국 희미한 미래를 위해 기꺼이 현재의 시간을 저당 잡는 자발적 금욕주의자들이 넘쳐난다.

그러한 금욕적 이상이 성공의 보증수표라도 되는 듯한 집단적 환상이 확산되는 것도 피할 수 없다. 이런 맹목적인 태도를 권장할 만한 것이라고 부추기는 사회적 분위기도 심상치 않다.

한데 과도기적 현재라는 관념에 사로잡힌 개인들이 자신들의 삶을 스스로 긍정할 수 있는 계기를 과연 가질 수 있을까. 게다가 미래가 확실하냐 하면 그렇지도 않다. 현재를 있는 그대로 향유할 수도 없다. 그렇다고 점차 전망이 희미해져가는 미래만을 끌어안고 살기도 버겁다.

처세술의 한 변종인 스펙에 대한 강박 속에서 개인들은 현재를 긍정할 수도 그렇다고 굳건하게 미래에 발 딛고 서 있을 수도 없다. 이 어정쩡한 상황에서 우리는 자기에 대한 배려(긍정)는 말할 것도 없고 이웃이나 고통 받는 타자의 모습이 눈에 들어 올 리 없다.

옵션 없는 사회

사회 없는 사회에서 우리가 선택할 수 있는 삶의 방식은 다양하지 않다. 일상이 전쟁인 사회를 우리는 살고 있는지 모른다.

전쟁터의 법칙이란 확실하다. 살아남거나 아니면 죽거나 둘 중의 하나이다. 이 상극의 규칙이 사회의 전 영역을 지배하는 한 삶의 다양성은 결코 존립할 수 없다.

요컨대 이 사회는 '옵션option'없는 사회이다. 옵션이란 말을 굳이 풀이하자면 '선택의 자유', '선택권' 혹은 '선택지'쯤 되겠다. 여하튼 '이것' 아니면 '저것' 혹은 '도' 아니면 '모' 식의 극단적 이분법의 사회에 다른 옵션이 끼어들 여지는 없다.

아는 사람은 다 알겠지만, 한때 이런 말이 있었다. "대학가서 미팅할래, 공장가서 미싱 박을래?" 이 무지막지하고 폭력적인 말은 모 여고 3학년 교실의 급훈이었다는 사실은 아연실색케 한다.

우리는 어렸을 때부터 그런 어처구니없는 이분법적 선택지 앞에서 끊임없이 고통 받아 왔다. 이러한 고통을 피하기 위해서 개인이 선택할 수 있는 가장 극단의 것은 아마도 사회와의 커뮤니케이션 자체를 완전히 차단시켜버리는 일일 것이다.

일본에는 '히키코모리引き籠もり'가 있다. 1970년대 입시지옥을 견디다 못해 무단결석을 일삼고 낮에는 집에만 틀어박혔다가

밤이 되면 외출하는 학생들을 일컬어 그렇게 불렀다.

그런데 1990년대 중반 들어 이들이 과격한 행동을 보임으로써 사회문제로 비화된 바 있다. 이들이 밤이면 거리로 나와 행인들을 폭행하거나 살인하는 범죄를 저지르는 일이 빈번해졌기 때문이다. 그러다가 일본이 경기불황을 맞고 방안에만 틀어박히는 성인들이 출현하면서부터, 히키코모리는 비단 청소년만의 문제가 아닌 본격적인 사회·문화적 병리로 떠올랐다.[19]

물론 한국에서도 이미 비슷한 징후들이 나타난 지 오래다. 은둔형 외톨이가 그것이다. 장기적인 경기침체와 청년실업, 학력지상주의와 치열한 경쟁구도에 의해 이들은 증가 추세다.

그러나 히키코모리든 은둔형 외톨이든 그 명칭이야 아무래도 상관없다. 심각한 것은 이들이 이웃과 사회로 열려진 모든 창에 빗장을 걸어버린다는 점이다. 이들이 저지른 소위 '묻지마'식 폭력이나 살인과 같은 증오범죄는 이미 매스컴을 여러 차례 떠들썩하게 했다.

이들은 대개 심한 좌절감이나 수치심에 고통 받고 있는 것으로 보고되고 있다. 문제는 좌절감이 불특정 다수에 대한 증오의 감정으로 전이되고 그것이 결국은 사회적 범죄로 비화될 수 있는 개연성이 다분하다는 점일 것이다.

이 같은 부류가 되기 싫은 이들이라면 아마도 한국적 상황에서 퍽 든든한 삶의 완충기 노릇을 하게 될 또 다른 방식을 선호할 것이다. 이른바 유사 가족적 집단에 자신을 기꺼이 의탁(혹은 해소)해버리는 일이다.

유사가족주의에 대한 열망

한국에서 가족이라는 단어가 불러일으키는 정서적 호소력은 매우 강력하다. 한국에서 아무리 가족주의를 비판해도 부질없다는 것 역시 이미 상식이다. 예컨대 내일의 전투를 준비하기 위한 안식처로서 혹은 사방의 적들로부터 어떤 일이 있어도 끝끝내 사수해야 할 마지막 보루로서 가족은 신성불가침의 절대 영역일 수밖에 없다.

특히 IMF 이후 이 가족에 대한 집착은 훨씬 강렬해졌고, 그 여파로 이른바 한국의 삼연주의三緣主義는 더욱 더 기승을 부리고 있는 듯하다. 삼연주의란 혈연, 지연, 학연에 대한 병적인 집착을 일컫는다. 한국 사회의 전형적인 고질로서 비판의 도마 위에 여러 차례 올랐던 것이다.

그러나 공포의 기억을 간직한 불안한 개인들이 최후의 보루로서 가족과 유사한 공간을 생존의 차원에서 사회의 모든 영역으로 확장시키려는 행동은 어찌 보면 자연스러운 일이다. 문제는 정상적인 의미에서의 사회가 부재하는 한, 이 부정적이고 편집증적인 네트워크는 그 어디서나 효력을 발휘할 것이라는 점이다. 물론 그 효력의 단맛을 본 자들은 그 네트워크를 부둥

켜안고 놓치지 않기 위해 혈안일 것이다.

결국 유사가족주의를 지향하는 집단들이 득세할 수밖에 없다. 그 집단들은 이른바 변질된 부자 관계의 모형들, 이를테면 '오야붕親分/꼬붕子分' 또는 '주군主君/가신家臣' 하는 식의 위계적 관계 모형들을 고수한다.

물론 그러한 위계 구조를 지탱하기 위해서는 자기유지의 원칙을 구성원 상호가 보증하는 시스템을 형성하는 것이 필요하다. 더불어 부정과 비리의 노획물들을 위계에 따라 분유分有하면서 잠재적 적, 곧 집단 밖의 타자들에 대한 경계를 멈춰서도 안 된다.

유사가족주의의 가장 극단적인 형태를 보여주는 것이 이른바 '조폭(조직 폭력배)'이다. 한국에서 조폭영화가 붐을 형성했던 것도 따지고 보면 가족주의에 대한 병적이고 맹렬한 집착과 무관하지 않다.

그러나 아무나 소위 삼연주의 또는 유사가족주의 형태의 삶의 방식에 의지해서 살아갈 수 있는 것은 아니다. 소수 지배 엘리트나 특정 집단에게만 한정되어 있고 또 그들만이 선택할 수 있는 방식이기 때문이다. 무능해서 가족조차 꾸릴 수 없거나 설사 가족이 있어도 건사하는 데 애를 먹는 대부분의 장삼이사張三李四들은 그런 삶의 방식과는 무관하게 고군분투해야만 한다.

한국은 장삼이사들이 살만한 곳이 결코 못 된다. 그들은 심심찮게 사회에서 누락되거나 배제된다. 누락되고 배제된 존재들이 증오와 원한의 감정을 갖는 것은 당연하다.

이러한 원한의 감정은 이를테면 '가질 수도 없고 내 것이 못 될 바에야 차라리 망가뜨려 버리고 말리라' 식의 선망과 증오가 착종된 파괴적 충동과 섞이곤 한다. 그러한 충동이 특정한 정치적 계기나 선동에 의해 동원되고 집단화되는 경우를 생각해볼 수 있다. 이때 사회는 자칫 암적인 신체(파시즘과 같은)로 바뀔 위기에 놓이게 된다.

원시주의적 실천의 한계

사회 없는 사회에서 사회를 만들어야만 한다. 그렇다면 사회를 어떻게 만들 것인가. 하지만 고백하건대 필자에게 사회를 만들기 위한 구체적인 방법론이나 청사진 같은 것은 현재로서는 없다. 다만 간혹 많은 사람들에게 어필되곤 하는 이른바 원시주의적 실천방식은 그 대안이 될 수 없다는 점을 강조하고 싶다.

> (…) 세상에서 가장 자본주의적인 미국에서 역설적이게도 가장 비자본주의적으로 살다 간 헬렌과 스콧 니어링의 이야기다. 스콧은 경제대공황이 세상을 휩쓸던 1932년, 대학 교수직을 버

리고 헬렌과 함께 미국 동북부 버몬트의 숲 속으로 들어간다. 두 사람은 올바로 살기 위해 몇 가지 '삶의 원칙'을 정한다. 첫째는 먹고사는 데 필요한 것을 최소한 절반 정도는 스스로 해결하는 자립적 살림살이를 한다는 것이고, 둘째는 한 해를 살기에 충분한 정도의 노동을 하고 양식을 모았다면 그 다음 수확까지는 돈 버는 일을 않고 사회활동이나 독서, 글쓰기 같은 활동에 관심을 기울인다는 것, 그리고 셋째는 필요에 맞게 쓰고 남으면 무엇이든 이웃과 친구들에게 나누어 줄 것 등이다. 나아가 이들은 가축도 기르지 않고 가축을 잡아먹지도 않으며 가축을 착취하지 않는다는 원칙도 정했다. 이런 맥락에서 뭇 생명체에게 가장 적게 피해를 주면서도 가장 많은 생명체에게 행복을 주기 위해 채식주의자가 되었다.(…) 남편 스콧은 세상을 떠나기 20여 년 전에 벌써 자신이 어떻게 죽을 것인가를 준비하였다. 그는 죽음의 병에 걸리더라도 병원이 아니라 집에서 자연스럽게 있기를 바라며, 단식을 하면서 죽음을 맞이하고, 의사나 종교인의 도움이 없이 죽음의 과정을 예민하게 느끼면서도 조용히 가고 싶다고 했다. 따라서 그가 숨을 거두어도 주위 사람은 슬픔에 잠기지 말길 빌며 오히려 마음과 행동에 조용함, 위엄, 이해, 기쁨과 평화로움을 갖춰 죽음의 경험을 '공유'하기를 바랐다. 절대로 장례업자의 도움을 받지 말고 친구들이 그 몸에 작업복을 입혀 침낭 속에 넣은 뒤 보통의 나무 상자에 넣어 화장하되 어떠한 장례 행사도 하지 말고, 그 재를 그가 살던 땅의 나무 아래 뿌려 주기 바랐다. 1983년, 소콧은 100세의 나이로 평온하게 죽어갔으며 부인 헬렌도 그의 '행복한' 죽음을 함께 느꼈고 자기 차례가 되면 자기 또한 그렇게 하기로 작정했다. 스콧과 헬렌은 이렇게 삶에 큰 고마움을 느끼면서 살았고, 또 죽음이 삶을 아름답게 마무리할 수 있는 데 큰 감사를 느꼈다. 그들에게는 죽음조차 아름다운 '생명의 흐름' 속에 있었던 것이다.[20]

강수돌은 헬렌과 스콧 니어링 부부의 생각과 실천들을 자본주의적 '돈의 논리'에 대한 저항과 비판으로서 '삶의 논리'를 체득한 대표적인 사례로 소개하고 있다. 이들의 이야기는 물론 진한 감동을 준다.

그들이 선택한 미니멀리즘적 삶의 방식과 생명에 대한 외경에 숙연해지는 것 역시 사실이다. 게다가 웰다잉well-dying 문제와 관련해서도 이 부부의 이야기는 많은 것을 생각하게 해준다.

그러나 그들의 삶의 방식에는 개인적인 저항과 치유는 있지만, 사회에 대한 근원적인 문제 제기는 없다. 그들이 은둔적 전원생활과 원시주의적 실천 프로그램을 통해서 개인적 해탈(기쁨)에 이르렀는지는 알 수 없다. 물론 그들의 이야기가 사회적 반향을 타고 공감을 불러일으켜서 이른바 삶의 논리 쪽으로 우리를 인도케 함으로써 결국은 점진적으로 이 사회를 바꿀 수 있다는 식의 신념을 얻을 수도 있다.

그러나 우리들에게 절실한 것은 사회를 변화시킬 수 있다는 논리적 가능성이 아니다. 개체들의 관계태 혹은 개체들의 안전과 개체적 삶의 질을 동시에 담보할 수 있는 최소 영역으로서의 사회를 만들기 위한 실제적 사유와 실천들이다.

빅브라더를 비껴가기

필자가 말하고자 하는 사회는 이른바 우리의식we-ness에 기반을 둔 공동체 형태와 같은 것이 결코 아니다. 한국적 상황에서 공동체에 대한 열망은 간혹 유사가족주의에 대한 지향과 얽혀 부정적인 상황을 연출해 놓는 경우가 적지 않기 때문이다.

이를테면 공동체 안에서 '우정의 정리定理'가 정착되는 경우이다. 곧 "한 사회에서 임의의 두 사람이 꼭 한 명의 공통된 친구를 가지고 있다면, 다른 모든 사람들의 친구인 한 사람이 존재한다."는 정리가 수립되면서 공동체에 일종의 초월 기표로서 빅 브라더Big Brother의 음영이 드리우게 된다.

우정의 정리는 독재의 정리이다. 그러한 공동체 안에서는 무매개적인 동일화와 타자에 대한 배제의 메커니즘이 작동한다. 그리고 우리의식에 기반을 둔 공동체를 확대하다보면 결국 우리는 국민국가nation-state와 마주치게 된다.

> 특정한 '우리' 사이에서만 통용되고 보증되는 투명한 커뮤니케이션이 있고, 그 때문에 '우리' 사이에 완전한 사회성이 구축되어 있다고 할 경우, 그러한 '우리' 가운데의 '나'의 주체성은 결

코 '나' 자신만으로 획득되는 것은 아니다. 그 '나'의 주체subject는 그러한 커뮤니케이션을 보증하는 국민국가의 논리에 예속되는 것subject과 교환함으로써 확보되는 것에 지나지 않는다. 그러한 기제에 있어서 '내'가 주체가 되는 한 '나'는 '나'라는 주체를 손에 넣기 위해서 어디까지든지 국가와 동일화해 가지 않으면 안 되게 된다. '나'는 국가에 의해 인정되는 '국민'이라는 것을 근거로 해서만 그 주체성을 행사할 수밖에 없기 때문이다. 그 때문에 그러한 커뮤니케이션이 보증되지 않는 '타자', 즉 '내'가 주체이기 때문에 예속하는 '국가'는 '타자'로 규정된 자를 철저하게 배제하는 것이 될 것이다. 현실적으로 그것은 '우리들' 가운데도 여러 가지 차이나 균열이 존재하는 데도 불구하고, 그 투명한 커뮤니케이션 속에서 그러한 '차이'를 해소하여 억압하고, '우리'의 외부에 언제 '타자'='외국인'을 만들어 내어 배제함으로써, '내'가 무매개적으로 '우리'의 일원이라는 강압적인 안심감과 바꾸는 것에 의해 이루어진다. 우리가 파시즘이라고 부르며 철저하게 부정하는 것은 바로 그러한 개인의 국가에 대한 무매개적인 동일화와 폭력적인 '타자'의 배제 상태가 아닐까?[21]

문제는 공통의 코드와 문법을 공유한 공동체가 아니다. 투명한(대칭적) 커뮤니케이션에 대한 열망(망상)을 효과적으로 비껴가면서 만들어 낼 수 있는 사회의 형태들을 고민하는 일이다. 이른바 불투명한(비대칭적) 커뮤니케이션에 의해 작동되는 사회를 생각하고 만들어야 한다.

최근에 이러한 형태의 사회를 두고 '코뮌commune'이라고 명명하는 이들도 있다. 아무튼 한국에서 아직은 맹아 단계에 있는 '민중의 집' 운동과 같은 형태에서 그러한 사회 만들기의 가능성을 타진할 수 있다고 생각한다.

> (…) 대중의 자기결정력과 자립적 역능을 일상생활의 시공간 안에서 상호부조의 방식으로 강화해 가면서도 동시에 자본·국가의 지배논리에 맞서 싸우며, 지역에 기반해서 대안사회로 나아가는 새로운 형태의 자치적인 대중운동이 그것이다. 자본주의 극복과 '사회적 공공성의 코뮌적 진화'를 위한 연대적 전망과 실천 없는 상호부조운동은 고립된 공동체주의나 '웰빙운동'으로 머물 수밖에 없다. 반면 아래로부터의 자율적·자립적 동력 구성없이 체제 반대 투쟁에만 매몰될 경우 대중과의 괴리를 넘어서기 어렵다. 자본주의에 맞서는 운동과 자본주의를 넘어 대안사회로 나아가기 위한 운동은 서로 연결되어야 한다. 이를 위해서는 일상생활 수준에서 정치형태-경제형태-주체형태를 바꾸려는 노력들이 함께 선순환구조를 이루어야 한다. '민중의 집'운동은 제반 운동들이 연대하여 지역적 차원에서 이러한 선순환 구조를 만들어가려는 공동의 노력이자, 그간 서로 분리되어온 자본·국가의 지배에 맞선 정치적 투쟁과 대안사회를 향한 상호부조운동이라는 두 가지 시공간을 하나로 연결하는 "제3의 시공간"을 창출하려는 새로운 운동적 실험이다.[22]

물론 맹아 단계에 있는 이 운동의 성공 여부를 점치기는 아직 이르다. 중요한 것은 그것이 어떤 이름으로 불리건 간에 사회 없는 사회에서 사회의 다양한 형태들을 그리고 그것들을 어떻게 만들 것인가를 끊임없이 고민해야 한다는 점이다. 그러한 사회가 부재하는 한 우리는 은둔형 외톨이로 살거나 아니면 유사 가족주의적 집단에 자기를 해소해버리는 식과 같은 무력한 개인들로 남게 될 것이다.

꿈의 이본들

코펜하겐의 미래학 연구소장 롤프 옌센R.Jensen은 『드림소사이어티』라는 책에서 21세기를 '꿈'의 사회로 규정한 바 있다. 그는 책의 서문에서 오늘날을 과거 산업사회와 정보사회를 주도하던 이성과 합리성이 아닌 인간의 감성이 중요시 되는 세상이라고 정의한다.

이른바 좌뇌적인 사고 속에서 성장제일주의를 부르짖고, 오늘과 다른 내일만이 최상의 과제라고 생각해버리는 변화중심의 사회가 아니라 안정과 평화로운 삶이 더 소중하고, 물질의 풍요로움 속에서 물질 그 자체보다는 재미와 꿈을 더욱 소중히 여기는 세상이 된다는 것이다. 따라서 그는 미래사회가 인간에게 꿈과 희망을 주는 이야기가 가득한 세상이 될 것[23]이라는 식의 전망을 내리고 있다.

그의 주장에 공감하는 바도 없지 않다. 그러나 미래가 꿈과 희망을 주는 이야기들로 가득한 세상이 될 것이라는 핑크빛 전망이 과연 한국 사회에서도 그대로 통용될 수 있는 것인지에 대해서는 회의적이다.

한국 사회를 점령하고 있는 꿈의 내용과 목록은 생각보다 간단명료하다. 어떻게든 성공하는 것! 그래서 우리들은 언제나 굶주린 듯 성공신화를 찾아 헤맨다. '부자', '인생역전' 혹은 '대박'의 꿈을 저마다 실현해보기 위해 신화의 주인공(영웅)들을 선망하거나 질투하면서 벤치마킹하는 데 열을 올린다.

그렇지만 누구나 신화의 주인공이 되는 것은 아니다. 대부분은 그 길을 중도 포기한다. 우리들 대부분은 평균적 이상에 안주하면서 엎치락뒤치락 삶을 살아 낼 것이 분명하다.

그나마 그런 삶조차 과분한 것이라고 말할 수밖에 없는 것은 낙오자들, 이른바 루저loser들이 사회 곳곳에서 양산되고 있기 때문이다. 루저들은 꿈을 잃은 자들이다. 아니 더 정확하게 말하자면 강요되고 획일화된 꿈의 도정에서 자의건 타의건 미끄러진 자들이다.

요는 이렇다. 우리들이 꿀 수 있는 꿈이 획일화되어 있는 한 소위 미끄러진 자들이 끊임없이 속출할 것이라는 점, 그리고 그들의 원한과 증오가 사회에 비등할 것이라는 점이다. 우리는 그러한 부정적 에너지가 얼마만큼의 막대한 사회적 비용을 요구할 지 가늠할 수 없는 상태에 와있는지도 모른다.

인문학은 인간의 인간다움과 참다운 이상을 실현하기 위한 실천이다. 궁극적으로 그 실천의 핵심은 이른바 꿈의 이본異本들 혹은 별종別種들을 만들어 내는 일이 되어야 한다고 생각한다. 그것이 인문학의 본령이며, 인문학이 치유의 문제를 사유할 때 적극적으로 검토해야 할 지점이다.

불안은 영혼을 잠식하고

시스템의 치명적 오류

『공산당 선언』의 마르크스가 아직 살아있다면 오늘날을 이렇게 말했을 법하다. "하나의 유령이 전 세계에 떠돌고 있다. 불안이라는 유령이!" 하이데거M. Heidegger 식으로 말하면, 불안이란 인간존재의 무근거성 또는 방향상실과 관련된 감정이다.

중요한 사실은 오늘날 불안과 공포의 경계가 무너지면서, 불안함이라는 이 사적이고 내밀한 체험이 공공적인 체험으로 변모하고 있다는 점[1]이다. 사회적 공공성이 총체적으로 붕괴된 곳에 오직 불안이 그 자리를 대신하고 있다는 얘기다.

이즈음 일종의 붐처럼 불안 심리를 진단하고 해부하는 책들이 마구 쏟아지고 있다. 그 책들을 열거하는 수고는 생략한다.

그러나 유감스럽게도 그 대부분의 책들은 불안이 인간의 심리 문제에만 국한되지 않는다는 사실을 간과한다. 오히려 애써 감춘다는 인상을 지우기 어렵다.

참신하고 귀기울인만한 내용에도 불구하고, 그 책들이 제시한 해법은 간명하고 그래서 싱겁다. 요컨대 불안은 개인의 몫이고, 그것을 극복하는 일 역시 결국 개인의 몫이라는 것이다. 이런 유의 무책임한 해답에 대해서는 어떤 형태로건 동의하기 곤란하다.

한편 모 국회의원은 오래전 서울특별시장 재보선 선거 참패 후에, 20대는 앞날이 불안하고, 30대는 좌절했고, 40대는 분노했기에 자신들에게 등을 돌렸다는 식으로 말했다. 그렇다면 그러한 불안과 좌절 그리고 분노의 원인은 무엇인가.

답은 한결같다. 정부의 실책 탓이다. 정부가 경제 살리기에 실패해서 장기적인 경기 침체와 고용불안을 낳았고, 그것이 결국 시민들의 불안과 분노로 귀결되었다는 것이다. 그래서 정치인들이 입버릇처럼 하는 말이 경기 부양과 고용 창출이다.

그러나 경제를 해결하면 모든 문제가 해소될 것이라는 안이한 경제 제일주의(만능주의) 발상으로는 사회에 만연한 불안이라는 사태를 온전히 꿰뚫어 볼 수 없다. 이 점에서 그 유용성에도 불구하고, 오늘날 우울한 청년들의 실태를 '88만원세대'로 설명했던 방식에 대해서도 다소 회의적이다.

불안은 최저임금과 같은 경제적 지표만으로 온전히 포섭되지 않는다. 불안이란 사회적 시스템의 치명적 결함이나 오류를 알리는 위험 신호이기 때문이다.

불안, 특히 청년의 불안은 심층적이고 근원적인 진단이 필요하다. 그렇다고 오늘날의 불안을 개인의 심리적 차원이나 아니면 경제적 차원에서 설명하는 것이 전혀 불가능하다는 얘기는 아니다. 다만 어떤 부정적 사태를 설명하려는 수고가 곧바로 그 사태를 지양 또는 해소하는 것이라고 상상하는 것을 경계하자는 것이다.

오늘날의 불안은 더 이상 설명되어야 할 어떤 미지의 것이 아니다. 게다가 온갖 담론들에 의해 이미 지나치리만큼 충분하게 설명된 감이 없지 않다. 설명의 근사함이나 정합성이 관건이 아니다. 오늘날 공공의 체험으로 귀착된 불안을 어떻게 실천적으로 극복할 것인가. 이것이 오늘날 우리들에 주어진 과제이다.

필자의 관점은 이렇다. 우선 시대적 불안의 근원에 관계성의 근본적인 훼손 또는 파탄이 자리 잡고 있다. 이 관계성의 파탄은 타자에게 그가 지닌 본질적 가치(사용가치)나 구체적 특질(단독성)과는 상관없이 일반성의 잣대를 들이댐으로써 타자를 재단하거나 배제하고, 혹은 훼손하는 심각한 폭력적 절차에서 비롯된다. 그러한 폭력성을 감추고 있는 사유를 이 글에서는 '유아론唯我論'이라고 부를 것이다.

사회적 불안을 직조해내는 이러한 메커니즘을 놓치게 된다면, 우리들이 사회를 관망할 때 사회와의 연결 고리가 차단된 고립된 개체들만 선명하게 도드라져 보일 게 분명하다. 더불어 개체의 결함이나 불행은 순전히 개체의 그것일 뿐이라는 지극히 오래된 상식에 도달하는 데 그치고 말 것이다.

이를 논증하기 위해 필자는 비교적 최근에 발표된 네 편의 소설들, 즉 한재호의 『부코스키가 간다』, 문진영의 『담배 한 개비의 시간』, 김혜나의 『제리』 그리고 전석순의 『철수 사용 설명서』[2] 등을 언급할 것이다.

이 작품들을 선택한 이유는 우선 이 작가들이 불안이라는 사태에 직접적으로 노출된 2,30대의 신예 작가라는 점, 아울러 작품에 등장하는 주인공들 역시 작가와 비슷한 또래의 대단히 불우할 수밖에 없는 청년들이라는 점 때문이다. 따라서 소설적 완성도나 문학적 성취도를 포착하기 위해 위의 텍스트들을 선택한 것은 아니다.

아울러 위의 텍스트들을 동일한 비중으로 논의하지도 않겠다. 당연히 논의의 비중이 각 작품에 대한 가치 평가와 연결되지 않는다는 점은 주의를 요한다. 그래서 『부코스키가 간다』, 『담배 한 개비의 시간』, 『제리』 등을 이른바 오늘날 청년들의 세태 혹은 풍속도 읽기 차원에서 다룰 것이며, 나머지 하나의 작품, 곧 『철수 사용 설명서』를 세태를 규정하는 근원적 메커니즘을 읽기 위한 단서로 활용할 것이다.

결국 『부코스키가 간다』 이하의 소설들을 고립된 개체들의 생태와 훼손된 관계성이라는 맥락에서 고찰할 것이며, 이어 불안의 실천적 극복이라는 문제의식 아래, 『철수 사용 설명서』를 유아론적 가상의 폭력성을 설명하기 위한 소재로서 집중적으로 검토하고자 한다. 이를 통해 한국 사회 불안의 지형도를 어느 정도 묘사할 수 있을 것으로 기대한다.

글러 먹은 인생

여기서 다룰 소설 속 청년들의 군상에서 생기랄까 발랄함 같은 긍정적 에너지를 찾아보기 어렵다. 그들은 무기력하다. 삶에 대해 특별한 애착이나 욕구도 없다. 그들은 거세된 존재들이다. 행동반경은 협소하고 생활 패턴은 단조롭다.

이를테면 『부코스키가 간다』(이하, 『부코스키』)의 주인공 '나'는 대학을 졸업하고도 몇 년째 직장이 없는 취업준비생이다. 그가 하는 일이란 "매일 쓰레기 같은 이력서를 쓰고, 가끔 '아는 사람'의 경조사에 참석하고, 텔레비전으로 유재석을 보고 인테넷으로 뉴스를 검색하는"[3] 것이 전부다. 무의미한 생활을 권태롭게 반복한다. 권태 탓에 '나'는 '부코스키'라는 사람의 소문에 이끌리고 결국 그를 미행하면서 소문의 실체를 확인해보겠다는 식의 "매번 별 소득 없는"[4](65) 탐문 행위에 이유 없이 집착하게 된다.

한편 그들은 세상의 흐름에서 비껴선 채, 자기 자신에만 몰두한다. 삶의 방향을 잃은 탓이다. 예컨대 문진영의 『담배 한 개비의 시간』(이하, 『담배』)의 편의점 아르바이트생 '나'는 학교 공부에 아무런 흥미가 없다. "수업 시간이면 멍하니 낙서를 하거나, 아예 땡땡이를 치고 캠퍼스를 빠져나와 이어폰을 꽂은 채"[5] 정신없이 거리를 쏘다닌다.

그런 방황에서 '나'가 얻은 결론은 모든 게 허무하다는 사실이다. 자신에게 일정한 논리나 상식도 없을 뿐더러 과거의 믿음과 가치들이 현재에 이르러 부질없다는 절망적 인식에 도달하는 것이다. 삶의 내적 필연성도 없고 지향성조차 희미하다. 반면 그런 '나'에게 오직 외롭다는 감각만은 생생하다.

> 이따금 달을 올려다보고 있을 때면, 문득 이곳이 아닌 어디에서도 달은 조금씩 제 모습을 바꿔가고, 내가 움직이지 않아도 지구는 저만의 속도로 돌고 있다는 데 생각이 미치곤 했다. 그때마다 내가 느낀 것은 슬픔도 절망도 아닌 지나치다 싶을 정도의 외로움이었다.[6]

이 외로운 주체들은 도리 없이 자기 속에 유폐된다. 물론 그것은 자기 자신을 각별히 사랑하거나 아껴서가 아니다. 그들을 괴롭히는 것은 모멸감과 피해의식이다. 그런 탓에 그들은 스스로를 부정하거나 비하하며 심지어 학대하는 데 익숙하다.

이를테면 『제리』에서 "수도권의 별 볼일 없는 2년제 야간대학조차"[7] 겨우 다니는 '나'는 자신을 아무런 기술도 능력도 없고, 집에서건 학교에서건 사회에서건 평생 소외만 받으며 살아갈, "인간쓰레기"로 "그야말로 글러 먹은 인생"[8]이라고 스스로 낙인찍는다.

그럼에도 불구하고 예의 외롭다는 감각만은 선명하다. 아무리 발악을 해도, 결국 어떤 누구에게도 선택 받지 못할 것이라는 불안과 체념이 자기 부정과 겹치기 때문이다.

> 이 지긋지긋한 삶에서 언제나 혼자인 이곳에서, 끊임없이 가해지는 자괴감과 피해 의식 속에서 어떻게든 벗어나고 싶었다. 누구에게나 환영받고 모두에게 선택되는, 언제나 사람들에게 둘러싸여 있는 에이스와 같은 삶을 나 또한 바라지 않은 게 아니었다. 그러나 아무리 노력해도 결과는 마찬가지였다. 수없이 많은 사람들과 술을 마시고, 수없이 많은 사람들과 섹스를 나누어도 내 본질은 변하지 않았다. 나는 늘 혼자였고, 그런 내 곁에 어느 누구도 진정으로 머물러 주지 않았다.[9]

이러한 '나'에게 꿈은 사치이다. 곧 "예전에도, 지금도, 앞으로도, 꿈 따위는"[10] 없다. 게다가 단 한 번도 누군가에 의해 선택받지 못할 것이라는 사실을 이미 잘 안다. 결국 '나'는 "내 힘으로 할 수 있는 건 아무것도 없는"[11], 그래서 "어디에도 없었고, 그러므로 어느 누구도 내 곁에 머물지"[12] 못할 일종의 비非존재가 돼버린다.

앞서 달리는 자에 대한 증오

비존재들이 사회 안에서 어떤 형태로건 재현/대표representation되는 일은 없다. 따라서 그들은 그저 내던져진 존재, 말하자면 "사회적 결합 없는 대중"이다. "지속적이고 안정적이며 견실한 존재"가 아니라 "일시적이고 찰나적이며 더 나아가 부정적이고 파괴적인 실존(충동으로서는 자기파괴적이기조차 한 실존)"[13]에 불과한 것이다.

오늘날 유행하는 말로 루저의 탄생을 목격하고 있는 셈이다. 그들은 정상적인 사회적 관계를 유지할 수 없다. 꿈을 상실한 채 무기력하게 자기 자신에게만 몰두하는 자들, 애초부터 패자였던 자들이다.

따라서 "가야할 길이 있겠지. 그런데 갈 수 있는 길은 하나도 없어."[14]라는 '나'의 푸념은 모든 패자들의 절규가 된다. 결국 이 길이 없는 청춘들의 내면에 원한resentment이 싹튼다.

> "왜, 그런 애들 있잖아. 시작부터 우리와는 다른 애들. 하다못해 100미터 달리기를 하더라도 나는 고스란히 100미터를 다 뛰

어야 피니시 라인에 들어가는데, 어떤 애들은 경기를 시작할 때부터 나보다 40~50미터는 앞에서 달린단 말이지. 그렇지만 그게 절대 비겁하거나 부정한 일이 아니라 당연한 일인 거야. 왜냐하면 그 애들은 자신의 의지와는 상관없이 태어날 때부터 그 자리에서 태어난 거니까. 그러니까 나는 아무리 죽어라 달려도 절대로 그런 애들을 뛰어 넘지 못해."[15]

위의 인용문은 소설 『제리』에서 '나'의 연인이자, 호스트바 일을 하는 청년 '제리'가 목격한 사회의 절망적인 현실이다. 우선 이 사회는 경쟁의 시스템으로 움직인다. 그렇지만 경쟁의 룰과 조건이 공정하지 않다. 이를테면 100미터 경주에서 모조리 완주해야 하는 사람이 있는 반면, 반 이상을 앞서 달리는 사람이 있다.

정당한 의미에서 이것은 경쟁이 아니다. 경기 전에 이미 승패가 정해졌기 때문이다. 그럼에도 그러한 불공정한 사태가 지극히 당연한 것으로 간주된다. 룰의 공정성 여부를 따져 묻는 것조차 허락되지 않는다. 100미터를 모조리 완주해야 할 사람과 앞서 달릴 사람이 이미 태생적으로 결정됐다.

'제리'는 이 사실을 받아들여야만 한다. 절망의 근원이 여기에 있다. 마치 철저한 계급사회에서 계급적 위계는 의지나 선택의 문제와 무관한 일종의 숙명이듯, '제리'가 뒤처져 달려야 하는 것은 그저 그의 운명이다. 좌절해야만 할 운명을 타고난 것은 순전히 그의 불행이다.

만약 이러한 불행한 조건을 '제리'가 순순히 받아들인다면 사태는 단순하다. 언감생심 앞서 달리는 자(=우월한 자)를 극복한다거나 따라잡는다는 식의 생각은 아예 하지 않았을 게 분명하기 때문이다.

그러나 문제는 현대 사회가 명시적으로 혹은 명목상으로 계급사회가 아닐뿐더러, 기회와 조건이 누구에게나 민주적으로 평등하게 주어진다는 이데올로기(=가상)가 어찌되었건 일반적으로 유통되고 있다는 점이다. 결국 액면과 이면의 괴리에서 '제리'가 자신의 운명을 수긍한다 해도 우월한 자에 대한 선망은 여전히 남는다.

선망의 감정이란 "자신이 부당하게 빼앗겼다고 느끼는 것에 대한 갈망"[16]이다. 이른바 박탈감이 선망의 필요충분조건이다. 그 박탈감이 상대적이냐 또는 절대적이냐, 하는 문제는 중요치 않다.

선망하는 자의 내면에는 자신을 결과적으로 피해자로 만드는 대상에 대한 증오의 감정을 감춘 경우가 흔하다. 우월한 자에 대한 선망은 그에 대한 증오의 감정과 쉽게 구별되지 않는 것이 보통이다.

심각한 것은 다음과 같은 사태이다. 즉 막연하게나마 주위의 모든 사람은 다 우월한데, 오직 자신만은 열등하다고 단정해버리는 강렬한 피해의식이 선망의 감정과 섞였을 때이다.

이때 증오의 에너지는 증폭되면서 불특정 다수에 대한 무차별 폭력으로 전이될 개연성을 충분히 가지고 있다. 우리가 매스컴을 통해 익히 들어왔던 이른바 '묻지 마 범죄' 역시 사회에 만연한 선망과 증오 그리고 박탈감과 피해의식과 같은 부정적인 감정 에너지가 만들어 낸 합작품이라고 말해도 틀리지 않을 것이다.

따라서 "나는 아무리 죽어라 달려도 절대로 그런 애들을 뛰어 넘지 못해." 식의 자포자기적인 절규에만 우리가 귀 기울이는 한 많은 문제들을 놓치게 된다. 그런 절규 안에는 다음과 같은 물음들, 곧 '왜 꼭 달려야 하는가?', '그렇게 죽어라고 달려야 하는 이유에 어떤 필연성이나 내적 가치가 있다는 것인가?', '왜 그들을 반드시 뛰어 넘어야 한다고 생각하는가?', '누가 그렇게 달리도록 조장하고 방조하는가?' 하는 식의 본원적인 물음들이 없기 때문이다. 이러한 물음들에 천착하지 않는 한 우리는 그들을 묘사할 때, 선망과 증오의 악순환에 노출돼 있다는 식의 피상적인 설명 그 이상을 나아갈 수 없다.

중요한 것은 룰과 조건이 불공정한 게임을 누가 만들었으며, 그런 그는 왜 우리들이 그 게임에 몰입하기를 바라는가, 하는 물음에 답하는 것이다. 이 물음을 회피한 어떤 이론이나 담론도 불안의 시대에 길 없는 청춘들을 찰나적이며 파괴적인 실존의 굴레로부터 벗어나게 하지 못한다.

부질없고 위태로운 관계

우리는 고립된 채 상처 입고 좌절하는 개체들, 이른바 외톨이lonely crowd 그 자체만을 고려해서는 안 된다. 관건은 개체가 아니라, 언제나 사회적 관계성이다. 이 점에서 소설 속에 등장하는 우울하고 때로는 비루한 주체들의 생태적 조건을 더듬어 보는 것이 중요하다.

여기서 미리 염두에 둘 것은 그들의 결점 탓에 사회적 관계를 형성하는 데 있어서 그들이 치명적인 결함이나 부작용 증상을 보인다고 단정해서는 곤란하다는 점이다. 현상적으로 그들이 그렇게 보일 때조차 그건 그렇지가 않다. 만약 그렇게만 생각해버린다면, 그들의 세대적 감각이나 성향이 애초부터 사회적 관계 형성에 있어서 부적절하다는 식의 결론 외에는 없다.

중요한 것은 사회적 관계가 항상 개인에 앞선다는 점이다. 따라서 개인들이 모여 사회적 관계를 형성한다는 식의 일반화된 사회화 이론은 어떤 결함이 있다고 봐야 한다. 예컨대 홉스T. Hobbes, 로크J. Locke 그리고 루소J. Rousseau의 계보에서 보듯 자율적이고 대등한 개인(주체)들이 계약에 의해 국가나 사회와 같은 공동체가 형성된다는 식의 사회계약설은 근본적으로 의심받아야 한다.

사회적 관계성이 심각하게 훼손되었을 때만이 자기 몰두적self-absorbed이며 때로는 리비도적(파괴적)인 개인이 전경화foregrounding된다. 결코 그 역은 성립하지 않는다.[17] 이점을 바탕으로 소설들을 살펴보도록 하자.

우선 『부코스키』의 백수 '나'는 대인기피증 같은 것을 가지고 있다. 물론 자신의 처지가 궁색한 탓이 크다. 그러나 사람들을 만나 "밑도 끝도 없이 무슨 말인지도 모르고 내뱉는 말들"[18]을 들어야 하는 것 자체가 피곤한 일이라고 생각하기 때문이다.

그렇지만 그런 '나'는 오히려 일면식이 없는 사람들에게 자신의 사적이고 내밀한 이야기까지 종종 고백하곤 한다. 즉 친밀하다고 생각하는 사람보다 익명의 사람들 쪽이 자신에게 무해하고 안전하다고 판단하는 것이다. 아래 인용문은 '나'가 우연히 한 익명의 사내를 만나 대화를 나누는 장면이다.

> "근데 이상한 건, 그렇게 서로 짜증내는 일 없이 죽이 잘 맞다가도 어쩌다 한번 싸우면 화해를 못하겠더라고요. 따지고 보면 별로 대단한 일도 아닌데…… 어떨 땐 뭣 땜에 싸웠는지 이유도 잘 모르겠고 말이죠. 원래 그런 관계가 있나봐요."
>
> 그는 씁쓸하게 웃으며 입맛을 다셨다.
>
> "어느날 기억도 안 나는 어떤 일로 싸운 뒤로는 서로 연락 안 했어요. 잠깐 화가 나서 집을 나간 줄 알았는데, 어이없지만 그

게 마지막이었죠. 정말이지 한번 섹스를 하면 온몸이 다 젖을 정도로—저흰 같이 살았어도 에어컨 때문에 모텔에 자주 갔거든요—어쨌든 너무 더웠으니까 거의 이맘때였는데…… 하여간 그땐 정말 어이없었죠."

"서로 연락이 끊겼다고요?"

"몇 번 연락해보긴 했는데, 자꾸 안 받으니까 저도 포기해버렸어요. 어차피 더 해도 받지도 않을 것 같고요."[19]

사내의 말을 정리해보자. 그와 그녀는 서로 뜻이 잘 맞는다. 종종 온몸이 다 젖을 정도로 격렬한 섹스를 나누기도 한다. 이 점에서 둘은 일반적인 통념상 연인인 셈이다.

한데 문제는 간혹 서로 다툰 후에는 화해가 쉽지 않았고, 심지어 다툰 이유를 서로 모른다는 것이다. 급기야 사소한 이유로(기억이 나지 않기 때문에) 다투고, 그 뒤로 그녀와 연락이 끊기고, 사내 역시 몇 번 연락을 시도하다가 결국 포기해버렸다는 것이다.

이런 형태의 만남이 사랑인지는 확실치 않다. 다만 사내의 말마따나 참 어이없는 관계임에는 틀림없다. 서로 죽이 잘 맞아 몸까지 섞지만 그 안에 정서적 유대나 친밀함의 자취를 찾을 수는 없기 때문이다.

문제는 유대감과 친밀함이 없는 관계가 『부코스키』의 주요 인물인 '나' 그리고 여자후배인 '거북이'의 관계에서도 동일하다는 점이다. 우선 그녀가 '나'와 한집에서 동거를 하게 되는 뚜렷한 이유가 없다.

둘은 대학선후배 모임에서 우연히 만났고, 만취상태에서 '나'의 집에서 같이 잤다. 그 후로 그녀는 '나'의 집에 눌러앉았으며 '나'는 아무 거리낌 없이 그것을 묵인하다. 실제로 소설에서도 거기에 무슨 이유 같은 게 있겠냐, 식으로 시치미를 떼고 있는 형편이다.

사정이야 어찌되었건 둘은 마치 짝을 이룬 탐정처럼 그들이 미행하는 '부코스키'라는 수상한 남자에 대한 정보를 서로 공유하면서 그야말로 연인처럼 산다.

물론 섹스도 포함된다. 둘은 한집에서 부대끼며 일상을 사는 것이다. 그럼에도 불구하고 그들에게 정서적 유대감 따위는 아예 없다. 다음 인용문은 이 사실을 여실히 보여준다.

> 문득 그런 생각이 스쳤다. 어쩌면 거북이도 나처럼 깨어 있는 건 아닐까? 나처럼 자는 척 그냥 누워있는 건 아닐까? 나처럼 거북이도 오후 내내 낮잠을 잤을 테니……
>
> "자?"
>
> 나는 나지막하게 물었다. 내 목소리지만 어딘가 낯설었다. 유치한 짓이었지만, 애당초 그녀를 거북이라 부른 건 왠지 얄밉게 보인 탓이었다. 물론 시간이 지나면 첫날쯤은 기억도 나지 않을 테지만.

> 거북이는 답이 없었다. 나는 어둠 속에서 눈을 뜬 채 생각했다.(…)
>
> "자?"
>
> 다시 묻자, 거북이는 못 들은 척 반대편으로 돌아누웠다. 아무리 어두워도 그 정도 움직임은 볼 수 있었다.[20]

이렇듯 그야말로 싸늘한 관계는 『담배』나 『제리』에서도 쉽게 찾을 수 있다. 『담배』의 '나'는 여름 계절학기 수업 시간에 선배인 'M'을 만난다. 둘은 여름 내내 이곳저곳을 정처 없이 다닌다. 그리고 마치 연인처럼 많은 이야기를 주고받는다. 그러나 계절학기가 끝나면서 만나는 일이 줄고, 결국 새로운 학기가 시작돼 학교를 찾지만, 무슨 이유에서인지 'M'은 자취를 감추고 없다.

'나' 역시 그 사실을 아무런 이의 없이 자연스레 받아들인다. 시간이 흘러 '나'가 일하는 편의점에서 'M'과 다시금 조우한다. 그러나 그들의 관계는 친밀한 것도 그렇다고 낯선 것도 아닌 애매하고 어정쩡한 상태 그대로다.

'나'가 파악하기에 'M'은 "뺨 위에 갑자기 툭 떨어져도 전혀 선뜩한 느낌이 들지 않는 한 여름의 미지근한 비처럼" 뜨겁지도 차지도 않으며, 그런 면에서 호오조차 분명하지 않은 사람이다. 결국 '나'는 'M'이 "나를 필요로 하지는 않았으나 그렇다고 불필요하다고 느끼지도 않았던 것"[21]으로 여기게 된다.

물론 '나'에게도 문제는 없지 않다. '나'는 스스로를 "다른 이의 삶의 영역과 교집합을 형성할 만큼의 충분한 넓이"[22]를 갖지 못한 사람이라고 생각한다.

그들은 처음부터 잡힐 듯 말 듯 "한 뼘 정도 떨어진 곳"[23]에서로 위치하고 있었던 것이다. 평행선을 그리듯 소원한 관계는 급기야 '나'에게 자신이 소모된 느낌을 갖도록 부추긴다. 그래서 '나'가 생각하는 모든 관계는 부질없고 위태롭다.

> 나는 일련의 관계들을 겪으면서 그것들이 참으로 부질없다고 생각했다. 우리가 주고받는 모든 안녕, 모든 대화의 방식과 혹은 입 밖에 내지 않고 공유하는 감정, 눈빛의 종류, 친절의 깊이, 그 모든 것들이 마치 성냥개비를 쌓아올린 듯 위태롭고, 어느 순간 후, 불면 힘없이 무너져버리고, 다시 쌓아올릴 의욕 같은 것을 영원히 상실해버리는 것이다.[24]

그렇지만 이 시대의 청춘들은 고독하다. 그래서 모든 관계가 부질없고 위태롭다는 사실을 잘 알면서도 누군가 자신의 곁에 깃들어 있기를 끊임없이 갈망한다.

마조히스트의 자기연민과 독백

설사 위험한 관계 속에서 자신이 소모되는 것을 기꺼이 감수하더라도 누군가와의 견고한 관계를 욕망한다. 그와 같은 욕망은 역설이다.

이 역설이 대개 타인에 대한 때때로 병적인 집착을 낳는다. 그러한 집착이 정상적인 사회적 관계로 연결되는 일은 드물다. 타인에 대한 병적인 집착은 반드시 자기연민과 결부되기 때문이다.

자기연민은 자아에 대한 결핍감을 부추기고, 그것이 배가되면서 타인에 대한 집착을 강화한다. 여기서 연민과 집착의 악순환이 만들어진다.

그 악순환의 근원에 언제나 자기 부정이 도사리고 있다. 이 자기 부정은 마치 그리스 신화에 나오는 에리직톤Erysichton의 허기(탐욕)를 닮아 있어서 결국 자기가 자기를 뜯어먹는 비극으로 이어진다.

그래서 자기연민은 종종 자기 파괴적이고, 마조히즘적이다. 이 사실을 『제리』의 '나'는 극명하게 보여준다.

'나'와 '강'은 연인이었다. 아니, 오히려 사귀는 동안 때때로 문자나 전화를 주고받고 기념일 등을 챙겨주는 등 연인임을 증명할 수는 있었다.

처음에 '나'는 '강'과의 만남이 유쾌하지는 않지만, 딱히 헤어지고 싶다는 생각도 없었다. 그런 만남이었으니, 그가 아니면 안 된다거나 사랑해서 죽을 것 같다는 식의 "감정 따위는 애초부터 없었고 나중에도 자라나지 않았다."[25] 혼자 있는 것이 외롭기 때문에 그저 '강'과의 관계를 지속할 뿐이었다.

문제는 그 다음이다. '강'과 명목상 헤어진 이후에도 '나'는 그를 만난다는 점이다. 그 목적은 오직 섹스이다.

'나'는 습관적으로 '강'과의 섹스에 몰두하지만, 쾌락과는 아무런 관련이 없다. 쾌락이 부재하는, 그래서 오직 고통뿐인 섹스를 통해 '나'는 자기 파괴의 극단, 곧 무無의 상태에 도달하고자 하는 것이다.

물론 이 무에 대한 욕구는 "혼자 있고 싶지 않았다. 누구라도 좋으니 함께 있고 싶었다."[26]라고 말하는 '나'의 지독한 외로움에서 비롯된 것이다.

> 강과의 본격적인 섹스는 더 말할 것도 없었다. 강은 늘 나를 벼랑 끝까지 몰아붙였고, 나는 차라리 벼랑 밑으로 뛰어내렸으면 싶다가도 못 뛰어내리고, 강은 더 세게 나를 밀고, 그러다가 놓아주고, 하는 식이었다. 달아날 곳은 어디에도 없었지만, 그럴 때면 아무런 생각도 들지 않아 차라리 나았다. 말할 수 없을 정도로 그저 아프기만 해서, 구질구질한 내 삶과 나 자신 같은 건 하나도 떠오르지 않았다. 오로지 고통밖에는 존재하지 않는 그 순간에 오래도록 기대어 있고 싶을 때도 없지 않았다.[27]

말할 수 없는 고통에 의지해서라도 존재를 지워버리겠다는 파괴적인 욕구가 펼쳐지고 있는 위의 상황을 두고, 관계relationship라는 이름으로 묘사하는 것은 불가능하다. 거기에는 자기 연민과 부정의 의지만 가득할 뿐, 실제의 타자는 없다. 공격적이며 폭력적인 모양새를 취하고 있는 '강'조차 '나'의 허무의지에 의해 지워지고 있는 형국이기 때문이다.

'나'와 '강'의 섹스는 독백monologue에 불과하다. 교환이라거나 혹은 소통이나 대화가 끼어들 여지는 아예 없다. 무관계라는 얘기다.

너무 멀거나 너무 가깝거나

기든스A. Giddens의 관점에서 보자면, 『제리』의 '나'는 전형적으로 공의존적codependent인 사람이다. 이런 사람은 존재론적으로 안정감을 유지하기 위해 자신의 욕구를 대신 정의해줄 수 있는 다른 한 사람, 곧 타자를 반드시 필요로 한다.

그래서 공의존적인 사람은 타자의 "요구에 헌신하지 않고는 자기확신self-confidence을 갖지" 못한다. 결국 공의존적 관계가 형성된다. 그것은 "한 개인이 어떤 종류의 강박성에 지배되는 행동을 하는 파트너에게 심리적으로 묶여있는 관계"를 지칭한다.

흔히 이러한 관계가 "중독의 대상이 되는" 경우가 있다. 이를 달리 "고착된 관계fixated relationship"라고 하는데, 그것이 관련자들도 "도저히 자기 힘으로는 헤어 나올 수 없는 상호적대적인 양식으로 연결되어" 있는 "습관의 형태"[28]를 띤다면 심각한 것이 되고 만다.

기든스는 이러한 관계를 '중독적 유대addictive ties'라고 부른다. 그 특징은 다음과 같다.

> 1. 순수한 관계에 불가결한 요소인 자아와 타자의 제어monitor를 허용하지 않는다. 2. 자기정체성을 타자 혹은 고착된 상례들 아래 병합시켜 버린다. 3. 친밀성의 전제 조건인 타자에 대한 개방을 막는다. 4. 불평등주의적인 성별적 차이gender differences와 성적 관행sexual practices을 지속시키는 경향이 있다.[29]

물론 『제리』의 '나'는 '제리'를 만나게 되면서 '강'과의 중독적 유대에서 벗어나는 것처럼 보인다. 그러나 사정은 그렇지 않다.

'제리'는 돈만 주면 다른 여자에게 웃음과 몸을 파는 호스트바의 청년이다. 따라서 '나'는 '제리'가 그럴 수 없음을 잘 알면서, 자신 곁에 남아 자신만을 위로해 주길 끊임없이 갈구한다는 점이다.

'나'가 아래의 인용문에서 보듯, 내적 분열과 갈등을 겪고 있다는 것은 여전히 '나'가 중독적 유대와 그 습관에서 벗어나지 못하고 있다는 사실을 말해주고 있다.

> 제리가 아무에게나 사랑한다고 말해도 나는 괜찮아. 나는 그를 가지려던 게 아니야. 그를 손에 쥐고 흔들려던 게 아니야. 나는 그가 제발 내 곁에 있어 주기를, 진심으로 함께 해주기를 바랐을 뿐이야. 아니, 너는 똑같아. 너는 그 애가, 너에게는 그토록 진심으로 대해 주기를 바라면서, 왜 다른 사람들에게는 거짓으로 대하기를 바라니? 너와는 아주 잠깐이라도 진심으로 있어 주기를 바라면서, 다른 사람하고는 그저 빈껍데기로, 직업적으로, 허위적으로 대하기만을 바라고 있잖아. 그것 봐. 너는 너만 생각하잖아. 너만 끌어안아 준다면, 너만 위로 받을 수 있다면, 너만 소외되지 않는다면 아무래도 상관없는 거잖아. 다른 사람 따위에는 안중에도 없잖아. 그런 식으로 늘 사람들에게 상처를 주잖아. 너는 항상 그랬어. 너는 그런 인간이야. 다른 모든 인간들과 하등 다를 바가 없는, 그런 인간이야.[30]

이른바 공포와 뒤섞인 불안한 열정이 그리고 고통과 절망의 숨 가쁜 순환이 여전히 '나'의 내면을 지배하고 있다. 예의 자기연민과 집착의 회로가 '나'의 내면에서 힘을 발휘하고 있는 셈이다.

결국 '나'는 '제리'를 통해서도 구원받을 수 없다. 자기연민에 길들여 있는 한 '나'가 마주치는 것은 "애초의 욕망과는 비교도

할 수 없을 정도로 커다란 분노와 집착"이다. 그리고 "그에 못이겨 또 다시 술을 마시고, 그러면 누군가를 더 간절히 바라게 되고" 그것이 다시 실패하고, 결국 "수렁만을 돌고 돌며 끊임없이 그 안으로"[31] 빨려 들어가 버리기 때문이다.

결국 지금까지 살펴본 바에 의하면, 이 시대 청춘들이 맺고 있는 관계의 패턴은 극단적으로 말해 두 개로 갈린다고 생각해볼 수 있다.

우선 정서적 유대감이나 친밀함이 전혀 개입될 여지가 없는, 말 그대로 데면데면한 관계, 서로가 있어도 그만 없어도 그뿐인 그런 관계의 패턴이 그 하나다. 그리고 기든스의 논의에 의지해서 규명하고자 했던 바와 같이 자기연민과 집착에 의해 형성되는 중독적 관계의 패턴이 또 다른 하나다.

하나는 서로가 너무 멀어서 유대감이나 친밀함이 들어설 기반이 없고, 또 다른 하나는 서로가 과도하게 밀착(고착)되어 있어서 그런 요소들이 들어설 여지조차 없는 것이다.[32] 여하튼 두 개의 관계 패턴은 공히 훼손된 것이라는 점에서 별 차이가 없다.

물론 이렇게 관계의 패턴을 단순화해버린다면, 생각보다 많은 문제를 일으킬 수 있을지 모른다. 그러나 세 편의 소설에서 선명하게 그러한 패턴이 드러나고 있다는 것은 그저 우연만은 아닌 듯하다. 그러한 패턴이 실제의 현실에 부합하느냐, 하는 문제는 다른 차원에서 논의해볼만한 가치는 있다고 판단한다.

다만 더 본질적인 문제는 내적 결함을 지닌 청춘들이 훼손된 관계를 지향하고 원했는가, 아니면 역으로 훼손된 관계가 청춘들을 내적 결함을 지닌 존재로 내몰았는가, 하는 점을 해명하는 것이다.

그러나 애석하게도 앞서 언급한 세 편의 소설들 안에서는 그 답을 찾을 수 있는 단서가 없다. 그 답은 이 세편의 소설들과 지금껏 아껴왔던 『철수 사용 설명서』의 '철수' 이야기를 겹쳐 읽었을 때, 명확해지리라 기대한다.

거짓 물음

소설 『철수 사용 설명서』(이하, 『설명서』)는 우리에게 매우 익숙한, 그런 탓에 그간 제대로 눈여겨보지 않았을 '제품사용설명서'의 형식에 맞춰 서사를 전개하고 있는 매우 재기 발랄한 작품이다.

마르크스가 인간의 노동력을 상품으로 정의했을 때, 이미 인간은 하나의 상품처럼 취급될 운명이었다는 사실은 이미 상식에 속한다. 그러나 이 작품은 상품보다 못한 존재가 인간이다, 라고 말하는 듯하지만, 인간은 그런 상품이 아님을 항변하고 싶어 하는 것처럼 보인다.

결국 이 작품은 우여곡절 끝에 자신을 불량품이나 모조품으로 생각하는 '철수'가 자신의 사용 설명서(마르크스 식으로 말하자면, 사용가치)를 완성해 나간다는 식의 내용이다. 물론 그 성공 여부는 중요해 보이지 않는다.

대신 '철수'의 트라우마가 관건이다. 이 트라우마가 앞서 제기했던 문제를 해결하는 중요한 실마리라고 판단하기 때문이다.

우리가 일상적으로 경험했을 법하고, 그래서 그것에 대해 이미 감각이 무뎌져버린 하나의 사건이 있다. 혹은 오늘날 대부분의 사람들이 누군가를 상대로 되풀이하고 있을지도 모를 그런 사건이기도 하다.

그러나 이 사건은 '철수'의 삶에 심대한 영향을 미친다. 왜냐하면 이 사건 이후 '철수'는 자신이 아무리 노력해도 불량품일 수밖에 없다는 사실을 아프도록 곱씹어야 했고, 누구에게도 선택받지 못할 것이란 불안을 습관처럼 껴안고 살아야 했기 때문이다. 그러나 이 사건의 전말은 다음처럼 의외로 단순하다.

> 엄마가 처음으로 철수의 성적표를 보았을 때는 "너 실수한 거지?"라고 물었다. 철수가 대답하지 않자 "그렇지?"라고 한 번 더 물었다. 질문인데도 마치 "그렇다!"라고 확신에 찬 듯한 목소리였다. 엄마에게는 질문 안에 원하는 대답을 미리 집어넣는 기능

이 있었다.[33]

엄마와 '철수'는 지금 대화를 하고 있는 게 아니다. 우선 '철수'의 본래적 의도 따위는 그녀에게 중요하지 않다. '철수'가 바야흐로 말하게 될 답이 무엇이건 간에 그녀는 관심 없다. 그녀의 목적은 자신이 미리 상정하고 있는 답을 다시금 확인하면 그만이다.

'철수'의 대답과 상관없이 그녀가 '철수'의 실수라고 단정하면 실수인 것이다. 따라서 그녀의 질문은 사실상 질문이 아니다. 그것은 거짓 물음(문제)이고, '철수'를 옭아매는 덫과 같은 것이다. 그것은 치명적이고 폭력적이다. 이점에 대해 더 살펴보자.[34]

예컨대 교사가 학생들에게 질문을 던진다고 해보자. 질문을 받은 학생은 교사가 제시한 문제를 이해할 수도, 그렇지 않을 수도 있다. 그런데 만약 학생이 문제를 이해했다고 해보자. 그것은 교사가 이미 해답을 가지고 있고, 어떤 힌트 같은 것을 알려준 이후에야 가능한 일이다.

이때 교사의 질문은 항상 주어질 또는 있을 법한 것을 중심으로 전사轉寫된 것이다. 이게 바로 거짓 물음이다. 왜냐하면 질문 자체가 교사가 유도하고자 하는 대답들 또는 학생들에게 주입시키고자 하는 어떤 명제들을 전제로 한 다음에 사후적으로 재구성한 것에 불과하기 때문이다.

게다가 일정한 대답이나 명제를 전제로 전사된 질문은 어떤 '상호성(대칭성)'을 선험적으로 상정한다는 사실을 주목해야 한다. 이 상호성을 의사소통합리성이나 상호주관성 따위의 철학적 용어로 바꿔 불러도 사태는 변하지 않는다.

다만 우리는 화기애애한 교실에서 교사와 학생이 질문에 대답으로 응수하는 매우 권장할만한 상황을 지켜보면서 그들이 대화를 하고 있다고 상상할 수 있다. 그러나 이것은 명백하게 유아론적唯我論的 가상이다.

유아론적 폭력과 행복의 표준

상호성이나 공통성을 전제한 대화는 이미 대화가 아니고 독백이다. 그러한 대화 안에는 집요한 독백과 탐욕스러운 자기회귀성만이 존재한다. 따라서 거기에 타자란 없다. 아울러 타자의 단독성singularity이 포착되는 일 역시 없다.

교사와 학생의 관계를 엄마와 '철수'의 관계에 그대로 대입해도 동일한 결론이 나온다. 가라타니 고진에 의하면 유아론은 "나 혼자 밖에 없다는 생각과 무관"하며, "나에게 타당한 것이 다른 모든 사람들에게도 타당하다는 사고방식"[35]이다.

그녀 자신에게 타당하다고 생각하는 것이 아들인 '철수'에게도 타당하다고 여겨버린다는 점에서 그녀는 그 사실을 결코 인지할 수 없겠지만, 전형적인 유아론자이다. 동시에 그녀는 자신의 의도와는 무관하게 폭력적인 인물이다. '철수'의 단독성을 임의로 혹은 무사심하게 삭제해 버리기 때문이다.

> 텔레비전이든 오디오든 전화기든 중요하지 않았다. 엄마에게 중요한 건 철수가 그 기능을 수행할 수 있느냐, 없느냐 하는 것이었다. 그 기능은 소비자가 생각하는 주요 기능이므로 제대로 못하면 무조건 불량 판정이 내려질 터였다.[36]

'철수'가 자신의 사용설명서를 아무리 완벽하게 구성해 나간다 하더라도, 그것이 읽힐 가능성은 애초부터 봉쇄돼 있었던 셈이다. 엄마조차 그것을 읽지 않을 게 분명해 보이기 때문이다.

그래서 '철수'는 "질문 안에 원하는 대답을 미리 집어넣는 기능은 모든 부모들의 공통 기능"[37]이라는 사실을 깨닫는다. 그 대답에 비춰보면, '철수'는 "노력하면, 텔레비전도 식빵을 구울 수 있고 가스레인지도 얼음을 얼릴 수 있다"고 믿어야 한다.

엄마의 입장에서 그것은 전혀 불가능한 일이 아니다. 불가능하다면 그것은 순전히 '철수'가 게으르고 노력을 하지 않은 탓일 뿐이기 때문이다. '철수'에게 요구되는 기능이 없다면, 그것은 단지 '철수'의 잘못이다. 그래서 '철수'는 자신을 불량품으로 여기는 것에 익숙해진다.

여기에 또 하나의 사건이 첨가되어야 한다. 어린 시절 '철수'는 피아노를 배운다. 엄마 그리고 피아노학원 원장의 독단적인 결정에 의한 것이다. 원장은 '철수'가 마치 피아노를 잘 연주할 수 있는 기능을 타고난 듯이 말한다.

그러나 그게 아님은 이내 드러난다. 얼마 지나지 않아 '철수'의 손등에는 멍이 가실 날이 없게 된다. 피아노 음이 틀릴 때마다 원장은 '철수'의 손등을 내려쳤고, 멍이 채 가시기도 전에 틀렸기 때문이다. 이후로 '철수'는 다음처럼 심각한 신체적 장애를 겪는다.

> 실제로 그럴 때마다 오선지가 불쑥 나타났다 사라지곤 했다. 오선지가 스며든 손만 부분 교체하면 모든 게 다 괜찮아질 거라는 생각마저 들었다. 지금도 그녀의 손을 잡으려고 조금씩 뻗다 보면 어느 순간 플라스틱 자가 나타나 손등을 내려칠 것만 같다. 그걸 시작으로 몸에서는 다시 열이 오르기 시작하는 것이다.[38]

누군가의 신체 부위가 닿기라도 할라치면 손에서 오선지가 불쑥 나타나고, 이내 몸은 열로 달아오르면서 벌게지는 것이다. 이 증상으로 인해 '철수'는 신체 접촉은 말할 것도 없고 모든 인간적 접촉에 대해 기본적으로 불안해한다. 실수하거나 혹은 거절당할지도 모른다는 두려움이 대인 관계를 어렵게 만드는 것이다. 이러한 관계 공포증 역시 원하는 대답을 내장한 거짓 물음의 횡포에서 비롯된 것이다.

원하는 대답을 달리 표준 또는 기준으로 바꿔 불러도 무방하다. 그렇다면 무엇이 표준인가. 그러나 '철수'의 부모를 보게 되면, 그러한 물음이 포인트를 한참 빗나갔다는 사실을 금방 알아차릴 수 있다.

표준이란 무엇이다, 라고 딱히 규정할 수 있는 것은 없다. 단지 이것이 표준이겠지, 혹은 표준일 거야, 식의 막연한 묵계 같은 것(다수적인 것)만 존재한다.

그것은 군중에의 경험론적 호소일 뿐이다. 즉 "모든 사람들은 이것을 알고 있고, 모든 사람들은 이것을 인정하고 있으며, 어느 누구도 이것을 부정할 수 없다."와 같은 일종의 프로파간다이다.

이러한 프로파간다를 바탕으로 모든 의심과 비판으로부터 면죄된 상호성(대칭성)의 규칙 또는 공통의 '장소topos'가 발견된다. 그 장소를 '철수'의 엄마는 TV드라마에서 그리고 아버지는 뉴스에서 각각 찾는 것이다.

먼저 '철수' 엄마를 보자. 그녀는 드라마에 나오는 아들이 철수보다 못하면 철수가 어딘지 모르게 자랑스럽다. 이때 그녀는 행복하다.

그러나 '철수'보다 잘난 아들이 등장하면 억울하게도 아무 이유 없이 '철수'는 만족스럽지 못한 아들이 되는 것이다. 이때 그녀는 불행하며 불안해한다.

그런 그녀가 처음에는 '철수'에게만 그랬지만, 남편과 딸에게도 동일하게 행한다. 결국 그녀는 "집 밖을 나서기만 하면 표준 이상이 되는 가족들 천지라고 생각"[39]해버리면서 만성적인 불안 상태에 놓인다. 그래서 그녀는 히스테리 환자와 흡사하다.

다음 아버지의 경우다. 그는 매번 뉴스를 보면서 몇 가지 소식만 들어도 "내가 아니라 참 다행이야." 혹은 "나만 그런 게 아니라 다행이야."[40]식으로 생각하는 것에 이골이 난 사람이다.

그는 인생이 우울하고 뭔가 잘 풀리지 않을 때마다 뉴스를 본다. 그는 자신이 다수적인 표준에서 벗어나지 않고 있다는 사실을 뉴스를 통해 매번 강박적으로 확인해야만 위안(안정)을 얻는다. 그는 편집증 환자를 닮았다.

결국 '철수'의 부모는 불안(=불행에 대한 예감)과 위안(=행복에 대한 확신)을 양 극단에 놓고 아슬아슬하게 줄타기하듯 초조한 심정으로 삶을 살아가고 있는 셈이다. 따라서 이러한 부모들의 유아론적 물음들에 길들여졌을 '철수'는 자신의 의도와는 상관없이 이미 불안에 영혼을 상당 부분 잠식당한 채로 히스테리 혹은 편집증 환자로 살게 될 것은 분명하다.

거대한 품평회의 세계

그렇다면 이런 부모들이 죄다 모이는 회합은 어떤 풍경을 연출할까. 이 소설에서 친척의 결혼식이 그 좋은 예가 되겠다. '철수'가 보기에 결혼식장은 일종의 품평회 자리이다. 이 자리에서 친척들끼리 서로 몇 번 인사를 나누다보면 자신의 자식들이 "출시 가능한 제품"인지 아니면 "연기할 제품"인지 그것도 아니면 "폐기 처리할 제품"인지 "딱 보면 견적이"[41] 나오기 때문이다. 결국 결혼식장은 부모들이 일상적으로 해 왔던 불안과 위안의 줄타기 또는 시소게임의 경연장을 방불케 한다.

> 안부를 묻는 친지들의 말이 철수의 귀에는 여전히 완제품인지 아닌지를 묻는 질문으로 들렸다. 어느 대학을 졸업했는지, 지금은 뭘 하고 있는지, 애인은 있는지, 결혼은 언제 할 것인지, 면접을 볼 때처럼 미처 대답을 하기도 전에 질문들이 한꺼번에 쏟아졌다. 묻는 사람들은 대답이 더딘 것만으로도 어딘가 꺼림칙한 구석이 있다고 생각하는 눈치였다. 철수가 대답을 머뭇거리는 사이 말들은 계속 이어졌다. 모인 사람들은 다른 제품에 오류가 추가될 때마다 자신의 제품이 한 단계씩 업그레이드된다고 생각하는 듯했다.[42]

결국 '철수'의 눈에 이 세계는 거대한 품평회 공간이다. 그래서 모든 사람들은 자신보다 "어딘가 결함이 있거나 이상한 사람을 만나길" 항상 열망한다. 그래야만 자신이 정상이 될 수 있다고 믿기 때문이다.

게다가 이들은 "정상이 뭔지도 모르면서" 그런 믿음에 이끌린다. 결국 접촉하는 상대방이 비정상에 가까우면 가까울수록 "갓 구워낸 따뜻한 위로"[43]를 얻을 확률이 높다고 생각하는 것이다.

이쯤해서 유아론적 가상이 사회의 전 영역을 모조리 식민화해버렸다고 생각해보면 어떨까. 이를테면 유아론을 초월기표 X와 같은 것으로 가정해보자.

그 X 안에 어떤 것을 대입해도 상관없다. 그 자리에는 이를테면 '철수'의 엄마나 아버지가 들어갈 수 있다. 그리고 '철수'를 버렸던 애인들을 끼워 넣어도 상관없다.

그렇다고 특정한 개체로만 한정하지 않아도 좋다. 거기에는 취업면접과 같은 사회적 통과의례가 들어갈 수도 있고, 교우관계나 연인관계 또는 사제관계와 같은 관계의 일반적 형식까지 모조리 다 집어넣을 수도 있다. 심지어 예비 신랑 신부의 등급을 매겨주는 결혼정보회사 인터넷 사이트까지 그 자리에 대입할 수 있다. 아니면 더 크게는 민족이나 인종까지도 집어넣을 수 있다. 과연 어떤 일이 벌어질까.

오직 원하는 기능만 잔뜩 있었을 뿐이다. 그건 철수에게만이

> 아니라 모든 제품에 동일하게 적용되었다. 세탁기에도 전자레인지에도 라디오에도 원하는 기능을 강요할 뿐, 제품이 어떤 기능을 갖추었는지는 그다지 중요하지 않았다. 제품의 고유 특징 같은 것에는 아무도 관심을 기울이지 않았으니까. 모두가 인정하는 표준이 되지 않으면 불안해졌다. 결국 불행을 겪으면서 다들 행복한 표준이 되어 가고 있는 것이다.[44]

결국은 블랙홀 X를 중심으로 어떤 형태로건 우월함과 열등함의 미시적인 분류표의 목록이 작성될 것이다. 우리가 우월한 자이건 열등한 자이건 상관없다. 우리들은 모두 X를 중심축에 놓고 불안과 위안의 시소게임을 죽을 때까지 반복해야만 한다. 만성적인 노이로제와 히스테리 그리고 강박을 인내하면서, 마치 그 X를 처음부터 원했다는 듯이, 자유의지에 따라 행복하다는 듯이 그 게임을 반복하는 것이다.

'철수'는 이른바 '취업모드'에서부터 '가족모드'에 이르기까지 사회의 모든 영역에서 이 불행한 반복을 발견하고 있는 셈이다. 블랙홀 X가 부추기는 반복에서 벗어나려는 어떤 단독성(=차이)도 '철수'의 어법대로 불량(=비정상)판정이 날 게 틀림없다. 그 단독성이 마모되고 소진되어, 결국은 거대한 원한의 형식 아래 모조리 동일해질 때까지, 그리고 그 이후에도 그 반복은 영원히 지속될 것이다.

'철수'의 말대로 "불행을 겪으면서 다들 행복한 표준이 되어"

갈 때까지 그 운동은 결코 멈추지 않는다. 그리고 이 운동을 멈추게 하지 않는 한 불안 역시 사람들의 영혼을 계속 갉아 먹게 될 것이다.

이와 같은 행복한 표준의 세계에 타자라거나, 대화 아니면 진정한 의미의 관계성이 들어설 자리는 어디에도 없다. 따라서 앞서 살펴보았던 『부코스키』를 포함한 세 편의 소설에 등장하는 청춘들을 우리는 비난해서는 안 된다. 그들이 훼손된 관계성을 지향하거나 원했다기보다는, 이 세계 자체가 훼손된 관계성 그 이상도 이하도 아니라는 사실을 주목해야 한다.

선망과 절망의 이중화법을 넘어

지금까지 필자는 오늘날 공공의 체험으로 귀착된 불안이라는 사태를 어떻게 실천적으로 극복할 수 있는가, 하는 문제의식을 바탕으로 네 편의 소설들을 살펴보았다. 이상의 논의를 요약하면 다음과 같다.

오늘날의 불안을 이해하기 위해서는 그 근원에 관계성의 근본적인 훼손 또는 파탄이 자리 잡고 있다는 점을 이해해야 한다. 『부코스키가 간다』, 『담배 한 개비의 시간』 그리고 『제리』 등의 작품에서 그러한 관계성의 파탄이 두 가지의 관계 패턴으로 발현될 수 있다는 사실을 확인했다.

정서적 유대감이나 친밀함이 개입될 여지가 없는 무관계의 패턴 그리고 자기연민과 집착에 의해 형성되는 중독적 관계의 패턴이 각각 그것이다. 그러나 이러한 관계의 패턴들은 모두 훼손된 것이라는 점에서 사실상 차이가 없다.

한편 이러한 관계성의 파탄이 외로운 주체들(청년들)의 내적 결함에서 비롯된 것이 아니라 오히려 광범위한 사회적 결함에서 비롯되었다는 점을 말하고자 했다. 즉 필자는 작품 『철수 사용설명서』를 통해 타자에게 지닌 본질적 가치(사용가치)나 구체적 특질(단독성)과는 상관없이 일반성의 잣대를 들이댐으로써 타자를 재단하거나 배제하는 폭력성이 관계성의 파탄을 불러왔다고 진단했다.

그와 같은 폭력성을 감추고 있는 사유를 유아론이라 규정했다. 아울러 그러한 사유가 온 사회를 지배하고 있는 한 오늘날 만연한 불안의 메커니즘을 온전히 포착할 수 없음을 증명하고자 했다.

물론 애석하지만, 이곳에서 오늘날의 불안이라는 사태를 해결하기 위한 직접적이고 실천적인 대안을 제시한 것은 결코 아니다. 다만 개체의 불안을 개체만의 그것으로 돌리려는 어떠한 이론적(혹은 담론적) 경향도 거부해야한다는 것, 아울러 사회에 만연한 유아론적 가상을 허물어뜨릴 수 있으며 동시에 관계성의 복원을 가능하게 하는 행동의 지침이 요청된다는 것은 강조하고 싶다.

관건은 그러한 행동의 지침을 어떻게 만들어낼 것인가, 하는 점일 것이다. 필자의 논의는 당분간 이 물음 앞에 멈춰 설 수밖에 없다. 그렇지만 앞서 보았듯이 '제리'가 했던 절규의 형식 안에서는 곧, "나는 아무리 죽어라 달려도 절대로 그런 애들을 뛰어넘지 못해!"와 같은 선망(=증오)과 절망의 이중화법 안에서는 그러한 행동의 지침을 어떻게 해도 찾을 수 없다는 것은 확실하다.

괴물의 탄생

무사회 상태

후지타 쇼조藤田省三는 정상적인 의미의 사회가 붕괴돼버린 무사회無社會 상태에서 어떻게 '사회적 결합 없는 대중'이 출현할 수밖에 없는가를 다음과 같이 설명한다.

> (…) 동원당해 완전히 소모되어버린 결과, 종래의 직장은 없어지고(실업) 이웃 및 친구들과의 관계도 산산조각이 나며(사교의 소멸) 격심한 인플레이션은 물건과의 관계에서 척도나 기준을 잃게 하여 몇 시간 뒤의 사태를 예측하는 것조차 불가능할 정도로 불안정한 상황이 매일 매일의 일상생활을 지배하고…, (…) 이렇게 생활사회를 잃은 사람은 사람과의 관계에서도 물건과의 관계에서도 더 이상 사회인이 아니며 관계를 잇는 이음새로부터 이탈된 무사회적인 고립자인 것이다. (…) 즉 '몸도 마음

> 도 자아를 상실한 자'의 무리만이 그 상황을 가득 채우고 있는 것이다. '덕德으로서의 몰아'와는 정반대인 자기상실자의 무리群, 냉정하게 심사숙고하는 고독한 자solitude와는 정반대인 초조에 내몰린 외톨이들lonely crowd, 부정적 정서에 가득찬 자들이 이 상황의 지배적 주역이었다. 그들은 (…) 조금이라도 기회가 있으면 자신에게 유리한 '지도자'나 '조직체'에 '몸도 마음도' 내 맡기려고 기다리고 있다.(…)
>
> (…) 지속적이고 안정적이며 견실한 존재는 이제 없어지고 그 대신 일시적이고 찰나적이며 더 나아가 부정적이고 파괴적인 실존(충동으로서는 자기 파괴적이기조차 한 실존)이 다른 존재 양식을 일소하고 마침내 존재자의 주역을 차지하게 된 것이다. 눈곱만큼의 상대적·일시적 안정성이나 지속성조차 허용하지 않는 기회주의적 '발전'성과 '운동'성을 핵심으로 하는 이들 실존의 집합에 의해 초래된 상황은 이미 '사회'가 아니며, 그때그때 충동적으로 '결단'되고 끊임없이 외부로부터 지령을 받는 극도로 유동적인 무無사회 상황이다.[1]

쇼조에 따르면 20세기의 전체주의는 우선 전쟁형태의 전체주의로 출발해서, 정치지배의 전체주의로 귀결되었다고 한다. 이때 전쟁형태의 전체주의란 일상적인 사회적 요소는 말할 것도 없이, 사람의 마음까지도 소모하고 게다가 하늘이나 바다 속과 같은 생활환경까지도 가능한 한 모조리 이용하려드는 무제한적이고 가공할만한 전쟁행위[2]를 뜻한다.

한데 쇼조는 이러한 전체주의가, 특히 소모전에서 패배한 나라에서 사회적 결합 없는 대중의 양산을 부추겼다고 진단한다. 요컨대 그들은 생활사회를 상실해버린 무사회적 고립자들, 지속적이고 안정적인 존재와는 관련 없이 찰나적이고 파괴적이며 부정적인 실존의 무리들이다. 이어 쇼조는 그러한 "무사회 상황에 편재하는 불안과 공포와 원한, 즉 불안정성을 그대로 제도화한 것"[3]이 바로 정치지배의 전체주의라고 설명하고 있다.

물론 지금 당장 필자의 관심은 전쟁형태의 전체주의가 어떻게 정치지배의 전체주의로 귀결되었는가, 또는 그 논리적 프로세스가 정합한가, 하는 것을 따지는 데 있지 않다. 다만 쇼조가 20세기적 현상으로 명명한 무사회 상태 그리고 사회적 결합 없는 대중이라는 술어가 신자유주의 이데올로기가 전면적으로 식민화해버린 오늘날의 생활세계를 설명하는 데에도 여전히 유용해 보인다는 점을 언급해 두고 싶다.

'예측 불가능', '불안정', '이음새로부터 이탈', '자기상실', '초조', '파괴적인 실존', '유동성', '공포', '불안', '원한'. 이것들은 쇼조가 사회적 결합 없는 대중을 설명하기 위해 사용한, 부정적인 뉘앙스를 담고 있는 어휘 목록들을 대략 나열해 본 것이다.

그런데 쇼조 논의의 실제적 맥락을 괄호치고 위의 인용문만을 따로 떼 내어 읽는다면 어떨까. 오늘날의 비참한 사회적 상

황을 감안하건대, 그의 진단은 지금의 시점에서도 적실한 바가 없지 않다.[4]

무한경쟁이라는 개미지옥

우리는 신자유주의를 모든 전체주의totalitarianism들 중 가장 강력한 우두머리로, 또는 일상적인 욕망에서부터 생활세계의 미시적인 수준에 이르기까지 총력전total war의 기제를 이식해 놓은 무시무시한 체제로 봐도 무방하다.

물론 신자유주의 체제에서 총력전이라는 명칭은 완곡한 용어로 대체된다. 무한경쟁이라는 용어가 그것이다. 개미지옥에 흡사한 전 방위적 경쟁 시스템 안에서 인간은 자신의 신체나 감정, 심지어 마음까지 자신의 모든 요소를 총동원해서 환금성liquidity을 지닌 그 무엇으로 끊임없이 탈바꿈시킬 수 있어야 한다.

그러나 유감스럽게도 경쟁의 규칙은 매번 바뀐다. 이전 규칙에 적응하기도 전에 새로운 규칙을 받아들여야 한다. 따라서 계속 움직이지 않으면 안 된다. 자신의 신체와 마음을 지속적인 유동성liquidity의 압력에도 내구성을 지닌 것으로 변형시켜야만 한다. 그렇지 않으면 결국 도태된다.

적자생존과 우승열패의 법칙이 자리한다. 또 다른 형태의 사회진화론으로 귀결돼버린 광범위한 경쟁 시스템 안에 올바른 의미의 사회가 들어설 지반은 없다고 해도 좋다.

만성적인 피로와 신경증 상태로 내몰린 인간에게 이 세계는 서바이벌 게임의 각축장일 뿐이다. 자기 이외의 타자는 잠재적인 적에 불과하다. 한 사회를 유지하는 감정적 유대라거나 신의와 같은 덕목을 생각할 여지는 아주 희박하다.

> 신의와 더불어서 개인적이고 유동적인 내면적 삶은 실제로 고정되고 안정적인 관계 형식의 특성을 띠게 된다는 것이다. 또는 그 반대로 직접적인 삶이나 삶의 주관적인 리듬으로부터 독립해서 지속적으로 존재하는 사회학적 사실은 신의를 통해서 비로소 주관적이며 정서적 색채를 띤 실제적 삶의 내용이 된다. (…) 신의란 지속적인 흐름 속에서 움직이고 살아가는 인간 영혼의 상태이다. 하지만 신의는 동시에 이 영혼의 상태에 힘입어서 초개인적인 사회적 관계 형식이 지니는 안정성을 획득하며, 또 삶에 대해서 그 의미와 가치로서 내용을 부여해준다."[5]

짐멜G. Simmel은 신의라 부르는 현상이 없이는 단 한 순간도 사회가 제대로 존속할 수 없다고 했다. 그에 따르면 신의는 모든 사회화의 근본적 형식이자, 내면적 삶의 유동성에 사회적 안정성을 부여하는 심리학적 저수조(일종의 평형추)와 같은 것이다.

단적으로 말해 신자유주의 체제는 그러한 심리학적 저수조 혹은 평형추를 망가트리고, 사회를 증발시켜버렸다. 때문에 개인을 자기상실자 무리 또는 초조한 외톨이와 같은 찰나적이고 파괴적인 실존으로 지속적으로 몰아간다. 궁극적으로 그렇게 내몰린 자들을 잔혹한 괴물과 같은 인격으로 둔갑시켜 버리는 일이 오늘날 빈번히 발생하고 있다.

이후 필자는 신자유주의 산 괴물의 출현을 설명하기 위해 1994년 당시 한국 사회를 충격과 공포의 도가니로 몰아넣었던 한 엽기적인 연쇄살인 사건을 조명할 것이다. 그 사건을 징후적으로 독해함으로써 신자유주의와 감성의 문제를 사유할 것이다.

특히 이를 위해 신자유주의 체제를 근원적으로 떠받들고 있다고 생각되는 신화(=가상), 곧 유연성의 추구라는 신화를 주로 비판하고, 그러한 신화에서 배제되고 탈락된 자들이 괴물과 같은 실존이 될 수밖에 없음을 밝힐 것이다. 이 과정에서 유연성의 신화가 직조해낸 한국 사회의 부정적이고 파괴적인 감정들의 흐름이 기술될 것이다, 아울러 거칠게나마 그 극복 방안도 검토될 것이다.

유전무죄 무전유죄

부자들에 대한 증오를 행동으로 옮긴다는 강령을 중심으로 6명의 청년이 범죄단체를 만들고, 이어 대단히 잔혹하고 엽기적인 방식으로 희대의 살인극을 자행한다. 1994년의 이른바 지존파至尊派 연쇄살인 사건이다.

우선 이 사건을 다루기 전에 1988년 세간을 뒤집어 놓았던 죄수들의 탈주·인질극 사건, 일명 지강헌 사건을 잠깐 언급할 필요가 있겠다. 이 사건과의 대비 속에서 지존파 범죄의 특이성이 부각될 것으로 생각한다.

한국에서 상당한 사회적 공감을 낳았고 지금도 심심찮게 회자되는 "유전무죄有錢無罪 무전유죄無錢流罪"라는 꽤 유명한 말이 있다. 굳이 풀이하면 돈이 있으면 무죄이고, 돈이 없으면 유죄란 뜻이다. 잘 알려져 있듯 이 말은 탈주범 지강헌이 1988년 10월 16일 서울 한 가정집의 가족들을 인질삼아 경찰과 대치하다가 자살시도 끝에 사살되기 직전 매스컴을 향해 쏟아냈던 최후 항변의 일부다.

사건의 발단은 이렇다. 서울 교도소에서 대전과 공주 교도소로 이송 중이던 미결수 12명이 집단으로 탈주하는 일이 발생한다. 대부분 징역 10년 이상 중형을 선고받은 자들이다. 그들 중 지강헌을 포함한 5명은 경찰의 포위망이 좁혀오자 인질극을 벌이게 된다. 결국 그들은 자신들의 억울함을 직접 전달하겠다며 방송 생중계를 요구한다.

"돈 없고 권력 없이는 못 사는 게 이 사회다. 전경환의 형량이 나보다 적은 것은 말도 안 된다.", "대한민국의 비리를 밝히겠다. 돈이 있으면 판검사도 살 수 있다. 유전무죄 무전유죄, 우리 법이 이렇다." 그때 지강헌이 방송에 대고 한 말들이다.

지강헌 일당이 탈주를 결심한 이유는 불평등한 형량 탓이다. 당시 최고 권력자의 동생이라는 이유로 약 70억 원을 횡령한 전경환 보다 500만원을 훔친 자신의 형기가 더 길었다는 사실이 억울할 수밖에 없다.

게다가 전두환 정권이 만들어 놓은 보호감호제 탓에 지강헌은 징역 7년 이외에도 보호감호처분 10년을 더 받아야 했다. 따라서 실제 형량은 총 17년인 셈이다.

한편 지강헌은 경찰에게 영국출신 록밴드 비지스The Bee Gees의 노래 <홀리데이Holiday>가 담긴 테이프를 요구했던 것으로도 유명하다. 이 노래를 들으면서 그는 카메라를 향해 또 이렇게 외친다. "낭만적인 바람막이 하나 없이 이 사회에서 목숨을 부지하기에는 너무나 살아갈 곳이 없다."

물론 범죄자의 말에 전적으로 동조한다거나 공감한다는 게 어딘지 꺼림칙할 수밖에 없다. 그럼에도 불구하고 폐부를 찌르는 절규임을 부정하기 어렵다.

또한 당시 한 피해 여성의 증언에 따르면 그는 "미안하다 정말 이럴 생각이 아니었다. 절대 다치지 않게 할 테니 조금만 참아라."는 식으로 수차례 말했다고 한다. 실제로도 인질 6명 중 사망자나 부상자가 한 명도 없었다는 점에서 그에 대한 동정의 여지가 아주 없지는 않다.

참고로 이 사건은 당시 사회적 반향도 만만치 않았거니와, 독특한 일화들 덕분에 이 사건을 모티브로 한 영화 <홀리데이>(양윤호 감독, 2005)까지 제작됐다. 물론 흥행하지 못했고, 평단의 평도 인색했다.

악마를 보았다

골드만L. Goldman은 자본주의 사회에서 소설이란 타락한 사회에서 타락한 방식으로 진정한 가치를 추구하는 이야기다[6]라는 식으로 정의한 바 있다. 물론 지강헌의 이야기는 소설도 아니고, 그를 영웅적인 주인공으로 추켜세울 이유도 없다. 다만 그의 행동에 담긴 메시지가 그러한 정의를 방불케 하는 것이라고 다소나마 선의로 해석해 볼 여지는 없는 것일까.

하여간 그가 범법자라는 사실은 부정하기 어렵다. 그렇지만 그의 행동은 그나마 상식common sense의 언저리를, 위태롭지만 여전히 붙잡고 있는 것이었다.

반면 지존파 사건은 그러한 상식을 근원적으로 무너뜨리거나, 그것을 초과해버린 미증유의 공포와 전율로 기억되는 사건이다. 당시 언론을 통해 사건의 전말을 접한 사람들은 이구동성으로 "악마를 보았다!"며 경악했다.

평소 사회에 불만을 품고 있던 김기환은 1993년 당시 언론을 떠들썩하게 했던 대학입시 부정 사건이 터지자, 부유층만을 골라 살해한다는 목적으로 조직 결성을 모의한다.

이후 그를 포함한 6명이 조직에 가담하면서 지존파가 만들어진다. 그들은 시골의 아지트 지하에 감금시설과 시체 은닉을 위한 소각시설까지 설치함으로써 치밀성과 대담성을 동시에 보여준다.

결국 그들은 1993년 7월 한 여성을 성폭행 한 후에 그 시신을 암매장한 것을 시작으로, 이듬해인 1994년 9월까지 전국을 떠돌며 총 4차례에 걸쳐 사람들을 납치·살해하고 토막 내어 소각해버리는 등의 만행을 저지른다. 심지어 그들은 담력을 시험한다는 명목으로 인육까지 먹는, 인간의 상식으로는 도저히 믿기 어려운 반인륜적인 행위조차 스스럼없이 했다고 한다.

그러나 아연실색할 일은 그들이 범행 대상으로 삼은 피해자들이 증오해마지 않았던 부유층과는 거리가 있었다는 점이다. 범죄 목적의 선명성 그리고 그것을 실행에 옮기는 치밀성과 대담성에 비춰볼 때, 그 피해자들은 실로 애꿎은 사람들이었기에 처참하다.

그래서 이 사건은 오늘날 심각한 사회문제로 비화되고 있는 이른바 '묻지 마' 범죄, 곧 증오범죄와 오히려 흡사하다. 잘 알려진 바와 같이 증오범죄의 특성은 범행 동기와 피해자 사이의 인과관계가 거의 없거나, 너무 멀어서 그 식별이 뚜렷하지 않다는 점이다.

가난한 시골 청년들에 불과했을 지존파 일당 앞에 범행 대상으로 삼은 부유층이 무턱대고 모습을 드러냈을 리 만무하다. 게다가 그들은 부유층이 밀집해 있는 구역이나 그런 부류가 수시로 드나드는 장소에서 범행 대상을 물색한 것도 아니다.

어이없게도 그들이 부유층의 표식으로 삼은 유일한 지표란 바로 고급승용차를 모는 자였다. 여기서 범행 모의의 치밀성과는 상관없이 이들 집단의 어리석음이랄까 순진성이 드러나고 만다.[7]

범행 대상에 걸려든 피해자들은 접근성이 용이한데다, 물리적으로 제압하는 게 수월한 약자였을 개연성이 아주 높다. 실제 피해자들도 그랬다. 여기에 이 허망하고 참담한 사건의 심각성과 비극성이 자리하고 있다.

전위된 공격성의 기원

88년 지강헌 사건과 94년 지존파 사건은 범행의 동기가 사회 부조리와 계급적 불평등에 대한 불만이었다는 점에서 궤를 같이 한다. 그러나 그 피해 양상이나 잔인성을 놓고 따졌을 때는 비교 자체가 난센스다.

한데 의미심장하게도 지존파 사건 이후, '온보현溫保鉉' 살인

택시 사건(1994년)이나 지존파를 모방한 일명 '막가파' 연쇄 살인 사건(1996년) 등과 같은 끔직한 연쇄살인 범죄들이 연이어 터져 나오기 시작한다는 점을 주목해야 한다.

당시 이 사건을 두고 사회 지도층이나 여론 주도층은 예의 인륜도덕의 추락을 탄식했다. 아울러 국가의 기강확립을 위해서는 더 강력한 법질서가 필요하다고 핏대를 세웠다. 물론 사회적 공신력을 잃은 부유층들의 각성과 신뢰 회복을 주문하는 것도 잊지 않았다.

그러나 지존파 사건은 한국 범죄사의 임계점critical point이었다. 이 사건을 계기로 국가나 사회에 대한 증오와 원한의 감정이, 곧 파괴적이고 공격적인 감정의 에너지가 자기에서 타자로, 그것도 불특정 다수의 타자들로 향해버렸기 때문이다.

곧 지존파 사건은 사회에 대한 불만이 자기파괴에서 타인들에 대한 무차별적인 테러와 공격으로 전이된 결정적인 계기를 만든 사건이다. 결국 94년 이후 한국사회는 "자신의 절망을 약자에게 쏟아 붓는 무력함의 전형적 증상"으로서 "전위된 공격성displaced aggression"[8]이 일상화되는 그런 사회로 진입하게 된 것이다.

과연 그렇다면 88년과 94년 사이에 한국 사회에는 도대체 어떤 지각 변동이 있었던 것일까.

공교롭게도 94년 무렵은 바야흐로 한국 사회가 신자유주의의 문지방을 넘어 제 발로 걸어 들어간 시점이라는 사실이 중요하다. 때는 1961년 박정희를 시작으로 전두환, 노태우로 이어지는 32년간의 군사정권을 종식하고, 군인이 아닌 일반인으로서 김영삼이 제14대 대통령으로 취임함으로써 명목상 문민정부를 출범시킨 시점이기도 하다.

> 김영삼 정권은 역대 어느 정권보다도 개혁의 기치를 소리 높여 주창하였지만, 사실상 김영삼 정권기의 경제개혁은 87년 민주화 이후 폭발적으로 분출되었던 근로자층의 분배 요구와는 상당한 거리를 두고 있었다. 그것은 오히려 한국 경제의 '선진화', '세계화' 및 '국제경쟁력 강화'라는 당시의 표어에서 볼 수 있듯, 개방 및 통합되어가는 세계시장에의 적극적인 편입과 더불어 국제적 차원에서 벌어지는 경쟁에서의 생존을 강조하는 정치·경제적 맥락, 오늘날 우리가 '신자유주의'라 불리는 조류에 가까운 것이었다.[9]

외환 보유고가 바닥나, 국가 부도 위기에 처한 한국 정부는 1997년 IMF에 구제 금융을 요청하게 된다. 이 외환위기 사태를 기점으로 한국 사회가 본격적으로 신자유주의 시장체제로 편입된 것으로 여기는 게 보통이다. 그러나 위의 인용문에서 보듯 국제화 혹은 세계화라는 슬로건을 앞세운 김영삼 정권은 문민의 이름으로 1987년 이후 증폭된 민주화의 열망에 쐐기를 박는 대신, 반노동 기조의 경제개혁을 강력하게 추진한다.

사실상 이때부터 신자유주의 체제의 맹아가 싹트고 있었다고 보아야 옳다. 결국 김영삼 정권이 산업구조에 대한 전반적인 개편 없이 무턱대고 무리하게 세계시장에 대한 편입을 강제함으로써 결국 IMF 사태를 불러올 수밖에 없었던 것이다.

정작 중요한 것은 한국에서 신자유주의 체제가 출현하기 시작한 시점과 지존파 사건의 발생이 때를 같이 했다는 점이다. 이것은 단순한 우연이 아니다. 따라서 지존파를 지극히 반인륜적이고 예외적인 범죄의 무리로 보는 대신, 향후 한국 사회의 음지 곳곳에서 창궐하게 될 온갖 신자유주의 산 괴물들의 원형 같은 것으로 보는 시각이 필요하다.

이러한 사실을 증명하기 위해서는 특수성의 범주로서 한국 범죄사라는 격자가 아니라, 다른 격자가 필요하다. 그러한 '괴물=악'의 대척점에 위치지울 수 있는 선善한 존재와 같은 것을 떠올려 보는 게 어떨까. 예컨대 신자유주의 체제에서 추앙받는 가장 이상적인 인간형을 지존파와 대비해 볼 수 있을 것이다. 이를테면 '다보스맨Davos Man'과 지존파를 말이다.

다보스맨과 내부의 악령들

주지하듯 스위스 다보스Davos에서는 해마다 '세계경제포럼WEF: World Economic Forum'이 열린다. 그 덕에 다보스는 오늘날 신자유주의 세계화 전도사들의 전당으로 불리는 곳이 됐다.

따라서 다보스맨이란 신자유주의 이념에 딱 들어맞는 인간형을 가리킨다. 한데 흥미롭게도 리처드 세넷R. Sennett은 다보스맨의 전형으로 마이크로 소프트MS사의 빌 게이츠Bill Gates를 들고 있다.

세넷에 따르면 빌 게이츠는 언제나 장기적인 정착을 거부하고 순간의 요구를 즉각 수용하면서 기존에 만들어낸 것을 제거해버리는 탁월한 유연성flexibility의 소유자이다. 물론 그와 같은 유연성은 자기분열에도 아랑곳하지 않고, "무질서 속에서도 건재할 수 있는 자신감"과 "방향 상실 속에서도 번창할 수 있는 강인한 기질"[10]이 뒷받침 돼야 한다.

다보스맨 빌 게이츠의 미덕인 유연성과 강인함은 언뜻 인간의 자발성을 고무시키는 것처럼 보인다. 그러나 그러한 미덕이 반드시 윤리적으로 훌륭한 것이라고 단정하기는 곤란하다. 세넷은 이렇게 말한다.

> 자신의 과거와 단절하는 능력과 분열을 받아들이는 자신감, 이것이 다보스의 신자유주의에 진짜 정통한 인물들에게서 나타나는 두 가지 인간성의 특징이다. 물론 그것은 자발성을 고무시키는 특징이긴 하지만, 그러한 자발성이 윤리적 측면에서는 반드시 훌륭한 것이라고 할 수 없다. 자발성을 고무시키는 그러한 인간성은 유연

한 체제 내의 하위층에서 일하는 사람들에게는 오히려 자기 파괴적인 원인이 될 수도 있다. 일반 근로자들이 유연한 힘을 구성하는 이러한 세 가지 요소를 다보스에 모인 사람들이 활용하는 규칙으로 구사한다 하더라도, 그것은 오히려 그들의 인간성을 파괴하는 역효과만 낼 것이다.[11]

요컨대 다보스맨의 힘power을 구성하는 세 가지 요소는 바로 과거와 단절하는 능력, 자기분열을 받아들이는 자신감 그리고 자발성이다. 그러나 이 힘은 아무나 소유하거나 구사할 수 있는 게 결코 아니다. 특히 유연한 체제 내의 하위계층들이 이 힘을 구사하려했다가는 자신들의 인간성 파괴라는 역효과로 귀결된다는 점을 세넷은 경고하고 있다.

그러한 힘들을 자유자재로 구사할 수 있다는 점에서 다보스맨은 비유컨대 슈퍼맨superman이다. 늘 그래왔듯 우리는 슈퍼맨에 열광하고 그것이 되길 욕망하고 꿈꾼다.

그러나 대부분은 그 욕망에 애초부터 배반당한 이를테면 서브맨(subman : 인간적 기능 발달이 매우 낮은 사람)과 같은 존재이다. 아니면 미구에 그런 존재로 전락할 운명에 놓일지도 모른다.

그렇다면 과거와 단절할 능력도 없고, 자기분열을 감당할만한 자신감은 물론 자존감도 결여되어 있으며, 심지어 자발성이라곤 찾아볼 수 없는 무기력한 개체들, 곧 유연하지도 강인하지도 않은 이런 개체들이 세상을 살아가는 방법에는 어떤 것이 있을까.

단적으로 말하자면 이렇다. 우선 그들은 불가산不可算의 잉여redundancy 또는 '인간쓰레기(지그문트 바우만)'의 삶을 숙명으로 받아들이고 체념한 채 '몫 없는 자'(자크 랑시에르)로서 침묵해야 한다.

만약 그러한 삶을 저주한다면, 스스로 괴물이 됨으로써 찰나의 파괴적인 충동에 온 몸을 내던지는 길을 택할 수도 있다. 그야말로 자발적으로(?) 내부의 악령 노릇을 떠맡는 것이다.

바우만Z. Bauman은 오늘날 모든 유형의 사회 질서는 그 정체성을 위협하는 위험들로서 '내부의 악령들'을 가시화한다고 주장한다. 이어 다음과 같이 언급한다.

> (…) 위협은 한 사회가 살아가고 존속해가는 방식과 수단, 그리고 양식에 의해서 지니는 내적 양면성의 표출이다. 그 존재 자체의 지속을 확신하지 못하는 사회는 포위 공격을 당하는 요새 같은 심리를 드러낸다. 사방을 둘러싸고 있는 적들은 바로 그 사회 '내부의 악령들'이다. 그 악령들은 억눌려 있지만 상존하는 두려움이다. 그것은 사회의 일상생활에서, 그 '정상성'에 침투해 있지만, 일상의 현실이 견딜만한 것이 되기 위해서는 평범한 일상으로부터 압착, 추출된 외계 생명체로 빚어져

야 한다.[12]

지존파는 사회의 정상성을 침해하는 비정상인들로서 가시화된 무리이다. 곧 정상성의 범주로부터 압착·추출된 외계 생명체의 이미지로서, 사회를 안으로부터 공격하는 내부의 악령들로 초점화되었다고 할 수 있다.

그렇지만 희대의 살인집단 지존파와 세계적인 명성을 구가하는 다보스맨 빌 게이츠를 대비하는 것은 적잖이 터무니없어 보이는 듯하다. 그러나 필자가 판단하건대, 지존파와 다보스맨은 신자유주의 체제 내에서 각각 대칭의 극점을 점령하고 있는 상징들이라고 생각한다.

또한 다보스맨의 음화negative image가 실은 지존파와 같은 극악무도한 범죄 집단이라고 주장하고 싶다. 비유컨대, 신자유주의란 다보스맨과 지존파라는 두 개의 머리를 가진 쌍두사雙頭蛇이다.

하루살이 같은 본성

신자유주의는 유연한 자본주의flexible capitalism를 지향한다. 그래서 때로는 "경직된 관료주의 체계를 공격하고 모험의 가치를 부각"시킨다. 그 덕분에 우리들에게 신자유주의 체제가 "인생의 자유도 보다 많이 주는 듯한 착각"을 불러일으키는 것도 사실이다.

그러나 유연성은 자본주의에서 "억압의 냄새를 없애는 다른 방편"[13]일 뿐이다. 대신 세넷은 신자유주의적 유연성이 인간성에 미치는 가장 해로운 영향으로 '지속 가능한 자기sustainable self'의 상실을 꼽고 있다.

사람의 감정적 경험에서 주로 "장기적 측면과 관련된 것"이 바로 인간성character이다. 인간성은 특히 타인을 "신실하고 헌신적으로 대하고, 장기적 목표를 추구하며, 장래의 목적을 달성하기 위해 현재의 만족을 포기하는 것"에 의해 표현되곤 한다. 또한 사람은 특정한 순간의 혼란으로부터 자신의 감정을 보호하고 평상심을 유지하려는 경향이 있다.

이것이 인간성에 도움이 되는 "지속 가능한 감정"이다. 그러나 "온통 즉각적인 이해관계에만 혈안"이 된 "조급증 사회"[14]에서 그러한 감정은 말 그대로 지속 불가능하다.

특히 오늘날 "불안정과 불확실성이라는 망령이 모든 유형의 일자리에 들러"[15] 붙은 신자유주의 체제에서 "카멜레온 같고 변동이 심하며 일시적이고 단기적이며 불규칙하고 때로는 하루살이 같은 본성"[16]이 지속 가능한 자기를 대신할 수밖에 없다.

노동시장의 유연화는 이른바 단순 노동자routine labourer들을 끊임없이 양산하고 있다. 그리고 그들의 삶과 마음을 온통 지배하는 것이 바로 그러한 하루살이 같은 본성이다.

> 고용된 상태에서, 언제든 교체될 수 있고 버려질 수 있는 임시 '단순노동자들'의 몸뚱이는 일터에 있지만, 그 영혼은 몸뚱이 안에 없다. 일터는 여전히 생계의 원천이지만 삶의 의미는 아니다. 또한 윤리적 믿음과 도덕적 실천 기준을 지탱할 수 있을 만큼 단단하고 믿을만한 인간적 유대의 온실도 아니다.[17]

특별한 기술이나 능력이 요구되지 않는 단순노동자들은 저임금의 직종에서 쉽게 일자리를 찾아 옮겨 다닌다. 그렇지만 동일한 이유로 언제든 용이하게 해고되거나 폐기처분 될 수 있다.

그들의 삶은 늘 불안하다. 위의 인용문에서 보듯 생계의 원천인 일터에서 삶의 의미는 실종된다. 그 결과 몸은 일터에 있지만 영혼은 그 안에 없다. 곧 영혼과 육체가 따로 노는 일이 발생하는 것이다.

또한 윤리성을 담보할 수 있는 최소한의 인간적 유대의 지반도 부실하다. 그들은 모래알과 같은 무력한 주체들이다. 따라서 그들에게는 "어떠한 '방해 능력'도, 협상 능력도 없으며, 설사 그들이 더 나은 고용 조건과 환경을 얻어내기 위해 싸울 수 있고 싸울 의지가 있다 하여도, 그 투쟁에서 승리할 가능성"[18]도 희박하다.

찰나의 충동에 이끌리기

지속 가능한 것은 더 이상 없다. 다만 유일하게 지속적인, 유동성의 파도에 몸을 내맡긴 채 개체들은 철저한 단자單子 수준으로 고립된다.

이 단자들의 안정적인 정체성을 만들어줄 토대가 없다. 사회적 관계망이 와해됐기 때문이다. 게다가 자신들이 처한 상황과 조건을 제대로 인지하지도 못한다.

따라서 이들이 순간순간의 혼란으로부터 자신의 감정을 보호하고 평상심을 유지할 수 있을 것이라고 기대하기는 어렵다. 대신 찰나의 충동에 이끌리고, 무턱대고 결단하고 무모하게 행동해버리는 일이 잦게 될 것이다.

이것이 바로 유연성과 끊임없는 변화를 향한 전 사회적 강박의 결과이다. 물론 이는 자본주의 사회 발전의 필연적인 귀결처럼 보이기도 한다.

그래서 일찌감치 마르크스K. Marx와 엥겔스F. Engels는 「공산당 선언」에서 다음처럼 예견한 바 있다.

> (…) 끊임없는 생산변혁, 모든 사회적 상태의 부단한 동요, 영구적인 불안정과 운동이 부르주아 시대를 과거의 모든 시대와 구부 짓는 특징들이다. 굳고 녹슨 모든 관계 그리고 그 산물인 오래되고 신성한 관념들과 견해들은 해체되었고 새롭게 형성된

것은 굳기도 전에 낡은 것이 되어버린다.[19]

매우 유명한 구절이다. 부단한 동요와 영구적인 불안정, 이것이 과거 모든 시대와 부르주아 시대를 결정적으로 구분 짓는 변별점이다. 부르주아 시대는 모든 것이 형성되어 그것이 채 굳기도 전에 이미 해체될 운명에 놓이게 된다.

한편 마셜 버만Marshall Berman은 마르크스와 엥겔스가 포착한 부르주아 사회의 그와 같은 니힐리즘nihilism적 동학dynamics을 용해적 비전melting vision[20]이라는 용어로 재정의한 바 있다. 어느 면에서 오늘날 신자유주의 체제는 그러한 용해적 비전을 그 극단까지 밀고 나아간 것처럼 보인다.

그러나 실제로는 그렇지 않다는 게 문제이다. 역설적이게도 신자유주의 체제는 고도로 정적static인 사회를 창출해 놓았기 때문이다.

자기 프로파간다와 메리토크라시의 기만

한편 신자유주의형 사고의 베이스는 항상 개인individual이다. 주지하듯 신자유주의 국가는 "개인이 가진 자유와 책임의 중요성을 강조"하는 경향이 아주 강하다.

이는 시장영역에서 특히 두드러지는데, 사회적 성공이나 실패는 "체제 양식 때문이 아니라 개인의 기업가적 덕목 혹은 실패로"[21] 이해된다. 따라서 개인의 성공과 실패는 오직 자신의 노력 여부에 달렸다. 물론 그 책임 또한 스스로 져야 한다는 논리가 자연스럽게 공유된다.

때문에 신자유주의 체제에서는 책임과 행동의 주체로서 늘 자기self가 부각(혹은 강요)된다. 자기 본위 사회라는 식으로 말해도 틀리지 않다.

예컨대 자기주도, 자기계발, 자기경영 등의 말들을 익히 들어왔다. 그것들은 오늘날 유력한 프로파간다들이다. 거기에는 낙관주의와 이상주의, 게다가 초월주의까지 죄다 뭉뚱그려져 있다.

그러나 어쨌든 그 핵심에는 자기의 완성 또는 성장이라는 명제가 정언명령처럼 자리하고 있다. 그것이 주도이건, 계발이나 경영이건 어떤 형태여도 상관없다.

도달하는 지점은 결국 동일하다. 자기란 중단 없는 노력을 통해 미구에 좀 더 완전한 것으로 진화할 수 있고, 또 그래야만 한다는 것이다. 완전체에 대한 가없는 열망이 오늘날 유통되는 모든 자기 프로파간다의 벡터이다.

그런데 온갖 낙관주의와 달콤한 이상주의로 누벼진 이 프로파간다가 감추고 있는 것이 있다. 즉 완전체의 이상에 도달하려면, 현재의 자기를 끊임없이 부정해야 한다는 사실을 결코 드러내 놓고 말하는 법이 없다는 점이다.

도래할 미래의 이상에 비춰보거니와, 현재의 자기는 늘 함량미달이다. 혹은 아직은 덜 진화된 탓에 결함을 지닌 것일 수밖에 없다. 이러한 자기는 혐오스러운 것이다. 수시로 부정되고 가차 없이 삭제되어야 마땅하다.

결국 이로부터 현재의 삶을 미래를 위해 저당 잡는다는 식의 금욕적 이상이 출현할 수밖에 없다. 오늘날의 자기프로파간다는 낙관주의와 이상주의의 목소리로 삶을 증오하고 저주할 것을, 그리고 그러한 삶을 초월할 것을 가르친다.

이점에서 우리는 슬픈 정념의 노예들이다. 그러나 이 프로파간다들은 그런 사실을 결코 명시적으로 말하지 않는다. 대신 자기의 부단한 운동성(혹은 유동성)만을 권장하고 다그칠 뿐이다.

자기의 부단한 운동성이라는 측면을 놓고 보더라도, 고도의 유연한 체제가 정적인 사회를 창출한다는 것은 이해하기 쉽지 않다. 그렇다면 이 역설을 과연 어떻게 설명할 수 있을까. 우리는 페르하에허P. Verhaeghe의 메리토크라시Meritocracy 비판에서 그 해답을 찾을 수 있다.

메리토크라시란 원론적으로는 개인의 지위나 보수가 출신이나 가문이 아니라 개개인의 능력 및 실적, 곧 메리트merit에 의해 결정된다는 사회체제를 가리킨다. 결국 메리토크라시란 자기프로파간다의 사회적 버전이라고도 할 수 있다.

아무튼 신자유주의 시대에 이 메리토크라시 이념은 비단 교육 영역에 국한되지 않는다. 이 이념은 기업이나 공공기관을 포함해 사회의 전 부문으로 침투되고 확산되었다.

그러나 문제는 메리토크라시가 원래 추구하는 것과는 정반대의 결과를 몰고 왔다는 점이다. 즉 "최단기간 안에 유동성은 마비"되고 대신 "빈부격차는 심해져"버린 것이다.

그 원인은 두 가지이다. 우선 "만인의 출발 기회가 동등하다는 가정"이 실은 "망상"이었다는 점이 이내 드러났다. 또 하나는 이 시스템이 "자기 다음 차례로는 아무도 들어오지 못하게 조심조심 문을 닫아버리는 새로운 엘리트를 고용"[22]해버렸다는 사실이다.

이로써 "정상에 있는 집단이 자기 자리와 특권을 다지고, 아래에서 절대 올라오지 못하도록 철저히 봉쇄하는"[23] 대단히 정적인 사회가 돼버렸다.

페르하에허에 의하면 이러한 메리토크라시의 가장 사악하고 범죄적인 버전이 바로 엘론Elon모델이다. 엘론사는 2001년에 파산한, 한때 미국 최대의 에너지 기업이었다.

이 회사는 최고의 생산성을 올린 직원에게 보너스를 몰아주고 생산성이 제일 낮은 직원은 해고하는 전형적인 경쟁 시스템을 도입했다. 그것이 엘론모델이다. 일명 등수 매겨 내쫓기Rank and Yank appraisal system라고 한다. 그러나 아이러니하게도 그 시스템의 결과는 회사의 파산이었다.

직원의 성과를 지속적인 경쟁의 잣대로 평가하여 연말에 하위 10%를 해고했다. 물론 해고하기 전에 공개적으로 모욕을 준다. 이름, 사진, 달성하지 못한 목표를 기업 사이트에 공개하는 것이다. 어떻게 되었느냐고? 최단 기간 안에 거의 모든 직원이 수치를 조작했고 회사 전체에 공포 분위기가 확산되었다. 이러한 대규모 사기극은 법정 소송으로 이어졌고 결국 회사는 파산하고 말았다.

이미 실패했고 범죄 성격이 있음에도 불구하고 엘론모델은 도처에서 이용되고 있다. 다국적 기업의 인적자원 경영자들은 무조건 20/70/10 규칙을 지켜야 한다. 100명의 직원 중 스무 명은 최고로, 일흔 명은 위태로운 대중으로 보아야 하며, 10%는 해마다 쫓아내야 한다. 그 10%가 수익 및 성장의 목표치를 달성했다 해도 마찬가지이다.[24]

이러한 엘론모델이 경제에 국한되지 않고, 사회 모든 영역으로 확산됨으로써 참혹한 결과를 낳는다. 우선 개인들은 "좌절감과 시기심" 또는 "공포와 망상증의 혼합"[25]에 만성적으로 괴롭다.

뿐만 아니라 위에서 보듯 '20/70/10'의 비율로 굳어진 사회적 관계의 정적인 성격은 실패자들에게 아무리 노력해도 자기 인생을 어떻게 해볼 수 없다는 "속수무책의 느낌"을 강요할 수밖에 없다. 이러한 속수무책의 느낌은 자폐증상이나 우울증에 시달리는 루저들의 내면에 무의미한 공격성을 증폭시킨다. 이어 그러한 공격성은 "자해 행동"[26]으로 이어질 가능성이 높다.

난공불락의 사회체제

속수무책의 느낌이야말로 오늘날 우리들의 의식과 내면을 강하게 점령하고 있는 것이라고 할 수 있다. 속수무책束手無策이란 사전적으로 "손을 묶인 듯이 어찌 할 방책方策이 없어 꼼짝 못하게 된다는", 곧 "뻔히 보면서 어찌할 바를 모르고 꼼짝 못한다는" 뜻이다.

영어로는 'helplessness' 정도로 옮길 수 있다. 하여간 이러한 느낌이 우리를 지배한다는 것은 우리의 내면과 행동성이 안으로 말려들면서 수동적이고 수세적인 상태로 내몰린다는 것을 의미한다.

그러나 다소의 과장을 섞어서 말하자면, 우리는 이 속수무책의 느낌에서, 이른바 근대의 결정적인 파산을 목도해야 할지도 모른다. 원리상 또는 그 시원적 이념에 따르면 근대(혹은 근대의 '정신')란 바로 다음과 같은 것이기 때문이다.

근대는 인간이 자신이 살고 있는 환경이나 사회, 제도를 변화시킬 수 있는 능력과 의사意思를 지닌다는 상像을 제 것으로 삼고, '운명'이 아니라 '필연'으로, '자연'이 아니라 '인위'로 살아가야 한다는 의식을 낳았다. 그래서 인간의 의식은 인과관계를 특정하고, 이러한 인과를 파악함으로써 어떻게 환경에 작용을 미칠 것인지를 생각해야 한다는 사고로 향하게 됐다. 즉 이 세계는 '존재'하고 있는 것이 아니라 '구축'되어야 할 대상으로 변화했다는 것이 근대 자체가 의미하는 바가 됐다.[27]

요컨대 근대의 정신이란 자연(=운명) 보다는 인위(=필연)를 우위에 둠으로써, 자신을 둘러싼 세계를 있는 그대로의 소여가 아니라 구축되어야 할 대상으로 보는 태도이다. 이러한 정신에 기초하면 인간은 자신의 능력과 의사에 따라 사회와 제도를 능동적으로 변화시킬 수 있고, 또 응당 그래야 한다.

그러나 속수무책의 느낌에 지배받는 인간에게 그러한 능력과 의사가 자리 잡고 있을 것이라고 추측하기는 곤란하다. 이 지점에서 마루야마 마사오丸山眞男가 근대와 중세(혹은 전근대)를 가르는 기준으로 제시했던 픽션fiction의 가치와 효용을 믿는 정신에 대한 설명을 참조해보도록 하자.

영어 'fiction'은 원래 라틴어의 'fictio'에서 온 것이다. 이는 우선 'to fashion'(형태를 만들다), 'to invent'(발명하다)를 의미했고, 후에 'to imagine'(상상하다)나 'to pretend'(겉을 꾸민다) 등의 뜻이

덧붙는다.

픽션이란 인간이 어떤 목적이나 아이디어에 따라 무언가를 만들어내는 것을 뜻한다. 픽션의 가치와 효용을 믿는 정신은 따라서 질료matter가 아니라 언제나 형상form의 우선성을 강조하는 정신이다. 그리고 "무엇보다도 인간의 지성적인 제작 활동"과 그 결과물로서 "제작물에 대해서 자연적 실재보다 높은 가치 평가를 해가는 태도"[28]라고 할 수 있다. 반면 중세는 다르다.

> (…) 중세처럼 인간이 출생이나 신분에 의해서 위계적으로 위치지어져서 사회관계가 고정되어 있는 곳에서는, 그런 인간의 사회적 환경이 마치 산이나 해나 별이나 달과 같은 자연적 실재성을 띠고 인간을 둘러싸고 있었지. 본래 일정한 목적을 가진 제도에서도, 그것이 환경 속에 가라앉게 될수록 주어진 것으로서, 즉 만든 것이 아니라 자연히 생겨난 것으로서밖에 인식할 수 없으며, 따라서 어떤 목적에서 그런 제도가 있는가 하는 것도 문제가 되지 않아.[29]

만약 위의 인용문의 첫 문장에서 "중세처럼"이란 말 대신 "오늘날처럼"으로 바꿔서 인용문을 다시 읽어보면 어떨까. 무척 애석한 일이지만, 전혀 어색하지 않다. 이게 문제다. 더군다나 "신분제도는 사라졌으나 신분의식은 온존"하며 "기존의 지배질서가 무너졌지만, 귀족적 파벌의식은 오히려 보편화"[30] 돼버린 이 즈음의 한국사회를 반추해보더라도 더더욱 어색하지 않다.

인간이 자신을 둘러싼 사회적 관계나 환경이 자신의 노력으로는 어떻게든 바꿀 수도 없는 난공불락의 것으로 인식돼가고 있다. 이 점에서 우리는 흡사 새로운 중세를 살고 있다고 해도 좋다.

고정된(위계적인) 사회적 관계가 자연적인 실재성을 띠고 육박해오는 한, 인간의 정신에 픽션의 가치와 효용이라는 테제가 들어설 여지는 없다. 사회적 환경은 마치 제2의 자연과 같은 것이 돼버렸기 때문이다.

물론 지금이 중세라면 그러한 자연을 그저 운명으로 받아들이면 그만일지도 모른다. 그러나 오늘날 대개의 사람들은 그런 것을 운명으로 여기지 않는다.

그럼에도 불구하고 사회적 관계나 환경은 자신의 힘이나 노력으로 어떻게도 해볼 수 없는 요지부동의 것으로 인식돼가고 있다는 점이 사태의 본질이다. 이것이 바로 속수무책의 느낌을 만들어내는 결정적인 요인이다.

자력구제체제에 대한 열망

어찌되었건 오늘날은 신분제 사회가 아니다. 그런데다가 명목상 기회나 조건이 누구에게나 공평하게 주어진다는 민주적

가상이 보편화돼 있다.[31]

설사 고착화된 사회적 환경을 숙명 같은 것으로 여겨버리고 체념한다 해도, 속수무책이라는 느낌의 바로 아래 지층에는 사회적으로 우월한 자, 또는 앞서 가는 자에 대한 선망과 질투 그리고 원한과 증오와 같은 감정이 스며있을 가능성이 크다.

이를테면 휘발성揮發性이 매우 강력한 부정적 감정들이 속수무책의 느낌 속에 아슬아슬하게 감싸여 있는 형국이라고 할 것이다. 따라서 그러한 부정적 감정이 일정한 계기만 주어지면 얼마든지 파괴적인 충동과 접속되고, 이어 그것이 도화선이 되어 자기 혹은 타인에 대한 무모한 공격적 행동으로 폭발할 수 있다고 생각해야 한다.

전 사회적인 유연성 강박증이 부추기는 속수무책의 느낌을 가장 사악하고 병리적인 방식으로 부인disavowal하고자 했던 대표적인 무리가 바로 지존파였다고 할 것이다.

두목을 포함하여 조직의 멤버들은 빈곤하고 불우한 환경에서 자랐고, 게다가 특별한 기술도 없이 도시의 변두리에서 날품팔이로 생계를 연명해야 했다. 돈은 말할 것도 없고 소위 학력자본도 변변치 않았기에 애초부터 메리토크라시 체제로 편입될 기회조차 갖지 못한 자들이었다.

그들에게 지강헌이 말했던 이른바 낭만적인 바람막이 같은 게 있었을 리도 없다. 따라서 그들에게 무엇보다 절실했던 것은 불안정과 불확실성의 세계에서 그들을 단단하게 옭아매줄 유대의 끈 같은 것이었을 지도 모른다. 그러한 끈을 그들이 유사가족주의 형태에서 찾았다는 점이 매우 흥미로운 대목이다.

한편 19세기 이탈리아의 시칠리아 섬에서 기원한 범죄조직인 마피아Mafia가 아마도 유사가족주의의 가장 대표적이자 세계적인 아이콘이 아닐까 싶다. 그들이 자신들의 우두머리를 보통 대부Godfather라고 호칭한다는 점에서 이는 잘 드러난다.

한데 특기할만한 것은 마피아가 중세의 봉건 질서가 와해됐고, 중앙집권적인 근대 국가 체제가 아직 형성되기 직전의 틈새에서, 곧 사회적 안전망이 채 자리를 잡기 전의 과도기 상태에서 일종의 자력구제체제self-help system로서 등장했다는 점[32]이다.

따라서 자력구제체제로서 마피아는 자신들의 유대와 결속을 가족적(혈연적) 수준과 흡사한 것으로 공고히 다지기 위해서 국가로 따지면 헌법 노릇을 하는 조직 강령이 필요했다. 그게 바로 'Omerta'(계율)이다.

그 계율은 통상적으로 침묵의 계율(조직의 비밀을 발설하지 않을 것), 신뢰의 계율(조직을 배신하지 않을 것), 피의 계율(조직을 배신한 자는 죽일 것)로 돼 있다고 한다.

그런데 공교롭게도 무력한 외톨이 신세였던 지존파 멤버들 또한 속수무책의 느낌 속에서 그와 같은 자력구제체제를 강렬하게 욕망했던 것으로 볼 근거가 있다. 그들 역시 다음과 같이 적잖이 섬뜩한 강령을 내세웠던 것으로 유명하기 때문이다.

- 우리는 부자들을 증오한다.
- 각자 10억씩 모을 때까지 활동을 계속한다.
- 배신자는 죽인다.
- 여자는 어머니도 믿지 마라.

이러한 강령을 바탕으로 그들은 결속을 다지기 위해 머리에 지존至尊이라 쓴 머리띠를 두르고 야산에서 생존을 위한 지옥훈련까지 했다고 한다.[33] 그들이 실시했던 지옥훈련은 일종의 통과의례였다고 할 수 있겠다.

일정한 문턱[liminal zone]을 넘음으로써, 곧 극한의 시련과 고통을 인내함으로써, 과거와는 전혀 다른 존재로 탈바꿈할 수 있다는 식의 가상을 충족시켜줄 법한 상징적인 의례의 절차가 그들에게 필요했을 게 틀림없다. 자기부정의 열망 또는 마조히즘적 열정(다른 말로 '금욕적 이상')에 기반을 둔 허구적 갱생의 신화를 통해 그들은 결속하려 했던 것이다.

사디즘의 충동

한편 지존파를 묶어주었던 요소가 자기계발 이데올로기였다는 점은 무척 흥미롭다. 그들은 암흑가와 교도소를 무대로 벌어지는 살인, 폭력, 도박, 마약 등의 범죄 행위를 미화한 홍재규의 『야인野人』(전6권)이나 이진수의 『뺑키통』(전5권) 같은 소설을 탐독하면서 범죄의 수법을 모방하고자 했고, 또한 일본의 '야쿠자やくざ 소설' 따위를 돌려 읽으면서 조직의 단합과 의리를 다졌다고 한다.

더군다나 두목 김기환은 조직을 결성하기 전에 리렌버그의 『대화술과 성공술』같은 전형적인 자기계발서를 뒤적거렸던 것으로 밝혀졌다. 오늘날 자기계발의 이데올로기를 신봉하는 이들에게 그것이 범죄의 용도로도 소용될 수 있다는 사실은 적잖이 껄끄러울 수밖에 없다.

하여간 그들은 "쓸모없는 자신에 대한 강한 혐오"의 감정이 "결속력 높은 집단 속에서 자기를 잊고자 하는 의지"[34]로 귀결되는 전형적인 사례를 보여준다. 프롬E. Fromm 식으로 말하자면, 그들은 '자유로부터의 도피'에 대한 최초의 메커니즘을 실현한 것이다. 즉 "인간이 개인적 자아의 독립을 포기하고, 개인적 자아에 결여된 힘을 얻기 위해 자기 외부의 어떤 사람이나 사물에 그 자신을 융합시켜 가고자 하는 성향"[35]을 통해 그들은 결속을 만들어냈다.

그들의 불안한 실존에 안정감을 부여해줄 지속 가능한 자기 같은 것은 없다. 그것을 대신할, 곧 자신들의 약점을 카무플라주camouflage할 수 있는 무언가 강력하고 단단한 것이 절실하다. 그래야만 그들이 하루살이 같은 본성으로부터 탈피할 수 있다. 물론 그 귀결은 지존파라는 범죄 결사체이다. 따라서 그들에게 조직은 지속 가능한 자기의 대리보충supplement인 셈이다.

그들은 자신들의 개인성을 지우고 집단으로 삼투해버림으로써 결핍된 힘에 대한 열망을 해소할 수 있을 것으로 기대했을 것이다. 그러나 힘에 대한 그들의 병리적인 열망은 자신들의 환경을 능동적으로 변화시키겠다는 합리적인 의지로 분출되지 못한다. 차라리 모조리 파괴하고 말겠다는 공격적인 충동에 압도될 수밖에 없다.

무턱대고 결단하고, 무모하게 행동한다. 그 끝은 이미 보았듯 비참했다. 그 힘은 정작 증오의 표적이었던 부유층으로 향하지 못했고, 애꿎은 자들만 희생시켰다.

앞서 필자는 속수무책의 느낌에 지배받는 것은 우리의 내면과 행동성이 안으로 말려들면서 수동적이고 수세적인 상태로 내몰리게 되는 것이라고 했다. 문제는 그러한 수동성과 수세적인 상태를, 다른 말로 열등함을 단숨에 뛰어넘고자 하는 초조함이 힘(폭력)의 실행과 효능에 대한 과도한 조바심으로 이어질 수 있다는 점이다.

그러한 조바심이 “타인을 고통스럽게 만들거나 괴로워하는 것을 지켜보고자하는” 간절한 욕망과 만난다. 지존파를 지배했던 것 역시 그와 같은 공격적인 사디즘의 충동이었다.

그러나 그들은 그 충동에서 비롯된 자신들의 폭력을 거리낌없이 합리화했다. 이를테면 이런 식이다. “나는 다른 사람들로 인해 상처를 입어왔다. 따라서 그들을 해치고자 하는 나의 소원은 단순히 내 아픔에 대한 보복에 지나지 않는다.”[36]

다층적인 삶

신자유주의 체제가 쉼 없이 강조하는 유연성은 개인들의 본성을 온통 휘저어 하루살이와 같은 것으로 만들어버렸다. 또 한편으로는 세상은 어떻게 해도 꿈쩍이지 않을 것이라는 속수무책의 느낌을 전 사회적으로 확산시켜 버리고 말았다. 유연성의 기만 혹은 역설이라고 해야 할 것이다.

필자는 유연한 자본주의가 부추기는 하루살이와 같은 본성과 속수무책의 느낌을 일거에 부인해보려는 욕망을 최초로 그것도 가장 사악한 방식으로 표출했던 무리로 1994년의 연쇄살인집단 지존파를 지목했다. 그리고 그들을 반인륜적이고 예외적인 범죄의 무리로만 보아서는 안 된다는 입장을 고수하고자 했다. 왜냐하면 유연성 체제가 심화되면 될수록 그러한 체제에

편승하지 못하거나 배제된 자들은 특정한 계기만 주어지면 그와 같은 괴물이 될 것이라고 믿기 때문이다.

다시금 말하지만, 오늘날 우리가 일상적으로 경험하는 속수무책의 느낌 안에는 자기와 타자를 무차별적으로 공격하게 될 지도 모를 증오와 원한과 같은 파괴적이고 부정적인 에너지가 시한폭탄처럼 내재돼 있다고 생각한다. 우리의 도처에 잠재적인 괴물들이 살고 있다.

그들은 자의건 혹은 타의건 언제이고 괴물로 현실화될 태세가 되어 있다. 우리가 유연성의 교의dogma에 매달리고, 누구나 노력만 하면 빌 게이츠와 같은 다보스맨이 되어 성공과 부를 거머쥘 수 있을 것이라는 환상을 부여잡고 살고 있는 동안 말이다.

우리는 다보스맨이 되는 헛된 꿈을 꾸지 않아야 하지만, 동시에 신자유주의 산 괴물이 되지 않는 길을 찾아야만 한다. 다보스맨은 신기루이지만, 지존파 같은 괴물은 현실Real이기 때문이다.

여기서 그 길이 무엇이라고 단정 지을 수는 없다. 말할 수 있는 단 한 가지는 이것이다. 즉 획일화되고 강요된 삶the Life이 아니라, 복수의 다층적인 '삶a Life'의 형태들을 만들어야 한다는 것. 적잖이 식상하고 싱거운 주장이라는 사실을 물론 잘 알고 있다.

아무튼 주지하다시피 신자유주의에 대한 비판서들이 참 많다. 따라서 오늘날의 모든 사회적 모순과 비참의 원인을 신자유주의로 돌리는 것은 이제 새로울 것도 없다.

또한 신자유주의의 이념을 비판하면서 대안 사회를 구상하는 다양한 실천적 논의들도 적지 않다. 심지어 신자유주의 체제가 종말을 고해가고 있다는 대단히 반가운 소식도 종종 들려온다.

그러나 신자유주의 체제가 우리 사회의, 이를테면 집단적 '감정회로感情回路'에 남겨놓은 부정적인 문제들과 해악들은 단숨에 사라지지 않는다고 생각한다. 그것이 긍정적이건 부정적이건 인간의 감정이란 기본적으로 지속성의 구조를 갖는 것이며, 사회적으로 구성되고 구조화된다는 사실을 주목해야 한다. 따라서 이제는 신자유주의의 문제를, 혹은 그것이 파생시켜놓은, 당분간(아니면 오래도록) 지속될 부조리와 모순들을 감성emotion이라는 코드로 변환해서 톺아보는 일이 지금 필요한 것은 아닐까.

증오를 넘어 분노로

분노하라?

한때 그야말로 몇 쪽 안 되는 분량의 책자가 우리를 열광하게 한 적이 있다. 스테판 에셀S. Hessel의 『분노하라』가 바로 그것이다. 다소 의아한 게 사실이지만 그 신드롬의 이유가 딱히 무엇인지는 알 길이 없다. 다만 오늘날 젊은이들에게 하고 있는 다음과 같은 에셀의 충고는 곧이곧대로 듣자니 다소 망설여진다.

> 나는 젊은이들에게 말한다. "제발 좀 찾아보시오. 그러면 찾아질 것이오."라고. 최악의 태도는 무관심이다. "내가 뭘 어떻게 할 수 있겠어? 내 앞가림이나 잘 할 수밖에…" 이런 식으로 말하는 태도이다. 이렇게 행동하면 당신들은 인간을 이루는 기본 요소 하나를 잃어버리게 된다. 분노할 수 있는 힘, 그리고 그 결

과인 '참여'의 기회를 영영 잃어버리는 것이다.[1]

그가 진단하거니와, 오늘날 사회적 결함의 원인은 젊은이들의 무관심에 있다. 이 무관심이 분노의 힘과 참여의 기회를 앗아가는 한편, 부당한 세계에 맞서 인간의 인간됨을 실현할 수 없게 만든다는 것이다. 그러나 애석하게도 그의 간절한 충고는 오늘날의 부조리한 현실을 감당하기에는 적잖이 빈약한 것이다. 그가 비폭력이나 평화적 봉기를 사회 변혁의 프로그램으로 진지하게 제시하고 있다 해도 사정은 마찬가지다.

한 개인의 의지나 태도를 수정하라는 요청이, 예컨대 "주변을 둘러봐요.(…) 강력한 시민 행동을 하지 않을 수 없게 만드는 구체적 상황들이 보일 겁니다."[2]식의 계몽주의에 흡사한 각성의 요구가 어떤 사태를 반전시킬 수 있을 것이라는 희망은 공허하다. 이는 부조리한 현실의 주모자들이나 공모자들에게 그들의 생각을 고쳐먹고 현실을 원래대로 되돌려 놓으라고 권고한다거나 아니면 그렇게 될 것이라고 믿는 시혜의 기대보다 더 급진적이거나 우월해 보이지도 않는다.

물론 그의 소책자에서 문제 해결의 실마리를 기대하는 것 자체가 이미 어설픈 일인 듯하다. 정작 긴요한 것은 분노하라는 비장한 선언이나 구호가 아니다. 오히려 분노가 분노로 번역되지 않는 '통곡의 골짜기'(마르크스)를 꼼꼼히 훑어보는 완고한 시선이 필요하다. 아울러 설사 갖가지 분노가 발생하더라도 그것이 그의 바람대로 '강력한 시민 행동'으로 곧장 연결되지 않는 내밀한 구조적 원천을 뜯어보는 주도면밀함을 지녀야 한다.

2008년 이후 세계적인 불황이 결과적으로 신자유주의 이데올로기의 기세를 한풀 꺾어놓았다고는 하지만, 전 세계를 강타한 이 이데올로기의 여파는 실로 참혹하다. 여기서 그 참혹함의 낱낱을 죄다 열거하지는 말자. 대신 우리가 의지할 수 있는 최소한의 공적영역 또는 사회적 안전망이 자본의 논리에 의해 자취를 감췄다는 점, 그 탓에 개인적 생존의 임계점이 비참한 동물적 수준으로 곤두박질쳐버렸다는 점만은 언급해야겠다.

이는 대부분의 사람들을 항상적인 불안과 공포 그리고 만성적인 노이로제 상태로 몰아넣는 결과를 낳았다. 결국 사회적 관계성은 파탄 났고, 이제 개인은 무력하고 고립된 원자 수준으로 주저앉았다.

그런 개인들을 불러 모아 사회에 관심을 가지라고, 이어 분노하고 참여하라고 득달하는 게 지혜로운 것인지는 장담하기 어렵다. 그러나 확실한 것은 오늘날 개인들에게 아리스토텔레스를 흉내 내서 말하자면, '마땅히 분노할 만한 일에 대해, 마땅히 분노할 만한 대상에게, 마땅한 방식으로 분노할 수 있는' 그러한 표현적 계기 같은 게 없다는 점이다.

이를테면 분노의 형식과 내용을 온당하게 떠받칠 수 있는 지반으로서 공통적인 것the common이 사라진 것이다. 그 결과 개인(집단이라고 해도 상관없다!)의 분노는 기껏해야 신경질이나 짜증과 같은 그야말로 지리멸렬하고 한심한 형태로 또는 자기혐오나 때에 따라서는 타인과 특정 집단에 대한 증오라는 파괴적인 형태로 나타나는 듯하다. 이도 저도 아니라면 습관적인 체념이나 냉소가 되거나 말이다.

증오의 제도화

오늘날의 한국 사회를 관망해보자. 분노하라는 슬로건에 열광할지언정, '마땅히 분노할 만한 일에 대해, 마땅히 분노할 만한 대상에게, 마땅한 방식으로 분노할 수 있는' 그런 사회가 이미 아니라고 단정하지 못할 근거는 희박하다.

자기 자신을 파괴해서 혹은 죽어서라도 사회에 복수한다는 식의 내러티브(예컨대 영화 〈돼지의 왕〉)가 상당한 반향을 불러일으켰다. 게다가 이즈음 심심찮게 매스미디어를 들끓게 하는 온갖 형태의 증오범죄를 굳이 들먹이지 않아도 한국 사회는 증오의 제도화가 자리 잡은 사회이다.[3]

우려스러운 것은 분노의 감정과 증오의 감정이 점점 더 구별되지 않는 지경으로 사태가 진전되고 있다는 점이다. 물론 이론의 여지가 없지 않다. 그렇지만 필자는 분노는 증오와 어떻게든 구분되어야 한다고 생각하는 쪽이다.

그 둘을 칼로 무 자르듯 변별해낼 수 있다고 말하지는 않겠다. 다만 그 둘이 구별할 수 없을 만큼 뒤엉켜 있다 해도 그 둘의 구분을 규제적으로 사용하길 제안하고 싶다. 따라서 필자는 사카이 다카시酒井隆史의 다음과 같은 주장에 대체로 동의한다.

> (…) 증오는 총체적인 상황이나 제도가 아니라 특정 인간이나 집단에게로 향하는 경향이 있다. 증오는 증오를 낳는 근본원인을 근절하고자 하는 감정이 아니라 그 결과들(한 명의 인간이나 어떤 집단)을 배격하거나 아예 없애버림으로써 카타르시스를 얻는 감정이다. 그에 반해 분노는 증오를 만들어내는 더욱 광범위한 조건을 바꾸려는 보다 사려 깊은 감정이 아닌가 싶다.[4]

다카시 또한 분노와 증오를 엄밀히 구분할 수 있다고 단언하지 않는다. 대신 그는 감정적 에너지의 벡터를 문제 삼는다. 그래서 그것이 원인을 제공하는 사회적 시스템이나 구조 쪽으로 향하는 경향이 있는지 혹은 아닌지에 따라 분노와 증오를 구분하자고 제안하는 것이다.

요컨대 분노는 증오를 만들어내는 광범위한 사회적 조건을 바꾸려는 인지적 감정이다. 반면 증오는 특정의 인간이나 집단에 위해를 가함으로써 얻는 카타르시스의 감정이다.

이 점에서 필자의 문제의식은 사회적 감성으로서 분노를 어떻게 하면 사려 깊게 식별해낼 것인가, 그리고 그것이 사회적 변혁이나 변화의 원동력으로 작용할 수 있는 조건이나 계기가 무엇일 수 있겠는가, 하는 점이다. 그러나 안타깝지만 이 글에서 이 물음에 확실한 답을 제시하기는 어렵다.

대신 필자는 우리들에게 소위 '오래된 미래'로 남아있는 1980년 5월 광주, 그 열흘간의 기념비적 시간을 다시금 떠올려 보는 것으로 그 소임을 다하고자 한다. 단지 욕심이라면, 그 역사적 사건을 특정한 감정들의 구조와 흐름이 교차하고 부딪치는, 이를테면 감정의 동역학으로 변환시켜 보는 것이다.

이를 위해 필자는 임철우의 장편소설 『봄날』(전5권)[5]을 독해할 것이다. 이 작품을 논하려는 까닭은 이 작품이 5월 항쟁이라는 사건을 거의 실록實錄에 가깝게 기록하고 있다는 점이다. 아울러 임철우 스스로 밝힌 바[6] 있듯 어찌되었건 거기에다가 극히 억제된 방식으로나마 소설적 상상력을 가미함으로써 일반적인 기록물에서 포착하기 어려운 특정한 감정들의 구조와 흐름을 여실히 드러내 준다는 점[7] 때문이다.[8]

필자는 작품 『봄날』을 상호 적대적인 두 '무리(혹은 덩어리)'들의 운동과 그것들의 마주침이라는 관점에서 읽어나갈 것이다. 곧 삶과 죽음의 자리가 겹치는 혹은 그 둘의 경계가 모호한 실존의 극한에 놓인 두 무리의 운동을 특정한 감정들의 발생과 흐름 그리고 그것들이 소멸해가거나 교차하는 과정을 서술할 것이다. 이 두 무리는 스피노자적 의미에서 상호 영향을 주고받는, 곧 능동이거나 수동인 정념의 동역학을 구성한다.

두 무리를 구별하는 변별점은 유기적인가 혹은 아닌가에 있다. 앞으로 '진압기계'라 불릴 첫 번째 무리는 유기적이고 조직적이며 몰mole적인, 그래서 위계적인 신체corps이다. 이 무리의 목표는 일차적으로 공포의 생산이다.

반면 범박하게 '군중'[9]이라 불릴 두 번째 무리는 유기적이지도 조직적이지도 결코 위계적이지도 않다. 따라서 분자적 흐름에 가까운 이 무리의 운동을 규정하는 것은 공포로부터의 끊임없는 도주이다.

비非얼굴의 마력과 선민의식

아래 인용문을 통해 확인할 수 있듯이 소설 『봄날』의 내러티브는 이항 대립구도에 따라 전개된다.

> 기대와 소망의 주체는 광주 시민 나아가 한국 사회의 민주주의 실현을 지지하는 일반 시민들과 대학생들이며 증오심과 적의의 주체는 공수 부대원 나아가 공수 부대원을 지휘, 통솔하는 군부 공권력이다. 시민들의 기대·소망과 공수 부대원의 증오심·적의는 일촉즉발의 이항적 대립관계를 형성하고 있다. 그런데 더 엄밀히 말하자면, 이 관계를 이항적 일촉즉발의 대립 관

계로 만들어가는 쪽은 군부 공권력이며 그 예하의 공수 부대원 들이다.[10]

요컨대 『봄날』을 가로지르는 것은 '기대·소망' 대 '증오·적의'라는 감정들의 충돌이다. 물론 그러한 대립의 구도가 텍스트를 관통하고 있다는 사실이 중요한 것은 아니다.

또한 그러한 대립 구도를 만들어가는 쪽이 궁극적으로 어느 쪽인가, 하는 문제도 여기서는 본질적이지 않다. 아울러 대립하는 두 무리의 어느 한쪽을 일방적으로 능동적이고 공격적인 힘으로 그리고 다른 한쪽을 수세적이고 방어적인 힘으로 단정해 버리는 것은 그다지 생산적이지 않아 보인다.

필자의 관심은 증오와 적의라는 감정의 기원이다. 즉 공수부대라는 이 특정한 무리를 증오로 가득 찬 진압기계로 탈바꿈시키고 조직화 해내는 메커니즘이 궁금하다.

따라서 이 무리가 "살기 어린 눈알을 번뜩이며 먹이를 찾아가는 굶주린 육식동물"[11]로 되어가는 궤적을 더듬는 것이 중요하다. 뒤에서 밝히겠지만, 이 궤적은 결국 이 진압기계가 인간적 실존의 무게를 잃어버린 채 빈껍데기 또는 유령에 흡사한 존재로 전락하고 마는 길을 설명해 줄 것이다.

이 무리가 무자비한 진압기계가 되기 위해서는 행동은 물론 사고조차 모조리 "자동화, 본능화, 조건반사화" 돼야만 한다. 곧

"기계화된 인간"[12]의 형태로 갈무리되고 일체화 될 필요가 있다. 여기서 그들의 개체성은 죄다 말소되다시피 해야 한다.

이를테면 인간됨의 표지인 얼굴 같은 것은 말끔히 지워져야 한다. 『봄날』은 그것을 '검은색 선글라스'가 발산하는 이상한 마력으로 묘사하고 있다.

> 검은색 선글라스는 이상한 마력과 같은 걸 지니고 있었다. 다만 두 눈을 가릴 뿐인데도, 일단 그걸 뒤집어쓰고 나면 그 순간부터 그것은 인물의 특징과 감정, 표정까지도 놀랍도록 깡그리 지워버렸다. 해골바가지에 뚫려 있는 두 개의 눈구멍처럼 보이는 그것 때문에, 그들의 얼굴은 진짜 해골이나 무슨 불길하고 흉측한 가면처럼 보이기도 했다. 그것은 마주 대하고 서 있는 사람에게 까닭 모를 공포와 불안감을 불러일으키는 신비한 힘을 지니고 있었고, 동시에 그걸 쓰고 있는 사람에겐 어떤 비정하고 잔인한 힘과 용기를 불어넣어주는 듯했다. 그 신비한 마력 때문에 병사들은 선글라스들이 하달하는 명령에 때론 목숨까지 바쳐가며 완벽한 복종을 바치고, 그 혹독한 훈련과 생존의 극한까지 밀어붙이는 고통을 초인적인 충성심으로 감내하며 일사불란하게 한 덩어리가 될 수 있는 것인지도 모를 일이다.[13]

검은색 선글라스는 인물의 특징과 감정은 물론 얼굴 표정조차 지워버린다. 그것이 만들어낸 얼굴은 더 이상 얼굴이 아니다. 차라리 흉측한 해골에 가깝다. 그렇지만 병사들은 까닭 모를, 곧 이성의 힘으로는 어떻게 해도 파악할 수 없는, 그 지워진 얼굴의 마력에 사로잡힌 채 일사불란한 한 덩어리가 된다.

이를테면 이 '비非얼굴'은 병사들에게 경외감을 불러일으킨다. 한편으로 그것은 공포와 불안감을 안겨주지만 동시에 힘과 용기를 북돋아주는 신비를 낳기 때문이다.

검은색 선글라스, 곧 이 비얼굴은 모든 얼굴(개체성)들을 흡수해버리는 일종의 블랙홀이다. 그리고 이 블랙홀은 영적 체험을 환기하는 신의 형상과 중첩되기도 한다.

> 여단장 차 범퍼엔 차량 번호판 대신 성판星板이 걸렸다. 어둠 속에서 별 하나가 붉고 또렷하게 번쩍거리기 시작했다. 병사들은 그 휘황한 별빛을 지켜보며 저마다 숨을 죽인다. 그 놀라운 별은 언제나 그들의 가슴을 일시에 설레게 하는 힘을 가지고 있었다. 그 위대한 별은 이미 그들에겐 상징 그 이상의 것이었다. 이 지상의 어떤 것, 그 어떤 이름도 다만 그 찬란한 별의 권능과 위대함의 발밑에 존재할 따름이다. 그것을 의심하는 사람은 거의 아무도 없었다.
>
> 병사들은 오랜 기간 동안 그 별의 위용과 무한한 권능에의 충복들로 선택되었고, 훈련되었으며, 교화되었다. 그리하여 이제 그들은 스스로 그 신앙의 충직한 신도임을 기뻐하고 자랑스

러워해야만 했다. 그건 복종과 희생, 용맹과 정의, 명예와 승리라는 이름의 신을 추앙하는, 영웅의 신앙이었다. 그 신앙의 십계명이 병사들 각자의 심장 복판에 마침내 창끝처럼 찔려 박히는 순간, 이름 없는 그들은 문득 자신들 역시 저마다 작고 위대한 별이 되어가고 있음을 느끼기 시작했다. 별 아래 엎드려 그들은 모두 충성과 목숨을 기꺼이 바치겠노라 서약했다. 불현 듯 뜨거운 자부심과 긍지가 은총처럼 전신을 감싸 안음을 느낄 수 있었다.[14]

지휘관인 여단장의 성판은 일종의 성물聖物이다. 그것은 지상의, 곧 세속의 어떤 것으로도 대신할 수 없는 권능과 위대함의 초월기표이고 그야말로 신의 현전이자 또는 그 대리보충이다.

그리고 그들은 신의 은총에 따라 선택된 자, 곧 선민選民의 지위를 얻는다. 당연하게도 그들 역시 신의 권능과 위대함을 나누어 가질 특별한 권리를 지닌 사도이자 영웅이 된다.

남자다움이라는 강박, 폭력의 기원

병사들은 서정시적 총체성의 경지를 방불케 하는 유사-종교적 엑스터시 안에서 자부심과 긍지라는 턱없는 열정에 휩싸인다. 자아와 세계의 완전한 합일이라는 서정성(=고향)의 세계(실은 날조된)에서 의심과 회의라는 인간적 범주는 신성모독이 된다.

엑스터시의 체험은 그들에게 인간 너머의 존재를 목격하도록 부추긴다. 마취 상태의 황홀경 안에서 그들은 예외성이나 초월성의 관념과 마주하고, 결국 자부심과 긍지라는 광기에 흡사한 열정에 빠져드는 것이다. 따라서 복종심과 자부심이 결부된 이 이상한 열정에 들린 나르키소스들의 이상은 금욕적이어야 마땅하다.

> 차라리 공수 교육이나 특수전 훈련의 고통은 그런대로 견딜 만했다. 그런 훈련의 과정 속엔 뼈마디를 바스러뜨리고 살점을 찢어내는 듯한 고통과 위기의 순간들이 수없이 많았지만, 그래도 그 극한의 순간 뒤에 찾아오는 후련한 쾌감도 있었다. 그 힘들다는 생존 도피 및 탈출 훈련이라든가 산악 행군 훈련 역시 힘들기는 해도, 끊임없이 새로운 공간으로 이동하여 맛보는 긴장감과 짜릿한 흥분의 순간들 또한 즐거움을 안겨주기도 했다.[15]

이들의 신체는 마조히스트의 그것이다. 그들이 극한의 고통을 인내하는 것은 그에 대한 보상으로 주어지는 쾌락에 대한 반복 체험 덕분이다.

신체의 한계를 넘나드는 극도의 긴장과 고통 뒤에 찾아오는 급작스러운 이완이 주는 쾌락에 그들은 이미 익숙하다. 결국 그들의 신체는 쾌락의 결핍과 충족이라는 이원적 구도로 유지되는 쾌락주의에, 좀 더 정확하게 말하자면 목적론적 오르가슴주의에 의해 길들여진다.

그러나 그들의 신체가 오르가슴의 불능 상태 또는 유예의 궁지로 내몰렸을 때 심각한 문제가 발생한다. 이를테면 공수교육이나 특수전 훈련과 같은 '견딜만한(결핍과 충족의 이원성이 보장되는)' 훈련이 충정훈련(폭동진압 훈련)과 같은 "지루하고 답답하기 그지없는 반복훈련"[16]으로 완전히 대체되었을 때이다.

> 그건 끔찍했다. 아침부터 밤까지 충정 훈련의 반복 또 반복. 최루탄과 눈물, 콧물, 땀, 흙먼지로 목욕을 하는 것으로도 모자라 걸핏하면 떨어지는 기합, 얼차려… 거의 매일 같이 꾸렸다 풀었다 되풀이하던 출동 준비 군장. 게다가 외출 외박은커녕 영외 거주자들조차 퇴근을 못하게 하는 바람에 공연히 분풀이로 사병들만 들볶이기도 했다. (…) 무엇보다도 거듭되는 고된 훈련으로 누적된 피로와 수면 부족 때문에 모두들 금방이라도 폭발해버릴 것만 같은 상태였던 것이다.[17]

그들은 우리에 갇힌 사나운 야수로 돌변한다. 해서 그들은 "누군가 곁에서 무심코 손가락으로 콕 찌르기만 하면 금방이라도 산산조각으로 폭발해버릴 것은 같은 엄청난 증오심과 적의가 부글부글 끓어"오르는 지경에 다다른다.

여기서 증오와 적의의 대상이 누구인지 혹은 무엇인지는 상관없다. 절박한 것은 비등하는 증오의 에너지를 당장이라도 배출할 수 있는 출구를 찾는 일이다. 그들은 그 "폭발의 순간"을 위해 "출동 명령이 내려지기만 하면 즉시 점화될 수 있도록"[18] 조건 반사화 된 채 명령만을 초조하게 기다린다.

여기서 짚고 넘어갈 게 있다. 이 비등하는 증오나 적의란 게 공교롭게도 남자다움이라는 젠더적 강박과 긴밀히 연결되어 있다는 점이다.

이를테면 전형적인 남성들의 성 판타지인 거대한 성기에 대한 숭배가 실은 증오와 깊은 상관관계에 있다. 남자다움이라는 성적 강박 안에 복종심과 긍지 혹은 증오와 적의가 아슬아슬하게 공존하고 있는 상태가 내면을 잠식하고 있다고 생각해야 한다.

따라서 아래 인용문에서 보듯, 병사들이 이죽거리며 주고받는 성적 농담 또는 여성에 대한 비하의 발언은 예사롭게 넘길 수 없는 대목이다.

> "아 뻔하잖습니까. 충돌 명령만 떨어지거든 보십쇼. 맨 날 수돗물만 빨아 마시고, 사내새끼들 주제에 얼굴에 화장품이나 찍어 바르고 나다니는 희멀건 대학생놈들, 이 진압봉으로 한방에

목뼈를 댕겅 분질러버리고 말 테니까요."

"짜식. 너, 뒷구멍으로는 은근히 여대생 계집아이들한테 꿍심이 있어서 그렇게 꼴리는 소릴 하는 거지?"

명치의 이죽거림에 오하사가 키득댄다.

"에이, 무슨 말씀을 그리 허십니까. 그까짓 뭉실뭉실 젖비린내 나는 여대생 가시나들이야 진압봉도 필요없지요. 이 한 손만으로도…."

"아믄, 진압봉까지 쓸 필요가 뭐 있잖냐. 너야 뭐, 그 가운뎃다리 하나 벌떡 세우고설랑, 고년들 향해 '돌격 앞으로' 하고 싶어 미친 놈인데. 안 그래?"

명치의 비아냥거림에 모두들 배를 잡고 웃어대었다. 머쓱해진 강상병이 뒷머리를 긁으며 씨익 웃었다.

"하기사 뭐, 강상병한테야 이까짓 진압봉보단 그게 훨씬 나을끼다. 바지 속에서 그놈을 꺼내들고 휘두르면 일당백은 문제없제. 으흣."

"아니지. 그걸 보고 달아나기는커녕 되레 여대생 계집아이들이 치마를 훌러덩 걷어 올리고, 오빠 오빠 하면서 떼거리로 달라붙으면 어쩔 거야."

"그라믄 출동해서 나는 강상병 뒤만 쫄쫄 따라댕길란다. 떡고물이나 주워 먹게 될지 누가 알아?"[19]

이 장면은 여성성(혹은 여성적 자질)에 대한 혐오와 경멸 그리고 그것에 대한 동경과 선망이라는 양가의 감정이 거대한 성기, 곧 이상적인 남자다움이라는 우월감의 판타지 안에서 버무려지고 있음을 보여준다. 그들에게 출동이란 단지 상부의 지시에 따라 시위대를 진압하거나 소탕하는 기계적인 행위만을 결코 의미하지 않는다. 그것은 그들의 남자다움의 가상을 타자에게 공격적인 방식으로 과시함으로써 다시금 그 가상을 그들에게로 회수할 수 있게 해주는 절호의 찬스이기 때문이다.

바야흐로 그들이 자행하게 될 폭력에 대한 욕구와 의지는 성적 판타지의 필터링에 의해 남성적 오르가슴의 궁극인 사정射精에 대한 기대와 갈망으로 뒤바뀐다. 그들이 그야말로 초조하게 출동명령만을 학수고대하는 이유가 여기에 있다.

다수파의 공포

실제로 보면 병사들은 명령 체계에 복종해야만 하는 수동적 존재들이다. 그럼에도 불구하고, 가공할만한 폭력을 능동성과 자발성 아래 자행하게 되는 전도 현상이 일어나는 것도 바로 오르가슴주의 메커니즘 안에서이다.

출동명령이 지연된다는 것 또는 내려졌다가도 예고 없이 취소된다는 것은 사정의 물리적인 억제에 해당한다. 그 강도에 비례해서 유독가스를 닮은 증오와 적의는 증폭된다. 물론 증오의 증폭 기제는 아직 더 있다. 불특정인에 대한 원한의 감정을 하나 더 추가해야 한다.

드디어 출동명령이 떨어져 그들이 맨 처음 서울로 진입할 무렵, 그들은 휘파람까지 불면서 흥분을 감추지 못한다. 밤을 틈타 거대한 도시에 들어섰을 때, 그러나 그 흥분은 이내 사라져 버리고 만다.

그들이 텅 빈 시가지의 풍경과 "사람들은 모두 잠들어 있었고, 대문은 차갑게 잠겨 있었다."는 사실만을 확인한다. 그들은 도시의 "완벽한 정적과 무관심"[20] 속에서 오직 그들만 버림받았다는 막연한 배신감과 억울함에 사로잡힌다. 이 억울함은 광주에 도착했을 때도 똑같은 형태로 반복된다.

> 그들은 벌써 낯선 도시를 증오하기 시작하고 있었다. 팔려가는 개돼지처럼 이리저리 끌려 다니며 눈 한번 제대로 붙여보지 못하고 있는 동안에도, 정작 자신들을 여기까지 끌려 내려오도록 만든 그 도시의 시민들은 아늑한 이부자리 속에 편안히 잠들어 있는 것이었다. 그 사실은 별안간 굉장한 분노와 적개심을 그들에게 불러일으켰다. 그것은 까닭 모를 배신감과 함께 스스로를 한없이 비참하게 느끼게 만들고 있었다.[21]

비참함은 자부심과 긍지가 손상되었다는 감정으로부터 비롯된다. 아늑한 이부자리 속에서 편히 잠들어 있을 시민들과 달리 자신들은 이리저리 팔려가는 개돼지 꼴이다.

이것은 일종의 열등감이다. 게다가 오직 그들만이 버림받았다는 식의 피해의식은 순전한 자격지심이다.

한데 이 막연한 피해의식은 보상심리와 연결된다. 이어 그것은 다시 무차별적인 폭력에 대한 의지로 증폭된다. 그들에게 시위대는 "파괴의 욕구를 발산할 확실하고 정당한 대상"[22]이다. 뿐만 아니라, "모든 것들이 끝내 고스란히 헛수고로"[23] 그치지 않게 해주는 보상이다.

급기야 그 기원이 적잖이 의심스러운 앙갚음의 심리가 원한의 평등주의라 부를만한 사태를 만들어낸다. 그래서 그들의 손에 잡혀온 시민들이 동물적 수준이 돼야만 손상된 자부심과 긍지를 마치 회복할 수 있다는 듯이 행동하는 일이 발생한다.

> 얼핏 그들은 인간이 아닌 것처럼 보였다. 그것은 한 무리의 가축이거나 혹은 벌레 같았다. 자존심도 체면도 빼앗겨버린 채 다만 공포만으로 허옇게 질려 이리 뒹굴고 저리 나자빠지기를 되풀이하고 있는 그것들의 몰골은 추하고 비열해 보였다. 병사들은 그 볼품없고 추해빠진 몸뚱이를 향해 마치 장난처럼 군홧발로 걷어차고, 짓이기고 또 진압봉을 휘둘러 댔다.[24]

진압작전의 행동지침, 곧 "다중에게 최대한의 공포심을 유발시켜라.(…) 군중 심리는 공포심을 느끼면 일순간에 허물어지게 마련이다. 고로, 타격은 과감하게 하고, 일단 체포한 범법자는 다중의 목격 하에 무자비하게 응징, 시위해보여라."[25]에 따라 병사들은 시위 군중에게 최대한의 잔인성을 발휘한다.

그래서 그들은 "임무가 얼마 후면 끝나게 되리라는 걸 누구도 의심하지" 않는다. 군중은 오합지졸에 "무기도 없었고, 용기도 힘도 없이 겁에 질려 이러 저리 도망쳐 다니느라 정신이 없는 겁쟁이"[26]들에 지나지 않기 때문이다.

그러나 그들의 예상은 빗나간다. 왜냐하면 그들이 폭력을 행사할 때마다 군중은 흩어졌다 모이길 반복하면서 그 수효가 점점 더 늘어나기 때문이다. 무력의 강도에 비례해 역설적으로 군중의 수효가 불어나는 괴이한 상황이 연출되는 것이다.

이 의외의 사태는 대한민국 국군 최고의 핵심 부대라는 자존심이 무색해지는 것은 차치하고, 그들을 "견디기 힘든 짜증" 상태로 몰아넣는다. 이 짜증스러움은 그들을 "눈에 띄게 더 난폭"하게 만들고, 그 결과 "피투성이로 변해 길바닥에 나뒹구는 시민들의 숫자는 더더욱 늘어"[27]나게 한다. 그럼에도 불구하고 군중의 숫자는 줄어들 기미가 없다.

짜증은 결국 두려움과 공포로 변한다. 이 사태는 그들을 수세로 몰아간다. 그러나 역으로 폭력의 강도는 공세적일 때보다 훨씬 더 강해진다.

병사들은 어느덧 시위대와 마주치기를 두려워하고 있었다.

> 그런 한편으로 병사들의 행동은 오히려 더욱 가혹해졌다. 수세에 몰린 쪽의 위기감 때문이었다. 그간 다소 소극적인 편이었던 몇몇 병사들까지도 태도가 돌변했다. 이제는 머리나 얼굴까지도 닥치는 대로 가격하고, 아예 의식을 잃게 할 정도로 전신을 군홧발과 진압봉으로 완전히 짓이겨놓는 경우도 빈번했다. 그러나 시위는 끝도 없이 계속되고, 시민들은 갈수록 엄청난 숫자로 불어나고만 있었다.[28]

병사들이 느끼는 두려움은 이른바 상상적인 전도imaginary inversion가 만들어낸 다수파의 공포이다. 여기서 소위 "'다수파의 공격'으로 부를만한 전형적인 폭력"이 일어난다. 이러한 형태의 폭력이 갖는 특징은 "힘에 있어서 우위이며 폭력을 행사하는 측이 힘에 있어서 열세인 폭력을 당하는 측에 힘의 우월과 폭력의 가해를 귀속시켜 버리는 '전도'"[29]가 발생한다는 점이다.

즉 그들은 그들의 가공할 위력과 무자비함을 물리력에서 턱없이 열세인 시위대에게 투사시켜버린 다음 오히려 거기서 공포와 불안을 느끼는 것이다. 이 공포와 불안의 심리는 더욱 무차별적인 폭력으로 이어진다.

결국 그와 같은 상상적 전도와 더불어 병사들은 점차 "끔찍하고 지긋지긋한 악몽 속에서 (…) 흡사 유령처럼"[30] 돼버리고 만다. 따라서 "솔직히, 나는 이제 뭐가 뭔지 아무것도 모르겠다구."[31]와 같은 탄식이, 곧 그들에게 허락되지 않은 회의와 의심의 목소리가 절로 새어나올 수밖에 없다.

> '사라져버리고 싶다. 수증기처럼, 증발해버리고 싶다….'
>
> 불현 듯 누군가 가슴속에서 그렇게 속삭이는 소리를 명치는 들었다. 정말 그랬으면. 이 넌더리나는 무기와 군복, 철모 따윈 훌훌 내던져버리고 당장 벌떡 일어나 마구 달리고 싶다. 미친 듯이 저 들판을 질러, 아무도 없는 어디론가, 인간이란 존재 따윈 하나도 보이지 않는 그런 세상으로, 사하라 사막 같은 곳으로… 흔적도 없이 날아가 버리고 싶다. 탈출하고 싶다.[32]

그들의 "머릿속은 풍선처럼 텅 비어 있는 듯하고, 전신의 모든 관절과 근육은 허깨비처럼 제멋대로" 움직인다. 더구나 "몸과 정신도 따로 움직이는 듯한 착각"이 든다.

그러나 이 유령들이 사악하고 끔찍한 폭력의 뫼비우스 띠로부터 달아날 방법은 없다. "그들만의 위대한 신화"[33]야 어찌되었건 "닥치는 대로 갈겨버리겠다"[34]는 식의 맹목적인 살육의 의지를 불태워야 한다. 아니면 위의 인용문에서 보듯 자기 파괴의 욕구와 인간 일반에 대한 염증과 환멸이라는 지독한 허무주의의 나락에 빠지거나 둘 중의 하나다.

모래알 같은 실존

> 그 모든 극적인 항쟁들은 전적으로 시민들의 즉흥적인 대응과 우발적인 계기로 이루어졌던 셈이다. 어떤 이데올로기나 정치적 신념이나 목적도 개입되지 않았다. 어떤 최소한의 조직도, 전략조차도 없이 오직 자신들의 생명과 안전을 지키기 위하여 일어선, 그야말로 비조직적이고 즉흥적이며 자발적인 항쟁이었던 것이다.[35]

주지하는 바와 같이 5월 항쟁을 이끌었던 것은 기존의 사회운동 세력이나 대학생을 비롯한 지식인 엘리트 그룹이 아니었다. 물론 윤상원 같은 예외적인 인물이 있긴 하다. 그러나 그들 대부분은 80년 5월 17일 군부의 비상계엄령 선포와 동시에 예비 검속되거나 아니면 광주를 벗어나 몸을 숨겨야 했다. 결국 이름 없는 시민들의 싸움은 특별한 정치적 신념이나 전략이 없이 비조직적이고 우발적인 것이었다.

이 부분에 대한 해석은 여전히 논쟁적이다. 그러나 그 우발성과 즉흥성을 대중운동의 결함이나 공백으로 여기고 그것의 불가피성은 인정하면서도, 어떤 초조함(?)에 이끌려 특정한 이념이나 정치적 관념을 그야말로 '바깥'에서 주입해서 메워버리려는 시도는 곤란하다. 특히 이점에서 설익은 노동자주의 또는 사회과학주의에 압도된 홍희담의 소설 「깃발」이 보여주는 배

타주의와 낙관주의의 교묘한 혼합은 문제이다.[36]

그 대신 필자는 '머리(지도자)' 없는 혹은 탈중심화된 군중의 무리를 형성했던 개체들의 생태적 조건을 검토해야 한다고 생각한다. 이는 넓게 보아 70년대 후반이나 80년대 초반을 지배했을 집단적 심성mentalités과 같은 것을 더듬는 일이다.

우선 장기적인 개발 독재로 인한 후유증과 군부 파쇼의 전횡이 궁극적으로 뿌리 깊은 정치혐오증과 광범위한 냉소주의 또는 비관주의를 낳았다고 할 수 있다. 이와 관련하여 소설에서 지식인이자, 항쟁을 제3자의 입장에서 바라보고 있는 K일보 광주 주재기자 '김상섭'이라는 인물의 무기력증과 냉소주의는 그 당대의 지배적인 정서였다고 할 수 있다.

> 인류와 문명의 역사는 늘 약한 자들의 살점으로 배부른 자들에 의해 쌓아 올려져온 한낱 추악한 노적가리에 지나지 않는다는 것, 설사 몇 차례의 혁명과 반동이 일시적으로 성공을 거둔 것처럼 보일지라도, 그 하찮은 전리품 역시 언제나 예외 없이 결국은 이내 또 다른 추악한 게임의 시작을 위한 더러운 판돈으로 뒤바뀌고 말 뿐이었다는 것, 때문에 진정한 해방이니, 구원이니, 자유, 평등, 평화, 인류애 따위 케케묵은 낱말들은 다만 허황된 관념의 희롱일 뿐이거나, 고작해야 존재하지도 않는 다음 생애에서의 보상이라는 허울을 빌미로 현세의 고통과 절망을 도매금으로 팔아넘기려는 사이비 종교 식의 기만 술책에 지나지 않

는 것이라고 믿는 사람이었다.[37]

이 도저한 역사 비관주의 앞에서 혁명과 반동조차 추악한 게임의 판돈으로 뒤바뀌고 만다. 패배와 굴욕의 반복적인 시련 앞에서 진보적 가치들은 허황된 관념의 희롱이고, 모든 메시아주의는 기만이다.

미래에 대한 비전 없음은 대부분의 사람들을 즉물적인 상태로 몰아넣는다. 이를테면 그들은 "하루하루 생계에만 매달린 채 그저 평범하고 속되게"[38] 사는 데 익숙한 자들이 된다. 세상일에 무관심한 만큼 그들은 점차 고립된다. 연대성이 들어설 지반도 희박하다. 공교롭게 여기서 오늘날 바이러스처럼 번지고 있는 은둔형 외톨이의 프로토타입과 조우한다.

사실상 무석은 나이 서른이 된 지금까지 사람들 사이에 온전하게 섞여 살아본 적이 단 한 번도 없었다. 학교를 다닐 때도 그랬고, 이 년이 채 못 되는 방위병 복무 시절에도 그랬다. 늘 사람들 속에 있었지만, 결코 남들처럼 자연스레 섞여 살 수가 없었다. 심지어 가족들과의 관계에 있어서조차 마찬가지였다. 무석은 언제나, 어디서나, 누구와 함께 있거나, 늘 혼자 한 알 모래알로 남아 있어야 했다.

타인들과 섞여 지내는 방식에 대해 무석은 너무나 무지했다. 아니 사실은 그 방식을 배우려 시도한 적조차 없었다고 해야 옳을 것이다. 자신은 처음부터 타인들과 한데 섞여 살아가는 능력을 갖고 태어나지 못한 불구아라고 생각했다. 그리고는 언제부터인가 타인과 세상을 향한 문을 스스로 안에서 굳게 걸어 잠가버렸던 것이다. 고치 속에 갇힌 한 마리 번데기처럼, 무석은 자신만의 그 작은 방 안에 스스로 가두어버렸다.[39]

이러한 모래알과 같은 실존에게도, 곧 고치 속에 갇힌 번데기처럼 관계의 끈을 스스로 절단해버린 개체에게도 욕구불만은 있다. 그러나 그것은 강요된 관계의 미니멀리즘 안에서 극히 자폐적인 방식으로 해소될 수밖에 없다.

이를테면 소설에서 광천동 시민(실은 빈민) 아파트[40]에 사는 '박씨' 부부의 에피소드는 그 점을 전형적으로 보여준다. 박씨는 지병 탓에 구들장 신세를 지고 있는 인물이다. 그나마 아내 능주댁이 막노동 심부름꾼 일로 궁핍한 생계를 근근이 잇는다. 만성적인 무기력함에 약간의 의처증을 가지고 있는 박씨 그리고 팍팍한 생계를 짊어진 능주댁의 잦은 싸움은 이미 예견된 것이다.

한데 그들에게 싸워야할 이유는 중요하지 않다. 습관적인 싸움은 이를테면 "그들 특유의 의사소통 내지는 생존 확인의 한 방식"이기 때문이다. 게다가 그것은 "위태하고 팍팍하기 그지없는 삶을 그나마 이 세상의 한 귀퉁이에 억지로 붙들어 매주는 마지막 끈 같은 역할"[41]조차 한다. 결국 그들 부부에게 지독한 욕설과 악다구니는 의사소통의 최저선이자, 살아 있음의 유일한 징표가 된다.

그렇지만 이들의 행위는 심각한 문제를 낳는다. 불가피해 보이는 그들의 생존 확인법이 결과적으로 그들의 자식('영님')을 감정능력을 상실한 아이[42]로 만들어버리기 때문이다. 감정에 적절히 반응하는 법을 배우지 못한다는 것은 결국 타인과의 정서적 유대의 끈을 놓친다는 것이다.

지속적인 유대감과 애정의 확인을 통해 타인과 관계를 형성하는 일로부터 일찌감치 배제돼버린 아이는 충동적이며 공격적인 성향의 성인이 될 가능성이 높다. 아니면 자폐적인, 다른 말로 자기 몰두적 개인이 되고 말 것이다.[43]

결국 이것은 고립된 개체들의 악순환이고 딜레마이다. 곧 최소한으로 허용된 관계의 테두리 안에서 욕구 불만과 짜증의 해소를 위해 일상적인 악다구니와 욕설에 습관적으로 의지하거나, 아니면 모든 관계로부터 절연해버리거나 둘 중의 하나이다.

따라서 이러한 생태적 조건에 놓인 취약한 개체들이 무리를 이뤄 가공할 물리력의 진압기계와 맞서고, 결국 그들을 광주 외곽으로 밀어냈다는 사실은 놀라운 일이다. 게다가 이 무리들 중 어느 누구고 간에 눈앞의 살풍경에 분노하고, 이어 정의감을 앞세워 그 사태에 개입할 정도로 원래부터 용기 있는 자들이었다고 말할만한 근거는 찾기 어렵다.

"이 새끼들 끌고 가 차에 실어!"

하나가 명령하자, 공수 두 명은 쓰러져 뒹구는 두 살덩이의 멱살을 사납게 일으켜 세운다. 피투성이가 된 얼굴들. 머리에서 흘러내린 피가 얼굴과 잠바까지 흥건히 적시고 있다.

"머리통에 손 올려! 손!"

청년들을 끌고 얼룩무늬들은 금남로 쪽으로 사라져버렸다.

서씨는 걸음을 떼어놓기 시작한다. 자전거가 기우뚱거린다. 팔다리가 후들후들 떨린다. 서씨는 이를 악물었다. 발을 재게 움직였다. 그는 아내와 딸 순옥의 생각만 하려고 노력한다. 아내랑 딸은 지금쯤 대인시장에서 기다리고 있을 것이다.(…)

앞에서 얼룩무늬 몇이 저벅저벅 발소리를 내며 걸어온다. 똑같이 철망으로 얼굴을 가린 그들은 쇠붙이로 조립된 로봇처럼 보인다. 불현 듯 까닭 모를 치욕감과 부끄러움. 조금 전 피투성이가 되어 바로 자신의 눈앞에서 끌려가던 두 청년의 모습이 자꾸 눈앞을 가로막는다.

서씨는 슬그머니 고개를 숙이고 길바닥만 내려다보며 걸음을 옮긴다. 검고 끝이 각진 군화들이 그의 곁을 지나쳐 가버린다. 서씨는 다시 고개를 세웠다.[44]

위의 인용문에서 보듯 바로 코앞의 끔찍한 사태가 설령 옳지 못한 것이라 해도 자신과 실제적인 관련이 없는 이상 외면해버리는 게 신상에 이롭다. 물론 피투성이가 되어 끌려가는 처참한 몰골들을 목격하고 일말의 도덕적 가책을 느낄 수는 있다.

치욕감이나 부끄러움을 느끼는 것은 따라서 그가 인간인 이상 매우 자연스러운 일이다.

그러나 이 자연스러운 감정은 더 크고 강력한 감정에 의해 압도될 수밖에 없다. 자칫했다가는 자신 역시 무자비한 폭력의 희생양이 될 수도 있다는 두려움과 공포가 엄습하는 탓이다. 생존의 위기 앞에서 "슬그머니 고개를 숙이고 길바닥만 내려다 보며 걸음"을 재촉하는 것은 자신을 보호하기 위한 불가피한 처사이다.

그러나 위 인용문의 '서씨'라는 인물은 재차 맞닥뜨린 폭력의 광경 앞에서 최소한의 인륜에 부합해 보려는 듯이 그야말로 애처로운 시도를 하고 만다. 안타깝게도 그 용기의 결과는 비극이었다.

리토르넬로

무력한 개체들은 무자비한 폭력으로부터, 그리고 거기서 발산되는 죽음의 공포로부터 한발 비껴서야 옳다. 이는 자기 보존을 위한 현명한 선택이다.

그러나 그럼에도 불구하고, 그들은 이 죽음의 공포와 맞섰다. 그들 중 일부는 끝끝내 죽음을 마다하지 않았다. 이 불가사의를 풀어야 한다.

그전에 진압기계의 일사불란한 운동 패턴을 보도록 하자. 그들은 규칙적인 박자에 따라 운동의 느림과 빠름을 통해 공포를 생산한다. 이 기계는 속도를 분할하고 지배하는 자동인형이다.

척, 척, 척, 척, 척, 척…

요란한 군홧발 소리가 사방으로 울려 퍼졌다. 규칙적인 반보半步 간격으로 느리게 그리고 꾸준하게 전진해 나가는 대열. 그들은 일부러 무릎을 높이 들어 올려 한껏 아스팔트 바닥을 두드려 밟으며 기계처럼 일사불란하게 움직였다. 상대방에게 위압감을 주기 위한 다중 폭동 진압 훈련의 요령 중 하나.[45]

돌연 호루라기가 자지러지듯, 길게 울렸다. 순간 거대한 얼룩무늬 덩어리가 놀라운 속도로 해체를 시작했다. 길바닥에 콩자루를 쏟아부어놓은 것처럼 그야말로 눈 깜짝할 순간이었다. 그 거대한 파충류의 몸뚱이로부터 수백 개의 마디마디가 일시에 세포 분열을 시작했고, 해체된 무수한 분절들은 순식간에 별개의 독립된 운동체로 변해 미친 듯 사방으로 튀어나가기 시작했다.[46]

"개체를 구분할 수 없도록 한 덩어리로 완강히 뭉쳐진"[47] 이 진압기계 앞에서, 애초에 거의 반은 호기심에 이끌려 모여들던 군중은 "엉거주춤한 몸뚱아리"[48]들에 불과하다. 오직 호루라기 신호 하나에 운동의 느림과 빠름을 조절하고, 게다가 합체와

해체가 자유자재로 이루어지는 이 자동인형에게 그들이 붙잡힌다는 것은 그들이 인간이기를 포기해야한다는 것을 전제한다. 곧 그저 벌거숭이의 짐승이 된다는 것 혹은 피칠갑 된 그야말로 살덩어리(시체)로 전락한다는 것을 의미한다.[49]

이와 같은 불상사를 피하려면 그곳으로부터 도주해야 한다. "숨이 끊어져나갈 것만 같은 공포"[50]로부터 도주하는 것이 그들의 인간됨을 혹은 육체를 그나마 보존할 수 있는 유일한 길이다.

그런데 정작 군중은 "흩어졌다가 다시 고집스레 제자리로 되돌아오기를 되풀이"하는 불가해한 행동을 보인다. 그야말로 '불현 듯', "공포와 분노만은 아닌 또 다른 무엇인가"[51]가 군중을 바꿔놓는다. 아래 인용문을 보도록 하자.

> 누가 먼저 시작했는지, 군중 속에서 애국가가 흘러나오기 시작했다.
>
> 처음엔 한쪽에서 느린 곡조로 이어지던 그 노래는 점점 크고 힘차게 거리 전체로 울려 퍼졌다. 입을 달싹이며 따라 부르는 사람들의 얼굴. 엄숙하면서도 숙연한 감격이 파문처럼 번지고 있다. 그 노래는 그들로 하여금 자신들이 지금 이 순간 거리 한가운데서 그 혹심한 고통과 두려움을 참아내며 서성거려야만 하는 이유를 불현 듯 깨닫게 만들었다. 그리고 그것은 새삼스레 북받치는 서러움과 울분, 증오와 아픔으로 저마다의 가슴을 찢

어 내리기 시작했다.[52]

이 부분은 공수부대에 잡혀가 길바닥에 무릎을 꿇은 채 심하게 구타당하고 있는 사람들을 그저 안타까운 비명을 내지르며 지켜볼 도리 밖에 없는 무기력한 상황에서 군중들이 그야말로 느닷없이 애국가를 부르는 대목이다. 여기서 국가 폭력의 희생자들이 이른바 국가주의의 상징인 애국가를 부르고 있다는 식의 아이러니를 떠올릴 필요는 없다. 이 노래를 통해 군중이 "혹심한 고통과 두려움을 참아내며 서성거려야만 하는 이유"를 깨닫기 시작했다는 점이 중요하다.

들뢰즈와 가타리Gilles Deleuze·Felix Guattari 식으로 말하자면, 군중의 노래는 일종의 리토르넬로ritornello이다. 특히 그 노래는 특정한 영토적 배치를 벗어나 다른 배치를 향해 나가기도 하며, 또는 전혀 다른 어떤 곳을 겨냥하는 이행적 성분과 긴밀히 연결돼 있다.[53]

곧 진압기계의 압도적인 힘에 의해 형성된 영토적 배치(=공포)가 무언가 다른 배치로 바뀌는 효과를 낳기 때문이다. 이 군중은 공포를 생산하는 기계적인 박자와 속도에 맞서 이를테면 자신들만의 고유한 리듬[54]을 만들어가고 있는 참이다. 결국 이 리듬은 아래에서 보듯 이내 카니발과 흡사한 활력으로 전이된다.

금남로 주변 일대 어디나 비슷한 풍경들. 금남로와 도청 앞 광장으로 이어지는 수많은 소로와 골목길 어귀는 어디나 마찬가지다. 구시청 골목에선 구멍가게와 슈퍼의 주인들이, 내리 닫았던 셔터를 활짝 열어 제치고 음료수, 우유, 빵, 소주 따위를 시민들에게 나눠주었다.

"이거 돈 안 받는 거요?"

"아믄, 공짜요 공짜. 온 시민이 목숨 걸고 싸우는 판국에 이까짓 것이 아깝겠소? 자아, 목축이고 나서 다시 싸우러 나갑시다아."

"어따, 그 양반, 담에 본전 생각나면 어쩔라고 이런다냐?"

주인과 시민들은 큰 소리로 주고받으며 한 순간 웃음을 터뜨리기도 한다.

사창가로 유명한 황금동과 금동에서도 술집 아가씨들이 대거리로 몰려나왔다. 물통과 바께쓰가 나오고, 술을 담아 팔던 주전자도 등장했다. 물들인 노랑머리도 있고, 슬리퍼만 질질 끌고 나온 아가씨도 있다. 술집 주인, 여관 종업원, 양복점 주인, 세탁소 부부, 튀김집 아낙, 담뱃가게 영감, 해장국집 아줌마들도 뛰어나와 한 덩어리로 이리 몰리고 저리 달려 다닌다.

그것은 싸움이 아니라 얼핏 무슨 대규모 집단 운동회나 축제날의 풍경같이도 보인다. 그도 아니면 거대한 두 집단 간에 벌어지는 줄다리기나 밀고 밀리는 한판 힘겨루기 풍경 같다. 그야말로 온 도시가 어마어마한 해일의 한복판처럼 끓어오르고 있다. 시가지 전체가 폭풍에 휩싸인 것이다.[55]

맨 몸의 군중이 할 수 있는 것이라고는 고작 모여서 돌멩이를 집어던지거나 아니면 진압기계의 추격을 따돌리기 위해 이리 저리 흩어져 달리는 일뿐이다. 피상적으로 보기에 여전히 군중은 수세적이다.

그러나 역설적이게도 어느새 그들의 움직임이 연출하는 풍경은 집단 운동회나 축제날의 그것으로 변모하고 있다. 심지어 그들은 왁자지껄 웃음을 터뜨리기조차 한다.

물론 이때의 웃음은 진압기계의 비열하고 냉혹한 그것이 아니다. 곧 붙잡힌 시위대에게 무차별적인 폭력을 가하고 나서, 군중을 향해 자신들의 위용을 보란 듯이 흘려보냈던 득의양양한 웃음[56]과는 질적으로 다르다.

아무튼 이리 저리 쫓겨 다니는 데만 급급했던 군중은 기묘한 활력 속에서 그리고 웃음과 더불어 위력적인 형상으로 돌변한다. 그 형상은 어마어마한 해일을 닮았다. 그들은 "물결처럼, 누군지도 모르는 사람들과 몸을 밀착한 채 끊임없이 나아가고 물러나기를 되풀이"하면서 땀에 "젖은 옷과 젖은 몸뚱이를 맞부비며, (…) 서로의 뜨거운 체온과 땀 그리고 기쁜 숨결을"[57] 주고받는 거대한 무리가 된다.

존재의 연속성에 대한 그리움

이 무리는 저항과 분노의 결집체이다. 물론 그 분노의 감정을 채우고 있는 것 역시 상당 부분 앙갚음에 대한 의지와 욕구일 게 분명하다.

따라서 그것은 언제든 증오와 뒤섞일 수 있다. 그러나 이 군중의 분노는 특정의 인간이나 집단에 위해를 가함으로써 카타르시스를 얻으려는 감정하고는 분명 성질이 다르다.

만약 그것이 가해와 복수의 열망으로 충만한 파괴적인 충동이라면, 그들 앞에 이른바 레비나스E. Levinas가 말한 바의 '윤리적 명령으로서의 얼굴'과 같은 것이 현현하는 일은 없어야 마땅하다. 그러나 아래 인용문에서 보듯, 복수심에 불타오르고 있음에도 불구하고, 결정적인 순간에 그들은 고통으로 일그러진 타인의 얼굴이 던지는 명령("살인하지 말라!") 앞에 굴복한다. 곧 "할 수 있음을 더 이상 할 수 없음"[58]의 상태가 되는 것이다.

> 그런 어느 순간, 장교의 몸뚱이가 길바닥에 축 늘어졌다. 코와 머리에서 피가 콸콸 흐르고 있었다. 피를 보자 사람들이 주춤 물러섰다. 그때 중위가 비칠거리며 상체를 일으키더니 살려주시오, 제발 살려주시오, 하고 두 손을 싹싹 빌면서 애원을 하기 시작했다. 그는 공수를 향해 또 한 번 걷어차려다가 불현 듯

> 멈추고 말았다. 백지장처럼 질린 낯빛, 피범벅이 된 입술과 앞니가 공포에 질려 바들바들 떨리는 모습을 보는 순간 그는 더 이상 때릴 수가 없었다.
>
> 그는 장교의 머리에서 쏟아지는 피를 보자, 잘못하면 죽을지도 모른다는 생각과 함께 덜컥 겁이 났다. 그는 사람들을 설득해서 장교를 트럭에 실었다. 시동을 걸려는데, 이놈을 죽여야 버려야 한다. 시민들의 원수를 갚아야 한다고 사람들이 앞을 막았다. 그는 다시 간곡히 설득했다.
>
> "아직 목숨이 붙어 있는데, 살려놓고 봐야 할 게 아닙니까. 이 사람도 옷만 벗으면 우리와 똑같은 사람이잖습니까."[59](3-167~168)

이 장면[60]을 두고 인간이라면 누구나 원초적으로 가지고 있을 것으로 상상되는 휴머니즘 따위로 설명하는 것은 부적절해 보인다. 왜냐하면 무자비한 폭력에 가담했던 진압기계는 인간이 아니었고, 그 폭력에 맞서면서도 최소한의 윤리성을 담보하려 했던 군중은 인간이었다는 식의 공허한 선악의 이분법이 결국 모든 설명을 대신할 것이기 때문이다.

군중이 인간이었듯, 진압기계 역시 인간일 수밖에 없다. 따라서 이 자명한 사실로부터 두 무리를 형성하는 일정한 선과 흐름이 또는 메커니즘이 서로 이질적인 것이었다고 생각하는 편이 선악의 구도를 벗어나는 길처럼 보인다.

그러나 아쉬운 것은 임철우의 소설에서 개체들을 증오와 적의로 가득한 진압기계로 탈바꿈시키는 선과 흐름은 명쾌하고 게다가 퍽 입체적인 반면 저항하는 군중의 경우는 그렇지 못하다는 점이다.

임철우는 군중의 선과 흐름의 본질을 또는 그 궤적을 명시적(=서사적)으로 보여주는 대신 그것을 지극히 서정적인 형태로, 사실상 개념화에 저항하는 형태로 뭉뚱그려 보여주고 있을 따름이다. 때에 따라서는 그것은 이미 사라지고 없는 것에 대한 향수의 심리나 이상적 낭만주의를 연상케 한다. 하여간 임철우는 그것을 다만 '불씨'라고 부른다.[61]

> 불씨.
>
> 그것은 바로 불씨였다. 저마다의 가슴 밑바닥에 어딘가에 지금껏 아스라하니 잊혀져 있던 한 오라기 자그맣고 희미한 불씨 하나가 이 순간 불현 듯 깜박 하고 깨어나, 마침내 꿈틀 피어나기 시작하고 있었던 것이다. 그 이상한 불씨가 무엇인지, 그것을 맨 처음 어디서, 언제, 누가 가져다준 것인지는 아무도 모른다. 그건 슬픔이나 아련한 그리움 같기도 하고, 혹은 뜨거운 분노 같기도 했다. 아니, 그 전부이거나 전혀 다른 그 무엇인지도 모른다. 하지만 그들은 자신들이 기억하지 못하는 훨씬 이전, 어쩌면 그들이 생명을 받아 이 세상에 태어나기 훨씬 이전부터 이미 자신들의 가슴 밑바닥 어딘가에 그 불씨가 심어져 있었다는 사

실만 알고 있었다. 그리하여, 저마다의 유년의 기억이라든가 어머니, 고향 따위의 이름을 떠올리곤 할 때면, 지금껏 까맣게 잊어버리고 있었던 그 희미한 불씨의 존재를 문득문득 기억해내기도 했을 것이다.

그런데 지금 이 순간, 놀랍게도 그 불씨가, 저마다의 가슴속에서 되살아나고 있었다. 그것은 어느 틈에 소리 없이 그들의 어두운 가슴을 환히 밝히면서 전신을 따뜻한 온기로 채워가고 있었다. 울컥 목젖이 뜨거워짐을 느끼며, 그들은 저마다 등과 어깨를 마주하고 있는 주변의 낯선 얼굴들을 새삼스레 돌아다보기도 했다. 그러자 이름도 얼굴도 모르는 타인들이 불현 듯 형언하기 어려운 애정과 슬픔으로 다가왔다. 이 도시에 함께 살고 있는 광주 사람이라는 것, 오직 맨주먹만으로 지금 이 자리에 자신과 함께 몸을 맞대고 서 있다는 것—바로 그 사실 하나만으로도 그들은 갑자기 서로에게 형언키 어려운 신뢰감과 동질감을 확인하는 느낌이었다.[62]

위 인용문은 피의 냄새로 점철된 잔혹하고 지독한 소설인 『봄날』에서 불과 몇 안 되는 아름답고 서정적인 문장으로 이뤄진 대목이다. 그것이 불씨로 명명되고는 있지만, 그것의 확실한 정체는 도무지 알 길이 없다.

다만 그것은 낯선 타인들을 형언하기 어려운 동질감으로 서로 묶어주는 어떤 매개체인 것은 분명하다. 아마도 바타이유Georges Bataille라면 "이름도 얼굴도 모르는 타인들이 불현듯 형언하기 어려운 애정과 슬픔으로" 다가오는 상태를 두고 '존재의 연속에 대한 향수(에로티즘)'[63]쯤으로 불렀을 법하다.

군중, 억압 불가능한 최소

한데 여기서 문제는 불연속적 개체들의 연속성에 대한 향수와 같은 것이 무자비한 광기와 폭력에 대한 분노와 저항으로 이어진다고 설명해버리는 것은 논리의 비약이라는 점이다. 게다가 그 논리로부터 군중이 담보했던 윤리성을 유추하는 것은 거의 불가능해 보인다.

따라서 이 불가사의한 불씨의 실체를 좀 더 가시적인 논리의 형태의 변환해볼 필요가 있다. 여기서 발리바르Étienne Balibar의 극단적 폭력에 대한 논의가 중요한 참조 점을 제공해준다. 발리바르는 저항 가능성의 소멸이라는 맥락에서 폭력을 정의한 시몬느 베이유Simone Weil의 논의에 일단 의지한다.

> 힘이란 그것에 복종하는 사람을 사물로 만드는 것이다. (…) 아무튼 힘은 사람을 돌로 변화시킨다. 죽임으로써 사람을 돌로 바꿔버리는 권력으로부터 (…) 경이로운 또 다른 권력, 곧 여전히 살아 있는 사람을 사물로 만드는 권력이 나온다. 그 사람은 살아 있고 영혼을 갖고 있다. 하지만 그런데도 불구하고 그 사

> 람은 사물이다. (…) 하지만 죽지도 않는 가운데 생에 내내 사물이 되어버리는 가장 불운한 존재들도 있다. 그들의 나날에는 어떤 놀이도 존재하지 않는다. 그들 자신의 내면에서 생겨나는 것을 위한 어떤 여지도, 어떤 빈 공간도 존재하지 않는다. (…) 그들은 다른 종류의 인간, 인간과 시체의 타협물이다.[64]

요컨대 극단적 폭력은 사람을 사물로 혹은 인간과 시체의 타협물로 만들어버리는 힘이다. 게다가 그것은 "삶 자체에 필수적인 삶과 죽음의 상보성이 소멸"됨으로써, 개인들을 "자신의 고유한 죽음에 관해 근원적으로 소유권을 박탈당한 상태"[65]로 몰아넣는다. 결국 극단적 폭력 앞에서 저항 가능성 역시 소멸한다.

그러나 이 지점에서 발리바르는 더 나아간다. 곧 "지배와 폭력의 관계가 치유할 수 없을 만큼 각인된 세계와 역사 속에서 정치의 가능성은 본질적으로 저항의 실천과 연계"[66]돼 있다는 사실을 환기하는 것이다.

그리고 개인이 생존해 있는 한 개인성은 '억압 불가능한 최소incompressible minimum'를 포함하고 있다는 스피노자의 테제를 끌어들인다. 이어 극단의 폭력 앞에서도 사라지지 않을(어떻게 해서라도 솟아나는) 저항(정치)의 가능성을 사유한다.

> 스피노자의 생각은 개인성 자체의 **관개체적** 성격이라는 테제, 곧 폭력에 저항할 수 있는 개인들의 능력을 이루는 것, 단적으로 말하면 개인의 '존재'를 구성하는 것은 개인이 항상 이미 다른 개인들(이들은 "개인 자신의 일부를 이루고" 있으며, 개인 자신 역시 다른 개인들이라는 존재의 "일부를 이룬다.")과 맺고 있는 관계의 총화라는 관념에 의거하고 있기 때문에 더욱 흥미롭다. 살아가는 힘을 표시하는 저항의 능력을 필두로 해 말하기의 능력, '권리'를 요구하는 능력, 그리고 자신의 이익이나 인류의 해방을 위해 투쟁하는 능력이 도래한다. 더 멀리 밀고 나가면 이런 능력은 언제나 잔혹의 체계가 '이상적'으로 겨냥하는 대상이 되기도 하는데, 바로 이 점이야말로 이 능력이 근본적인 인간학적·정치적 문제를 제기하다는 것을 잘 보여준다. 감히 말하건대 이 문제는 '정치의 인간학'의 가능성 자체가 달려 있는 문제이다.[67](강조-원문)

개인은 언제나 또는 원리상 다른 개인들과 맺고 있는 관계의 총화에 의해 지탱되는 개인이다. 그리고 이 원리로부터 살아가는 힘을 표시하는 저항의 능력(정치의 인간학)이 솟아나는 것이다. 이렇게 해서 극단의 폭력 앞에서도 저항의 가능성은 결코 소멸되지 않는 것이 된다.

결국 불가해 보이는 불씨의 현존은 오래전에 망각해버린 개인성 그 자체의 관개체적 성격, 곧 억압 불가능한 최소 상태에 대한 기억 또는 그것의 (재)발견인 셈이다. 그것은 존재의 연속에 대한 항수와 더불어 (재)발견된 것이라고도 할 수 있다.

이를테면 그것은 상상계와 상징계의 장막을 찢어발기고 '불현 듯' 솟아오른 실재Real와 같은 것이다. 그것이 군중에게 "막다른 골목까지 쫓긴 최후의 순간에 돌연히 충전되는 (…) 놀라운"[68] 힘을 구성하도록 명령한다. 이 힘으로 인해 "손에 쥔 무기는커녕 제 목숨 하나 지켜줄 초라한 방패 하나 없는"[69] 무리가 거대한 얼룩무늬의 덩어리인 진압기계의 공포를 되받아쳐서 다시금 그것들에게 돌려줄 수 있었던 것이다.

그리고 이 힘이 아니라면 최후의 순간을 앞둔 시점에서 조차 즉 "더 무서운 학살이 예비되어 있을지도 모른다는 사실 때문에, 오히려 한 층 더 증폭된 불안감과 공포에"[70] 사로잡혀 있을 그 순간에조차 돌연 나타났다 사라지곤 했던 카니발의 활력은 어떻게 해도 설명할 수 없는 것이 되고 만다.

게다가 이 힘은 개체성을 유사-종교적인 엑스터시 안에서 모조리 지워버리려 했던 열정과 광기 안에서, 혹은 자신들의 개체성을 초월(=신 혹은 절대군주) 기표와 같은 것에 기꺼이 양도하고자 했던 능동성과 자발성 안에서는 결코 발견할 수 없는 윤리적 측면을 담고 있다.

이로부터 결국 비얼굴들의 폭력에 의해 얼굴이 흔적조차 없이 완전히 뭉개진 자들, 곧 죽은 자들에 대한 슬픔의 연대(혹은 공동체)라 부를 만한 장면이 솟아난다.

그 이름 모를 시민들의 참혹한 모습들. 그것은 이미 인간의 모습이 아니었다. 그 어떤 인간이라도 결코 그렇게 죽어서는 아니 되었다. 그 누구건, 어떤 이유에서건 간에 인간이 다른 인간을 그처럼 잔혹하고 처참하게 파괴해버릴 권리는 없는 거였다. 미순은 형체도 분별할 수 없도록 망가진 그들의 시신을 수습하면서 끊임없이 눈물을 흘리고 끝도 없이 절망했다. 그런 어느 순간 미순은 불현 듯 깨달았던 것이다.

'그래. 이 사람들 곁에 누군가 있어줘야만 해. 살아 있는 동안엔 이 사람들도 누구 못지않게 귀하고 소중한 존재들이었으리라. 누군가의 귀한 아들딸이었을 것이고, 부모였을 것이고, 또 누군가의 소중한 식구, 친구 혹은 사랑스런 연인이기도 했으리라. 그런 사람들이 이토록 추악한 살과 뼈와 내장의 조각조각으로 해체된 채, 지금 여기 쓰레기보다 못한 몰골로 내버려져 있는 것이다. 한줌의 자존심도 없이, 인간으로서 최소한의 존엄성도 없이, 이런 몰골로 동족의 손에 살해당하여 누워 있는 것이다. 아아, 어디로 사라져버렸을까, 이들의 소중한 영혼은? 이들의 소중한 꿈, 아름다운 추억과 애틋한 소망들은? 아아, 안 돼. 이 불행한 사람들을 결코 지금 이대로의 모습으로 떠나도록 만들어서는 안 돼. 이토록 추하고 부끄러운 모습을 하고서 이 세상에서의 마지막 순간을 마감하도록 만들어서는 안 돼. 누군가가 곁에 있어줘야만 해…'[71]

더불어 이 장면은 죽은 자와 산자의 격리 또는 죽음의 사회적 배제로부터 시작되고 완성된 근대를 넘어서는 어떤 경지를 보여준다. 근대 사회의 끈질긴 신화, 곧 사람들이 "대개 자신을 기본적으로 독립된 개별 존재, 창문 없는 단자, 고립된 '주체'로 간주"하는 'Homo clausus' 곧 폐쇄인[72]이라는 신화를 무너뜨리고 있는 것이다.

이를테면 위 인용문 속 그녀의 애절한 몸짓은 "죽음이 너무 흔했고, 살육은 오히려 낯익은"[73] 폭력의 세계에서, 곧 인간이 사물이 되는 아비규환의 장소에서 타인의 "죽음을 더 이상 배제하지 않고" 자신 삶의 "총체적 구성 인자로서"[74] 끌어들이려는 윤리적인 그것이다.

'오래된 미래', 광주 5월

앞서 필자는 광주 5월을 '오래된 미래'라고 말한 바 있다. 이것은 기념비적 사건이 남겨준 눈물겹도록 아름다운 유산을 오늘날 다시금 생생한 형태로 복원해야 한다거나 아니면 그 사건을 지나간 과거이자 동시에 선취되어야 할 유토피아적 가치로서 사유해야 한다는 것만을 의미하지 않는다.

물론 그 의미를 완전히 배제하기는 어렵다. 그러나 필자는 그 말을 통해 그 시간과 사건이 잠재적인 형식으로 역사 속에 항존하면서 현재에도 그리고 미래에도 어떤 계기에 의해 반복

출현할 수 있는 성질의 것임을 나타내고 싶었다. 따라서 여기서 분석하고 있는 두 무리(진압기계와 군중)는 사회적 잠재태이자, 실은 하나의 신체라고 해도 상관없다.

우선 진압기계의 형태는 5월이라는 특수한 역사적 맥락에만 존재하는 것은 아니다. 증오의 메커니즘에 의해 형성된 이 진압기계의 강렬함과 지배적인 힘은 언제든 그리고 어디서든 그 형태를 달리하여 출현할 수 있다고 판단한다. 그것은 암적癌的인 신체이다.

반면 강렬한 진압기계의 공격성에 반응하여 나타난 군중은 어찌되었건 수동적이다. 그들이 설사 수세에서 공세의 위치로 전환되는 시점이 있었다하더라도 그것은 반응적이었지 능동적인 것은 결코 아니었다.

따라서 이 군중의 분노와 저항성 그리고 윤리성은 아직은 (그리고 여전히) 연약한 형태로 남을 수밖에 없다. 그로부터 출현한 공동체(불씨의 체험) 역시 동일한 운명을 겪게 된다.

모두에서 서로 뒤엉켜 구분할 수 없을 때조차 분노와 증오를 규제적으로라도 식별해내야 한다고 부득불 주장했던 이유가 여기에 있다. 이 군중의 수동성이 결과적으로 짧은 순간이나마 아름답고 강렬한 형상을 빚어낸 것은 사실이다. 그러나 그것이 수동적인 한 항상 잠재적인 형식으로만 남을 뿐, 그것이 현실화될 수 있는 기회와 여건은 좀처럼 드물어 보인다.

따라서 그 수동성을 또는 반응적 힘을 어떻게 하면 '구성적인 힘'으로 변모시킬 수 있는가, 혹은 그 힘을 어디에서 어떤 방식으로 찾아낼 수 있는가를 사유하는 것이 무척 중요하다고 생각한다. 그러나 필자는 이 물음들 앞에서 멈추고 말았다. 물론 그것은 필자 능력의 한계 탓이다.

문제는 또 있다. 작품 『봄날』을 상호 적대적인 두 무리들의 운동과 그것들의 마주침이라는 관점에서 독해한다고 했지만, 그로 인해 이 작품을 형해화 해버렸다는 점이다. 게다가 이 작품을 통해 감정의 동역학을 구성해본다는 명목 아래 무리들의 운동과 감정의 흐름을 의도적으로 극화해버림으로써, 원래의 작품이 지니고 있을 다질적인 의미망들(실은 광주 5월의 총체적 의미망들)을 상당 부분 훼손하거나 누락시켜 버렸다는 점도 지적해야지 싶다.

루저는 자기서사를 구성할 수 있는가

흙수저로 산다는 것

근래 꽤 잘 팔리는 한국 소설들을 보면 대체적으로 무기력하고 불안한 청년들이 주인공으로 등장한다. 이는 오늘날의 청년들이 한국 사회를 헬조선으로 부르는 세태와 무관하지 않다.

헬조선은 한국의 옛 명칭인 조선朝鮮에 지옥이란 뜻의 헬hell을 합성한 신조어이다. 곧 신분제였던 조선사회처럼 소득 격차에 따라 신분이 마치 계급 같이 고착화되는 한국 사회를 비꼬기 위해 등장한 다분히 자조적인 용어이다.

한편 유력한 경험적 현실성을 바탕으로 수저계급론이 인구에 회자되고 있다. 수저계급론이란 부모의 직업이나 경제력에 따라 자녀들이 살아갈 삶[수저spoon-and-chopsticks]의 질과 모양새가 달라진다는 이론이다.

물론 이론이라기보다는 경험칙에 가깝다. 이 유사이론에 따르면 부모의 재력이 월등한 나머지 딱히 노력과 고생을 하지 않아도 풍족함을 향유하는 금수저, 그에 못 미치는 은수저 그리고 맨 밑에 흙수저라는 식으로 서열화 된다.

흙수저란 운이 없게도 부모를 잘못 둔 탓에 경제적 원조를 기대할 수 없는 제일 낮은 계급의 자녀들을 일컫는다. 문제는 우리 사회가 극심한 양극화 탓에 계층이동의 사다리가 진작 사라졌다는 점이다.

중산층에 대한 희망은 언감생심이요 대개의 사람들이 최하층으로 곤두박질치는 신빈곤the new poor 사회로 접어들었다. 그 결과 지금의, 그리고 앞으로 태어날 2세들 대부분은 흙수저로 살아야 할 처지이다.

> 이 지긋지긋한 삶에서 언제나 혼자인 이곳에서, 끊임없이 가해지는 자괴감과 피해 의식 속에서 어떻게든 벗어나고 싶었다. 누구에게나 환영받고 모두에게 선택되는, 언제나 사람들에게 둘러싸여 있는 에이스와 같은 삶을 나 또한 바라지 않은 게 아니었다. 그러나 아무리 노력해도 결과는 마찬가지였다. 수 없이 많은 사람들과 술을 마시고, 수없이 많은 사람들과 섹스를 나누어도 내 본질은 변하지 않았다. 나는 늘 혼자였고, 그런 내 곁에 어느 누구도 진정으로 머물러주지 않았다.[1]

위 인용문은 김혜나의 소설 『제리』의 한 대목이다. 20대 여성 화자는 별 볼일 없는 2년제 야간대학을 근근이 다닌다. 그녀는 자신을 특별한 기술도 능력도 변변치 않은 인간쓰레기로 낙인찍는다. 그런 그녀의 독백이다.

실상 이 절망적인 독백은 헬조선을 사는 모든 흙수저들의 절규라고 해도 상관없다. 그렇다면 반복되는 자괴감과 피해의식, 인정받지 못함에서 오는 열등감 거기에 인간적 유대의 끈을 상실한 이들 특유의 외로움까지를 붙안고 사는 흙수저들의 삶이란 도대체 무엇일까?

오늘날 청년들의 삶과 미래는 암울하다. 그들은 미증유의 불안과 우울 속에서 허우적댄다. 만성적 정서불안과 신경쇠약 상태에서 사회적 관계의 끈을 잃어버린 채 자의건 타의건 철저히 고립될 위기에 몰리고 있다.

때문에 그들의 실존은 모래알 같다. 개중 상당수는 사회적 수준에서 위생처리(혹은 탈락)될 잉여로 결국 전락하고 말지도 모른다.

청년들의 운명에 짙게 드리운 전 지구적 수준의 암영은 향후 몇 십 년은 더 지속될 것이라는 관측이 우세하다.[2] 그렇다면 구조에 대한 희망이 요원한 채 망망대해를 표류하듯 불확실한 삶을 당분간 살아야할 청년들이 분열되고 파편화된 자신들의 삶에 일관성을 부여하고, 동시에 최소한의 안정적인 자기 정체성의 지반을 갖고 인간적 존엄을 확보할 자기서사self narrative와 같은 것을 구축할 수 있을까?

당장 그 물음에 회의적인 답을 내놓을 도리 외에는 없어 보인다. 그렇지만 이 논의는 다음과 같은 물음들로부터 출발한다. 곧 이 시대 흙수저들은 과연 자기서사를 구성할 수 있는가? 그리고 자기서사 구성이 가능하다면 어떠한 규범적 실천들과 조건들이 필요한가? 더불어 그로부터 과연 다른 삶'들'의 가능성과 지평을 열 수 있는가?

사실상 이러한 물음들은 일종의 형용모순이다. 액체근대liquid modernity의 유동성이 점령해버린 흐물흐물한 세계에서 단단하고 견고한 것, 곧 고체성과 흡사한 것을 결정화할 수 있겠는가를 묻는 탓이다.

자기배려와 관계성의 최소 조건

이즈음 신자유주의 이념이 그 소용을 다했다는 목소리가 곳곳에서 들려온다. 그러나 유감스럽게도 명목상 그렇다. 신자유주의 체제가 우리에게 안겨준 깊은 상처들, 특히 사회의 집단적 무의식과 감정회로에 남겨 놓은 심대한 해악들은 앞으로도 쉽사리 사라지지 않을 게 틀림없다.

모험과 혁신의 미덕을 내세워 가없는 유동성과 유연성을 강박했던 신자유주의 체제는 인간적 유대의 틀을 모조리 붕괴시켰다. 사회는 그야말로 무사회 상태의 룰도 원칙도 없는 서바이별 각축장으로 변질됐다. 이로부터 무한경쟁에서 낙오된 자들, 즉 한없이 무기력한 게다가 감정조율 메커니즘이 심각하게 손상된 불안한 루저들이 무더기로 출현했음을 기억해야 한다.

하여간 2008년 이후 세계적인 경제 불황 탓에 장기적인 실업 위기에 노출된 오늘날의 청년백수[3]들이, 더구나 강고한 소비주의 사회 체제의 난민으로, 궁극적으로 인간쓰레기로 취급될 지도 모를 그들이 자기서사를 구축할 수 있을까?

"카멜레온 같고 변동이 심하며 일시적이고 단기적이며 불규칙한 때로는 하루살이 같은 본성"[4]으로부터 온전한 자기서사의 구성이란 어불성설이다. 그럼에도 불구하고 이 시대 자기서사의 불가능성을 어떻게든 그것의 가능성 쪽으로 비틀어 내야 한다는 것이 필자의 문제의식이자 희망사항이다.

본격적인 논의에 앞서 자기서사라는 용어에 대한 부연 설명이 필요하다. 정교한 이론적 또는 개념적 논의가 충분히 뒷받침되어야 할 것이다. 그러나 이에 대해서는 훗날을 기약한다. 대신 필자는 자기서사를 다음처럼 두 개의 맥락에서 잠정적으로 그 개념적 윤곽을 그리고자 한다.

우선 자기서사란 내 삶의 작가는 바로 나라는 관념의 토대로서 지속가능한 자기sustainable self라는 의식 그리고 자존self-esteem의 최소 조건이다. 세넷R. Sennett에 따르면 개인이 찰나의 감정적 혼란으로부터 평소의 감정을 보호하고 평상심을 유지[5]

하기 위해서는 지속가능한 자기라는 의식이 필수이다.

이러한 맥락에서 그는 오늘날 유연한 자본주의flexible capitalism 세대가 덧없음의 감정과 내적 무정부 상태로 "에피소드와 단편적인 일들로 이뤄진" 조급증 사회에서 "표류하는 경험만을 양산"[6]할 수밖에 없다고 진단한다. 반면 그 이전 세대는 "물질적·정신적으로 차곡차곡 쌓인 자신의 분명한 인생 스토리" 덕분에 개인들은 빈부 격차에 크게 구애받지 않으면서도 궁극적으로 "자신이 바로 자기 인생의 작가"라는"자긍심"[7]을 유지할 수 있었다고 설명한다.

또한 자기서사는 자기에의 배려와 더불어 타자성과 공유성이 동시에 작동하는 사회적 관계성의 최소 조건이기도 하다. 물론 자기에의 배려는 푸코가 말한 자기의 테크놀로지를 염두에 둔 것이다. 곧 "개인이 자기 자신의 수단을 이용하거나, 타인의 도움을 받아 자기 자신의 신체와 영혼, 사고, 행위, 존재방법을 일련의 작전을 통해 효과적으로 조정할 수 있도록" 함으로써 "일정 상태에 도달하기 위하여 자기 자신을 변화시킬 수 있는 힘을 갖추게"[8] 되는 것이 바로 자기의 테크놀로지이다.

한편 리쾨르P. Ricoeur는 "자기 이름으로 지칭된 행동의 주체를, 출생에서 죽음에 이르기까지의 삶 전체에 걸쳐 동일한 사람이라고 간주할 수 있는 근거"[9]로서 서사적 정체성을 언급한

바 있다. 이러한 서사적 정체성은 그 자체로 윤리적인데, 그 핵심은 바로 타자성과 공유성이다.[10]

요컨대 자기서사란 자기의 고유함과 독창성에 대한 유아론적 집착이라는 낭만주의 신화와는 무관하다. 오히려 파편화되고 고립된 삶에 준안정적metastable 통일성을 부여하고 지속적으로 자기를 배려하고 동시에 사회적 관계성을 구축해 나가는 삶의 기예技藝, art에 가깝다.

자기서사에서 중요한 것은 자기에 대한 앎이 아니다. 대신 배움을 통해 자기를 개방하고 변형시킴으로써 타자와 함께 삶의 다양한 선line들을 창조하는 잠재성들을 포착하는 것이다.

주지하듯 들뢰즈Gilles Deleuze가 말하는 배움이란 앎(혹은 재인)으로 대변되는 관념적 운동성과는 본성상 다른 실천이다. 그것은 치명적인 위험을 감수하고 다질적 기호들 또는 사건들과 마주침의 공간을 형성하는[11] 일이기 때문이다.

또한 이 배움은 "경험 속에서 사물과의 만남·충돌·갈등에 의해 자의恣意의 세계는 동요하고 균열이 일어나며 희망적인 관측은 흔들리고 욕구나 혼돈 속에 내던져져 그 혼동이 초래하는 괴로운 시련을 거치면서 욕구나 희망이 재편성되는"[12] 과정이기도 하다.

그럼에도 불구하고 자기서사라는 용어는 아직 엄밀한 개념이라고 보기 어렵다. 다만 거대서사master narrative로서 작동하는 위력적인 신자유주의에 대응하면서 동시에 그것을 비판하기 위해 끌어들인 전략적인 용어이기 때문이다.[13]

자기서사란 정상적인 의미의 삶이 불가능한 공간space에서 다양체multiplicité로서의 삶을 발명하고 창조하기 위해 확보해야 할 최소치의 영토성territoriality이라고 해두고 싶다. 또는 신자유주의적 힘에 맞서 기동전을 벌일 수는 없다하더라도, 방어전을 펼치기 위한 진지position와 같은 것이다.

거대서사의 사각지대에 놓인 자들

신자유주의를 일종의 서사로 이해하는 것은 낯설지 않다. 이를테면 페르하에허는 신자유주의 거대서사의 요약본을 다음처럼 제시한 바 있다.

> 인간은 자신의 이익만 노리는 경쟁하는 존재이다. 그것이 사회적 차원에서 우리 모두에게 득이 된다. 모두가 정상에 오르기 위해 경쟁하는 동안 최고의 결과를 내놓을 것이기 때문이다. (…) 이는 윤리적으로도 옳다. 개인의 성공과 실패는 오로지 자신의 노력 여하에 달려 있기 때문이다. 모두는 자신의 성공이나 실패에 스스로 책임을 진다. 따라서 교육의 중요성이 부각된다. 우리가 사는 세상은 급속도로 발전하는 지식 경제로, 유연한 능력을 갖춘 많이 배운 인간이 필요하다. 대학 졸업장이 하나면

> 좋고 둘이면 더 좋다. 평생 공부는 의무이다. 모두가 쉬지 않고 성장해야 한다.[14]

인간적 본성과 행동의 기원을 이기주의에 아니면 이타주의에 둘 것인지에 대한 의견은 분분하다. 여기서 그에 관한 철학적 논의들을 주워섬기지 않겠다.

다만 위의 내용을 토대로 신자유주의 거대서사를 다시금 두 개의 술어로 요약할 수 있다. 곧 ① 경쟁은 사회적으로나 윤리적으로 옳다. ② 경쟁에서 성공하기 위해 인간은 끊임없이 성장해야 한다. 이기적인 인간이 벌이는 모든 경쟁은 지고의 선이라는 경쟁지상주의를 뒷받침해 주는 강력한 도구가 바로 메리토크라시이다.

메리토크라시란 귀족주의 사회aristocracy에 대응하는 개념이다. 출신이나 가문 등이 아니라 능력이나 실적, 즉 메리트merit에 따라서 지위나 보수가 결정되는 사회체제를 말한다.

원론적으로 메리토크라시 체제는 특별한 하자가 없다. 그러나 메리토크라시를 한 사회에 적용하려면 경쟁의 시작부터 끝까지 모든 과정이 공정해야 한다는 사회적 합의가 먼저이다. 물론 이때 공정이란 기회·과정·결과의 평등이다.[15]

유감스럽게도 한국 사회에서 온전한 공정을 바랄 처지가 못된다. 물론 한국은 신분제 사회가 아니다. 그러나 수저계급론이 사람들 사이에서 리얼리티를 갖고 유통된다는 점, 더구나 고질적인 중앙과 지역 간의 불균형, 위계적인 학벌주의 등이 여전히 고착화되어 있는 시점에서 기회·과정·결과의 평등은 아직 요원해 보인다.

사태가 이렇지만 사람들은 메리토크라시의 근본을 의심하지 않는다. 그런 점에서 신자유주의 서사는 비유컨대 당의정糖衣錠의 형태를 취한다. 곧 신자유주의 서사는 메리토크라시라는 유혹적이고 달콤한 표면 속에 지독한 자기계발 이데올로기를 내장한 형태로 사람들의 마음을 강력하게 휘어잡아 왔다고 할 수 있다.

그러나 현실적으로 신자유주의 서사를 자기서사로 감아 안을 수 있는 자는 극히 드물다. 지속적인 자기분열을 기꺼이 감수하면서 유동성과 유연성의 거센 물결에 기투할 수 있는 자들만이 신자유주의 서사를 전유할 수 있다. 곧 "무질서 속에서도 건재할 수 있는 자신감"과 "방향 상실 속에서도 번창할 수 있는 강인한 기질"[16]을 지닌 소수의 부유층 엘리트들만 그럴 수 있다.

반면 경제적 빈곤과 장기적인 실업 위기에서 당장의 생존이 급선무인 불안한 이들에게 자신감과 강인한 기질의 인간성 같은 것을 과연 찾아낼 수 있을까? 또는 그들이 신자유주의 서사를 전유할 수 있을까? 가상공간이라면 모를까 그런 일은 절대로 안 일어난다.

한편 2006년 모 계간지에 「어느 청년 백수의 기나긴 하루」라는 제목의 특이한 수기가 실린 적이 있다. 취업준비 중인 글쓴이는 미래가 불투명한 자신의 심정과 쳇바퀴 같은 백수의 일과를 담담하게 기록하고 있다. 인상적인 것은 현실에서는 루저이지만, 가상의 게임 세계에서는 자신이 영웅이라며 자조인지 자부심인지 모호한 어조로 자신의 심경을 글의 말미에서 술회하는 대목이다.

> 나는 게임 속에서 잘생긴 미남자로 변신했다. 이곳에서 나는 더 이상 백수가 아니다. 칼을 들고 괴물을 배어 넘기는 영웅이며, 높은 레벨의 전사다. (…) 게임 세계는 완전한 힘의 세계다. 레벨이 높거나 귀한 아이템이 많은 이가 존경받고 사랑받았다. 물론 나는 존경 받는 사람이다. 뿐만 아니라 그들이 도움을 요청하면 난 달려가서 그들이 곤란해 하는 몬스터를 물리쳐주었다. 그렇기 때문에 친구목록으로 정해놓은 많은 사람들은 나의 공정함과 이타심에 감동하곤 했다. (…) 나는 여성캐릭터들에게도 친절하게 게임 노하우를 전수해주곤 했기 때문에 많은 여성들은 게임 속에서 내게 친절했다.[17]

위의 인용문에서 신자유주의 서사 또는 메리토크라시의 가상현실 버전을 읽어낼 수 있다. 애처로운 것은 어떻게든 사람들로부터 인정받고 사랑받고 싶다는 인정에 대한 처연한 욕구와 갈망이다. 비록 쓸모없는 자신이지만 가상공간에서나마 우월한 존재이자 존경받는 사람이라는 것. 그러나 이러한 욕구는 이 글의 서두에서 인용한 소설 속 20대 여성 화자의 절규, 곧 자괴감과 피해의식 그리고 열등감과 외로움을 토로했던 절규와 크게 다르지 않다.

세대전쟁 프레임의 문제점

신자유주의 서사는 유혹적이고 달콤해 보인다. 그러나 대부분이 그 서사의 사각지대에 놓일 수밖에 없다는 게 문제이다.

더 심각한 것은 신자유주의는 그야말로 편집증적으로 자기를 강조하고 초점화하는 서사라는 점이다. 곧 성공과 실패란 오직 자기의 노력 여하에 달려있고 그 결과에 대한 책임 역시 자기에게 있다는 식이다.

지금껏 자기계발 외에도 자기주도니 자기경영이니 하는 말들을 우리는 숱하게 들어왔다. 그러나 이 자기는 삶의 구체성을 상실하고 사회적 관계성으로부터 탈각된 단자로서의 자기이다.

진공 상태의 자기 속에 지속가능한 자기는 없다. 타자성과 공유성을 지닌 자기서사가 구성될 가망도 없다. 단지 우월한 자기라는 자기애적 선민의 신화에 현혹되거나 열등한 자기에 대한 혐오라는 미궁에 갇히거나 둘 중의 하나이다.

특히 신자유주의 서사의 사각지대에 있는 루저들을 지배하는 감정은 무능력하고 열등한 자기에 대한 경멸이다. 그들은 자기를 어떻게든 부정해버리고 싶은 허무주의적 의지에 휩싸인다.

그들은 니체가 말한 슬픈 정념의 노예이다. 그들은 모든 책임을 자기에게로 떠넘기고, 자기 안에 갇혀서 더 깊숙한 내면으로 수축해 들어가거나(이를테면 은둔형 외톨이 같은), 삶을 저주하고 비난하면서 부숴버리더라도 자기를 벗어나고 싶다는 파괴적인 욕망(자살충동)에 시달린다.

설사 루저들이 어떤 계기로 사회나 주위의 환경으로 시선을 돌린다 해도 문제가 일시에 해결될 것 같지는 않다. 자기에 대한 혐오와 부정의 의지가 증오의 감정과 폭력에 대한 갈망으로 전이될 위험이 여전히 남아있는 탓이다.

루저들 특유의 속수무책이라는 느낌 안에는 세상에 대한 억하심정과 원한의 감정이 감춰졌을 가능성이 크다. 그런 감정은 '원인에 대한 부적합한 관념'(스피노자)에 의해 조건만 갖춰지면 사회 파괴적인 증오의 감정으로 분출될 수 있다.

심각한 것은 퍽 우려할만한 사태가 현실화되고 있다는 점이다. 증오의 감정에 내재된 위협 요인들을 극화dramatization하는 세대전쟁 프레임이 전 사회적으로 확산되는 추세인 탓이다. 즉 현재 "행복한 노인과 좌절한 청년 세대의 싸움"이라는 식의 정치 전략이 힘을 얻음으로써 "세대와 전혀 상관없는 사회문제"가 세대 문제로 귀결되는 불합리함을 낳고 있기 때문이다.[18]

그런데 지금의 노인이나 장년 세대들은 과연 행복한가. 그에 대해 묻고 따질 겨를도 없다. "풍부한 연금 덕에 걱정 없이 사는 탐욕스러운 노인들과 막대한 연금을 채워주느라 경제적 스트레스에 시달리는 젊은이, 고품질의 일자리를 독점한 이기적인 기성세대와 그 때문에 입직도 못 하는 젊은이"[19]라는 이분법적 대립구도로 갈무리된 전도된 관념이 횡행하고 있다.

문제는 이러한 통념이 사회적 불평등의 구조적 원인을 오직 세대문제로만 초점화한다는 점이다. 이는 "지배관계를 불투명하게 만들고 불평등한 기득권 구조를 은폐하는 효과"로 이어진다. 결국 "입직의 어려움과 비정규직 문제가 대기업이나 세계화 주도 세력의 정책이나 운영방침"[20]에 있다는 구조적인 원인은 간과된다.

이런 사태는 이웃 일본의 경우도 낯설지 않다. '로스제네'를 대표하는 청년논객 아카키 도모히로赤木智弘는 2007년에 「'마루야마 마사오'의 따귀를 갈기고 싶다 : 31세 프리터. 희망은 전쟁」이라는 글로 논단에 파란을 일으킨 바 있다. 주지하듯 마루야마 마사오丸山眞男는 일본을 대표하는 정치학자이자 전후 민주주의와 평화 체제를 옹호했던 인물이다.

그러한 인물의 따귀를 갈기고 전쟁을 거쳐서라도 사회가 완전히 리셋 상태가 되기를 희망한다는 글이 주목을 끌었던 것도 바로 세대전쟁 프레임 영향이다. 즉 아카키는 "자신보다 윗 '세대'를 기득권 수익자로 간주하고 기존 좌파나 리버럴한 지식인들을 기득권 수익자일 뿐만 아니라 결과적으로 젊은이를 착취하는 존재라고 철저하게 비판"[21]했던 것이다.

신자유주의는 개인들의 서사를 블랙홀처럼 모조리 흡수해버리는 거대서사로서 출현했다. 이는 신자유주의가 비단 특정한 경제원리로서 작동한 것만이 아니라 사회 전체를 지배하는 강력한 서사로서 미시적인 생활 감각이나 무의식까지 점령해 왔다는 사실을 말한다.

문제는 그 다음이다. 곧 신자유주의 서사를 자기서사로 전유할 수도 없거니와 그 서사의 사각지대에 있으면서 단자화된 자기 프로파간다에 갇혀 옴짝달싹 못하는 이 시대 불안한 청년들 또는 루저들의 삶이다.

이들에게 베스트셀러였던 『분노하라』의 저자 스테판 에셀과 같은 이들이 계몽주의적 어조로 각성하라고 이어 분노하고 참여해서 존엄을 찾으라고[22] 설교해봐야 헛일이다. 루저들의 문제는 무관심이 아니다. 타자에게는 물론 심지어 자기에 대한 관심과 배려를 쏟을만한, 즉 유대의 감정적 또는 심리적 토대를 거의 갖고 있지 않다는 게 문제의 본질이다.

완전성의 가상에서 벗어나기

메리토크라시 체제의 시민권을 얻으려면 우리는 자기계발하는 주체여야 한다. 이 주체는 스스로를 불완전한 존재로 여기면서 언젠가는 완전한 존재로 탈바꿈할 수 있다는 낙관적 전망을 지녀야 한다.

설사 그 도달의 시점이 매번 유예된다 해도 상관없다. 자신의 잠정적 미성숙을 불가피한 것으로 간주하고 이상적인 자기의 완성을 향해 자신을 채근해야 한다. 이때 과거는 필요 없고, 현재는 도래할 미래를 위해 언제나 부정되는 게 마땅하다.

일종의 자기 진화론인 자기계발 이데올로기의 핵심에는 완전성에 대한 가상이 놓여 있다. 그런데 이 완전성의 가상으로부터 독립적 인간과 의존적 인간이라는 식의 대조적 인간 유형이 범주화된다. 그리고 그 범주에 독립성은 올바른 것, 반면 의존성은 올바르지 않은 것이라는 가치판단 기준이 따라 붙는다.

이어 의존성은 수치스러운 것이라는 도덕관념이 산출된다. 이러한 도덕관념이 갖는 심각한 폐해는 존재론적 또는 실존적 조건인 취약성vulnerability을 인간성의 목록에서 아예 삭제하려 든다는 점이다.

너스바움M. Nussbaum은 인간을 "완전히 통제할 수 없는 의미심장한 사건으로 이루어진 세상 속에서 살아가는 취약한 동물"[23]로 정의한다. 곧 인간이란 근원적으로 취약한 존재이다.

삶의 전반을 대체로 무능력한 상태로 살며, 다른 어떤 동물보다도 약하기 때문이다. 간절한 바람과는 상관없이 인간은 유한한 동물에 불과하며 영원불멸의 존재일 수 없다. 따라서 인간이 타인에게 의존한다는 것은 불가피한 일이다.[24]

이러한 인간적 취약성을 부정하면 심각한 사회문제가 일어난다. 예컨대 사회에서 지배집단은 "자신이 지닌 동물성과 유한성에 대한 두려움과 역겨움을 느끼게 하는 집단이나 사람에게 혐오를 드러냄으로써 이들을 배제하고 주변화해"[25] 버릴 수 있다.

그래서 너스바움은 인간성 곧 취약성을 감추거나 회피하지 않고 그것을 서로 마주하는 사회를 만들어야 한다고 강조한다. 이를 위해 "자신이 타인의 도움을 필요로 하는 취약한 존재임을 인정"해야 한다. 또한 "전능함과 완전함을 추구"하는 것이 되려 불행의 단초였음을 각성하고 완전함을 "과도하게 추구하지 않는 시민"[26]이 되어야 한다.

그러나 신자유주의 체제에서 그러한 사회적 이상은 실현되기 어렵다. 인간의 취약성을 부인하고 배제하는 최악의 시스템이 신자유주의 체제인 탓이다.

취약성과 그 귀결인 의존성은 결함이나 수치로 이해된다. 심지어 나태함과 기생성의 발로로 해석된다. 타인의 도움에 의존한다는 것, 이를테면 사회복지 시스템의 수혜를 입는다는 것은 자신의 취약성을 노출하는 부끄러운 일이 되고 만다.

따라서 개인들은 결코 의존적이지 않으면서 자신의 취약성을 어떻게든 극복 혹은 은폐하고 완전한 자기의 이상에 도달해야한다. 아니, 도달할 수 있다고 믿어야 하고, 도달해 가고 있다는 자기암시를 편집증적으로 반복해야 한다.

부단히 움직이면서 자신의 결점을 모조리 지워나가야 한다. 이것이 신자유주의 체제의 생활세계를 지배하는 문법이자 서사이다. 이 서사를 거스르면 우리는 불필요한 사회적 기생충, 곧 남아도는 것으로서 또는 사회적 과잉으로서 사회적 공공지출을 좀먹는 잉여로 전락할 수밖에 없다.[27]

앞서 타자에게는 물론 자기에 대한 관심과 배려를 쏟을 수 있는 유대의 감정적·심리적 토대가 근본적으로 상실됐다는 식으로 언급했다. 이는 환언하면 "위기가 닥쳤을 때 다른 사람에게 의존하는 것을 부정적으로 여기는 사회 구조"가 "사람들 사이에 애정이 없는, 공허한 신뢰 부재의 상태"[28]를 낳았다는 말과 같다. 즉 <의존성=수치>라는 도덕관념이 지배하는 한 사회에서 신뢰의 감정이 뿌리내리기는 어렵다.

사회적 자본으로서 신뢰가 빈곤해진다는 것은 홉스T. Hobbes 식으로 말하자면 모든 '사람이 사람에게 늑대'homo homini lupus인 자연 상태로 퇴행한다는 것이다. 만인의 만인에 의한 투쟁의 서바이벌 공간에서 연대라거나 보살핌care의 미덕은 솟아나지 않는다.

따라서 우선 완전성의 가상을 벗어야 한다. 이어 <의존성=수치>의 도덕관념을 깨뜨려야만 유대의 감정적·심리적 토대가 구축될 수 있다. 아래 인용문은 1980년 광주 5월 열흘간의 항쟁을 다룬 소설, 곧 5월항쟁실록이라 불리는 임철우의 장편소설 『봄날』 제3권의 일부이다.

> 한기는 아예 고함을 지르듯 목청을 울린다. 이 친구는 어째 이리 뭐든 막무가내인지 모르겠다고 무석은 생각하며 몸을 일으켰다. 사람이 솔직한 건 좋은데, 무슨 일이건 이쪽 눈치는 아랑곳없이 지나치게 자기 위주로만 행동하는 점이 문제였다. 그 때문에 한기를 대하면 내심 불안하고 부담스러워지곤 한다. 가령 이런 경우, 솔직히 내키지 않지만 무석으로서는 달리 도리가 없다. 한기의 성격을 익히 아는 터라, 티셔츠 위에 잠바를 걸치고 따라나섰다.
>
> "칠수는 어디 가고, 자네 혼자뿐인가?"
>
> "칠수새끼, 밖에서 시방 기다리고 있소. 봉배도 마침 없고 해서, 둘이서 그냥 식당에 가서 국밥이나 먹을까 하는 참인디, 무석형님이 생각이 나서 이렇게 일부러 찾아 올라온 거요. 어떠요? **내가 이래봬도 참, 의리 하나 빼불면 시체요 시체. 으흐.**"
>
> "그래, 고맙네. 거참."
>
> 한기 능청에 무석도 덩달아 따라 웃고 말았다. 늘상 소란스럽

고 행동이 거친 구석이 있긴 해도, 한기는 넉살이 좋을 만큼이나 소탈하고 선량했다. 칠수 역시 한기와 비슷한 성격이었다.(강조 : 인용자)[29]

주인공 '무석'이 공수부대원에게 무자비하게 구타를 당한 후에 방에 혼자 앓아 누워있는데, 동료인 '한기'와 '칠수'가 그를 찾아온 장면이다. 그들은 무석이 몸이 심하게 상한데다 배까지 곯고 있을 것을 염려해 일부러 방문하던 차다.

이 인물들은 뚜렷한 직업도 없이 날품팔이로 근근이 생계를 연명하는 전형적인 도시 룸펜lumpen들이다. 딱히 가진 것도 의지할 곳도 없는 벌거숭이 같은 존재들이다.

그런 그들 중 한기라는 인물이 무석에게 너스레를 떨며 "내가 이래뵈도 참, 의리 하나 빼불면 시체요."라고 말하는 대목을 눈여겨보자. 여기서 핵심은 의리義理라는 단어이다.

의리란 굳이 풀이하자면 인간이 마땅히 행해야 할 도리 정도가 되겠다. 그러나 동아시아 지적 전통에서 그 의미 지평이 간단치 않다. 한편 최정운은 5월 광주공동체의 성격을 논하면서 다음처럼 인상적인 언급을 하고 있다.

세상이 어떻게 변하든, 변치 않는 유일한 관계는 친구였고 시민군들은 친구 관계를 조직에 이용하기도 했다. 이런 상황에서 가족 없이 자신의 몸뚱이와 친구 관계에 전적으로 의존해서 사

는 기층민 시민군들은 '의리 하나는 끝내주는' 수밖에 없었고 끝까지 시민군으로 남아 있으려 했다.[30]

세파의 흐름에도 흔들리지 않는 유일한 관계가 우정이라는 것이 오늘의 세태에도 들어맞는 것인지는 판단유보다. 다만 항쟁 당시 시민군의 상당수를 이뤘던 기층민, 곧 혈혈단신의 룸펜 무리들이 자신의 몸뚱이와 친구 관계에 전적으로 의존할 수밖에 없었다는 사실은 생각보다 중요하다. 이는 친구에게 자신의 취약성을 내보인다 하더라도 아무런 흠이 되지 않는, 굳이 부끄러워 할 이유조차 없는 그런 관계 속에 그들이 있었다는 것을 말해주기 때문이다.

그들은 경제자본은 물론 변변한 학력자본이나 문화자본조차 소유하지 못한 자들이다. 그리고 사회적 인정 시스템에서 배제된 자들, 곧 어떻게 해도 재현·대표representation되지 않는 사회적 잔여leftover 또는 비非존재에 불과하다.

그런 그들은 생존을 위해서라도 사회적 인정 시스템의 그야말로 바깥에서 신뢰라는 사회적 자본을 통해 결속할 수밖에 없다. 그리고 그들은 그들만의 상호인정 체계에 '의리 하나는 끝내주는'이라는 수식어를 달아 놓았던 셈이다.

공감장의 재구성을 위하여

그렇다고 불현듯 이 시점에서 의리의 공동체 같은 것을 구성하자거나 복원하자는 식의 섣부른 공동체주의를 강조할 생각은 없다. 다만 <의존성=수치>의 도덕관념이 결코 작동되지 않을 감성적 장場을 어떻게든 형성해 나가는 게 오늘날 절실하다는 점을, 그리고 그러한 장들이 광주 5월 항쟁이라는 삶과 죽음이 겹치는 절체절명의 공간에서 숱하게 출현했다는 사실을 역설하고 싶다.

한 가지 더 짚고 넘어갈 게 있다. 의리의 공동체가 어떤 단일한 신념이나 신조를 중심으로 형성되었다고 볼 근거는 없다는 점이다.

그들은 어떤 '겪음'의 사태가 가능한 장에서 <의존성=수치>의 도덕관념에서 벗어날 수 있었다고 판단된다. 이러한 맥락에서 필자는 한국어 '겪다' 또는 그것의 명사형인 겪음이 지닌 의미맥락의 중층성에 주목하고자 한다.

우선 겪음은 수동성passivity을 내포한다. 우리는 고통이나 재난을 겪는다고 표현한다. 다음으로 이 겪음은 환대hospitality의 의미를 함축한다. 사람들을 청하여 음식을 차려 대접한다고 할 때 보통 손님을 겪는다, 라고 말한다. 마지막으로 만남 또는 마주침encounter의 의미가 있다. 사람을 사귀어 지내다, 라는 뜻을 나타내기 위해 우리는 사람을 겪어내다, 라고 말하곤 한다.

앞서 소설 『봄날』의 인용 대목을 다시 떠올려보자. 무석은 한기의 막무가내인 행동거지와 지나치게 자기 위주의 성품이 불안하고 부담스럽다. 사전에 말도 없이 자신을 불쑥 찾아 온 것도 유쾌하지 않다.

그러나 내키지는 않지만 자신을 염려해서 찾아온 그를 따라 나선다. 결국 불편한 심기는 한기의 능청과 너스레로 이내 풀리면서 무석도 웃는다. 이어 무석은 그를 선량한 사람으로 여긴다.

이 감정의 선들은 무척 사소해 보인다. 그러나 그러한 감정들이 마주치고 버무려짐으로써, 곧 겪음의 사태에 놓임으로써 그들은 <의존성=수치>의 도덕관념을 탈피하고 나아가 저항의 공동체를 형성할 수 있었다. 어쨌든 유대와 결속을 위해서는 사람들 사이의 수동성, 환대, 마주침이라는 중층적 의미를 포괄하는 겪음의 사태가 우선 전제되어야 한다.

물론 사람은 서로 겪다보면 친밀해진다는 식의 상식적인 통념을 반복할 의도는 없다. 세넷은 스미스A. Smith의 『도덕감정론』에 기대 공감共感이란 "갑작스럽게 표출되는 감정이지만 즉흥적으로 생기는 것이 아니라 오랜 저항과 인식의 오류를 거친 사람이 다른 어떤 사람을 이해하게 되면서 표출되는 것"[31]이라고 했다. 즉 공감이란 사람들 사이의 감정적 저항(혹은 갈등)이나 인식의 오류를 거친 다음에 그야말로 '사후事後'에야 비로소 형성될 수 있는 감정이다.

문제는 신자유주의가 부추기는 단자화된 자기 프로파간다에 갇혀 있고, 게다가 상호 관여됨(혹은 거치적거림)의 자질을 함축하는 관계relation보다는 연결하기와 끊기가 쉬운 네트워크network를 선호하는[32] 흐름에서 공감의 '사전적事前的' 기초조차 만들어질 수 없다는 점이다. 무연고사회無緣故社會에서 사람들 상호간에 감정적 갈등이나 인식적 오류를 거칠 일은 드물 것이기 때문이다.

다소 선언적임을 무릅쓰고 이렇게 주장하고자 한다. 오늘날 가장 시급한 것은 "공감의 발생적 조건이자, 상이한 공감들이 마주치고 투쟁하는 관계의 망"[33]으로서 '공감장共感場, sympathetic field'을 복원하거나 재구성 하는 일이다. 그래야 비로소 공감장 안에서 완전성의 가상에서 벗어나 <의존성=수치>의 도덕관념을 탈피할 수 있는 감정적·심리적 유대의 틀을 복원할 수 있는 단초를 발견할 수 있다고 생각한다.

궁극적으로 어떠한 형태로건 공감장 또는 공감(들)의 장the field of sympathies을 전제하지 않는 한 신자유주의 체제에서 자기서사는 불가능한 것으로 남을 수밖에 없다. 공감장이란 파편화되고 고립된 삶에 준안정적 통일성을 부여하고 지속적으로 자기를 배려하고 동시에 사회적 관계성을 구축해 나가는 삶의 기예가 펼쳐지는 장소라고 할 수 있다.

우리는 그 안에서 다질적인 기호들 또는 사건들과 마주치고 시련을 거쳐 욕구나 희망을 재편성할 수 있다. 그럼으로써 우리는 다양체로서의 삶을 또는 삶의 다양한 선들을 발견(혹은 발명)하고 창조할 수 있다고 전망한다.

픽션 또는 브리콜뢰르의 정신

지금껏 불안하고 암울한 삶을 살아가는 오늘날의 청년들이 자기서사를 구성하기 위해 어떤 조건들이 전제되어야 하는가를 언급했다. 그러나 사실상 이 논의에서 자기서사를 구성할 수 있는 구체적이고 실천적인 방법론을 이끌어내지는 못했다.

이는 향후 다양한 실제적 또는 경험적 사례들을 톺아보고 분석한 이후에야 가능하지 싶다. 대신 삶이 불가능한 공간에서 어떻게든 삶'들'을 만들어 가야 한다는 절박함으로부터 추상적이고 관념적임을 무릅쓰고 약간의 제언을 덧붙이고자 한다.

한 청년이 아무런 희망을 기대할 수 없는 세상에서 그 저항의 수단으로서 자살을 선택하게 된다는 꽤 비관적인 이야기가 있다. 바로 장강명의 소설 『표백』의 줄거리다. 그리고 소설에는 다음과 같은 인상적인 구절이 있다.

> 표백 세대는 지배 이념에 맞서 그들을 묶어주거나 그들의 이익을 대변할 이념이 없으며, 그렇기에 원자화될 수밖에 없는

> 운명이다. '낙원'에서 태어난 이들에게 이상향은 있을 수 없기에, 표백 세대는 혁명과 변혁에 관한 한 아무런 희망을 품을 수 없다. 이들은 사회를 비난할 권리조차 박탈당한다. 완성된 사회에서 표백 세대의 실패는 그들 개개인의 무능력 탓으로 귀결된다.[34]

요컨대 자신들을 묶어주거나 대변할 수 있는 이념조차 없기에 원자화 된 오늘날의 청년들은 표백세대漂白世代라는 것이다. 혁명과 변혁조차 불가능한 완성된 사회에서 청년들의 실패는 오직 그들 탓으로 귀결된다.

그러나 문제는 더할 것도 뺄 것도 없는 완제품 사회에 저항하기 위해 자살을 선언한다는 것이다. 이는 서사적으로야 용인할 수 있겠지만 현실에서는 매우 극단적인 게 사실이다.

일본 로스제네의 대표 청년논객 아카키 도모히로가 따귀를 갈겨주고 싶다던 바로 그 마루야마 마사오는 이른바 근대정신의 일종으로 픽션의 정신을 언급했다. 이때 픽션의 정신이란 인간의 지성적인 제작 활동을 거쳐 만들어진 제작물을 자연적 실재(성)보다 우위에 두는 정신의 태도이다. 곧 질료matter보다는 언제나 형상form의 우선성 속에서 자연적·감각적 실재성을 걷어내면 낼수록 픽션의 정신에 부합하게 되는 것이다.[35]

그런데 표백세대라는 규정이 함축하는 것은 세계란 이미 완전태完全態, entelechy여서 가감이 불가능하다는 일종의 한계 의식이다. 그러나 이는 단지 한계의식의 문제로 끝나지 않는다. 궁극적으로 사회를 자연(운명) 상태로 둔갑시키는 정념으로 이어질 수밖에 없기 때문이다.

그러한 정념 안에 "세계란 '존재'하는 것이 아니라 '구축'되어야 할 대상"[36]이라는 지성적 관념은 증발하고 없다. 사회라는 자연적 실재성에 압도되어 형상성을 포기함으로써, 결국 삶을 만들어간다는 또는 자기서사를 구성해 간다는 착상은 사라지고 만다.

대신 자기를 파괴함으로써 사회에 복수한다는 식의 원한의 감정만 도드라질 뿐이다. 이미 밝혔듯 이는 신자유주의 서사의 사각지대에 놓인 그러나 단자화된 자기 프로파간다에 갇힌 이들의 전형적인 행동 패턴이다.

언젠가는 바라마지 않는 세상이 올 것이라는 낙관적인 전망을 지녀야한다는 공허한 주장을 하려는 게 아니다. 다만 설사 사회가 난공불락의 자연적 실재성으로 육박해 오더라도 그것을 형상이 개입되어야 할 질료로 파악하는 픽션의 정신을 유지해야만 한다는 것이다.

혹자는 이렇게 반론할 수 있다. 무기력하고 무능력한 주체들에게 픽션의 정신이란 게 가당찮은가? 사실 이는 그런 그들이 자기서사와 같은 것을 과연 구성할 수조차 있겠는가라고 묻는 것과 다름없다. 다시금 말하자면 불가능성을 가능성 쪽으로 어떻게든 비틀어 내야 한다는 것이 필자의 문제의식이자 희망사항이다.

좀 더 거창하게 말해서 삶이 저항과 더불어 비로소 도래하는 것이라면 그것은 "'숙소-없는', '신분증-없는', '직업-없는', '소유지-없는' '아무 능력-없는'"[37] 저항 속에서이다. 그리고 멘케C. Menke를 따라 말하자면 또 다른 삶이란 결국 "할 수 없음을 할 수 있음"[38]이라는 예술가적 실천 속에서 솟아날 수밖에 없다.

한편 인류학자 레비-스트로스C. Levi Strauss는 『야생의 사고』에서 브리콜라주bricolage로서 신화적 사고의 특성을 규명하면서 브리콜뢰르bricoleur, 곧 '손재주꾼'을 다음과 같이 묘사한다.

> 오늘날 '브리콜뢰르bricoleur'는 아무 것이나 주어진 도구를 써서 자기 손으로 무엇을 만드는 사람을 장인에 대비해서 가리키는 말이다.(…)
>
> (…) 이 '손재주꾼'은 여러 가지 일을 할 수가 있다. 그러나 그는 엔지니어와 달라서 그 일의 목적에 맞게 고안되고 마련된 연장이나 재료가 있고 없고에 크게 좌우되지 않는다. 그가 사용하는 재료의 세계는 한정되어 있어서 '손쉽게 갖고 있는 것'으로 하는 게 승부의 원칙이다. 말하자면 그가 갖고 있는 도구와 재

료는 항상 얼마 안 되고 그나마 잡다한 것들이다. 왜냐하면 그저 주어진 것들의 내용은 현재의 계획이나 또 어떤 특정한 계획과 관련되어 구성된 것이 아니라 단지 우연의 산물이기 때문이다. 그는 어느 때고 종전의 파손 부품이나 만들다 남은 찌꺼기를 가지고 본래 모습을 재생시키는가 하면 완전히 새 것을 만들어 내기도 한다.(…)

'손재주꾼'의 도구와 재료라는 것은 잠정적 용도로 밖엔 정의할 수가 없다. 이것을 '손재주꾼' 자신의 말을 빌려 표현하자면 여러 가지 부품을 수집하여 갖고 다니는 이유는 '언제든지 쓸모가 있기 마련'이기 때문이다. 이러한 부품들은 극히 세분화되어서 '손재주꾼'이 모든 업종에 대한 지식과 장비를 갖추지 않아도 되지만 그 부품들이 단번에 정확히 쓰이기에는 미흡한 점이 있다. 각 부품은 실제적이면서도 가능한 관계들의 집합을 나타낸다. 그 부품들은 '조작매체opérateur이다. 그러나 동일한 유형에 속하는 것이라면 어떠한 조작에라도 쓸 수 있는 매체이다.[39]

요컨대 원시사회의 문화제작자인 브리콜뢰르는 제한된 도구와 재료를 가지고 다양한 작업을 수행하기 위해 임시변통에 능한 사람이다. 그는 파손된 부품이나 만들다 남은 찌꺼기를 가지고도 본래의 모습을 재생시키거나 혹은 완전히 새로운 것을 만들어 낼 수 있는 역량을 갖는다.

그러나 정작 중요한 것은 레비 스트로스의 묘사가 삶의 불가능성과 비극성 속에서 어떻게든 픽션의 정신을 유지할 수 있는 삶의 태도로서 우리가 전유해도 좋을만한 지점을 환기시켜준다는 점일 것이다. 필자는 브리콜뢰르에 관한 이 묘사에서 이른바 다중multitudo의 '예술가-되기devenir'라는 실천적 강령의 단초를 읽을 수 있다고 장담한다.

부끄러움의 지층들

미래의 감정

부끄러움이라는 감정을 논하는 것은 생각보다 어렵다. 우카이 사토시鵜飼哲는 이 감정 자체가 무엇보다도 은폐되기를 좋아하고(혹은 정신분석의 어휘에 끊임없이 저항하고), 게다가 이 감정을 논하는 것은 "논자 자신을 시련에 들게 하고, 그/녀 자신의 부끄러움과 마주대하는 방식을 반사"[1]하는 곤혹스러운 일이라고 설명하고 있다.

그럼에도 불구하고 그는 부끄러움의 시대인 오늘날 그것과 마주 서야 한다고 주장한다. 특히 아래의 언급은 복잡한 부끄러움의 감정을 천착하기 위한 중요한 지침을 제시하고 있다는 점에서 눈여겨 볼만 하다.

> "젊은이들에게는 이제 더 이상 부끄러움이 없"다는 저 부끄러

움을 둘러싼 영원히 묵시록적인 어조에도 불구하고, 그리고 "바로 그러하기 때문에 바야흐로 전통적인 부끄러움의 규범으로 돌아가야만 한다"는 최근의 원리주의적 어조에 대항하여, 우리는 정보기술의 발전, 시장경제의 관철, 생의 모든 영역의 정치화의 결과 공적 영역과 사적 영역, 내셔널과 글로벌의 경계가 무섭게 붕괴되고 있는 지금이야말로, "보편"적인 혹성 규모의 "부끄러움"의 시대의 시작이라고 생각한다.

분석의 영역은 광대하다. 우선, 말할 수 있는 부끄러움의 수준도 ① 각국의 고유 언어에 있어서의 "부끄러움"이라는 말을 포함하는 관용의 함의, 특히 성gender·연령 등에 의한 이중 기준의 분석 ② 공적인 부끄러움/사적인 부끄러움의 구별의 (불)가능성의 조건과 여러 가지 결합 양태의 분석 ③ 정치연설에서 부끄러움에 관련되는 어휘 기능의 분석 등이 필요할 것이며, 의식되고는 있지만 말해지지 않는, 혹은 말할 수 없는 부끄러움에도, 상상 이상의 다양한 동기와 형태가 있을 수 있을 것이다. 그리고 무의식의 부끄러움에 대한 분석은, (…) 정신분석 분야에서도 이제 막 시작되었을 뿐이다.[2]

우선 인용문에서 부끄러움의 감정을 진단하기 위해서 요즘 젊은이들은 부끄러움을 상실했다는 투의 묵시록적(혹은 계몽적) 어조뿐만 아니라 과거의 전통적 부끄러움의 규범으로 회귀해야 한다는 식의 원리주의를 동시에 반대해야 한다는 주장에 주목해야 한다. 역설적이게도 부끄러움이란 공적 영역과 사적 영역의 붕괴 또는 내셔널과 글로벌의 경계가 급격하게 희미해지고 있는 현대의 감정이다.

물론 우카이 사토시가 과거에는 마치 부끄러움이 없었다는 식의 황당한 주장을 하고 있는 것은 아니다. 다만 그 호불호를 떠나 탈경계 시대인 오늘날 명백히 문제적인 범주로 떠오르고 있는 것이 바로 부끄러움의 감정이라는 것이다.

아무튼 현대 사회의 복잡성 때문에 부끄러움에 대한 분석이 간단치 않다는 사실을 인정해야 한다. 짐멜G. Simmel이 일찌감치 지적한 바처럼 부끄러움의 영역에 포함되는 현상들은 매우 다양하고 이질적이어서 "오직 언어 표기의 공통성"[3]만 있는 것처럼 보이는 것도 사실이다.

같은 맥락에서 우카이 사토시는 세르주 티스론Serge Tisseron의 『부끄러움—사회적 연관에 대한 정신분석』의 한 대목을 인용하면서 부끄러움의 "근원적 다수성"에 주목해야 한다고 주장한다.[4] 동시에 부끄러움의 감정이 필연적으로 "인간주의의 극한에서 사고되어야만"[5]하는 '미래'의 감정임을 역설하고 있다. 이때 극한의 사고란 아우슈비츠의 체험을 기록한 『이것이 인간인가』의 작가 프리모 레비Primo Levi의 이른바 "인간이라는 사실에 대한 부끄러움"이라는 표현이 촉발시키는 어떤 경지에서 비롯되는 것이다.

눈여겨 볼 것은 우카이 사토시가 부끄러움 혹은 수치심을 대개 부정적인 감정으로 범주화[6]하는 고전적 논의들(다윈의 진화론에서부터 프로이트의 정신분석에 이르기까지)과는 다소 다른 결을 보이고 있다는 점이다. 이는 곧 살펴보게 될 마사 너스바움M. Nussbaum의 저서 『혐오와 수치심』을 비판적으로 독해하기 위한 어떤 방향을 제시해준다. 수치심을 혐오와 더불어 자신의 정치적 입장에서 반대한다는 점에서 우리는 너스바움과는 다른 방향과 결을 통해서, 만약 그것이 가능하다면, '부끄러움'의 사회적 성찰성을 사고할 필요가 있다.

인간의 취약성과 이상적 사회

『혐오와 수치심』에서 너스바움은 감정에 대한 인지주의[7]의 관점을 바탕으로 혐오와 수치심을 풍부한 실제 사례들과 이론적 논의들을 섭렵하면서 주로 법의 맥락에서 또는 법의 규제적 조건으로서 검토하고 있다. 따라서 이 책은 "어떠한 종류의 공적·법률적 문화가 자유주의 체제에 적합한 '정치적 심리 상태'를 담보할 수 있는가? 감정 속에 담긴 타당성의 어떠한 규범이 법의 기초가 되어 시민들의 적절한 감정을 표출하고 배양하는 올바른 역할을 할 수 있는가?"[8]라는 질문으로부터 시작한다.

그러나 간과할 수 없는 더 중요한 사실은 바로 혐오와 수치심을 평가하는 그녀의 잣대가 다음처럼 궁극적으로 도래해야만 할 어떤 이상적인 사회적 삶이나 형태와 연관된다는 점이다.

> (…) 그것은 자신의 인간성을 인정하고, 인간성을 감추거나 회피하지 않는 사회다. 또한 자신이 타인의 도움을 필요로 하는 취약한 존재임을 인정하고, 전능함과 완전함을 추구하는 것이 공적, 사적 측면에서 인간의 많은 불행을 초래해 왔다는 점을 인식하고 이를 과도하게 추구하지 않는 시민들로 이루어진 사회다. (…) 인간은 자신의 유한성과 연약한 동물적 육체를 항상적으로 인식하면서 살아가는 것을 견딜 수 없기 때문에 그러한 사회가 성취될 수 없다는 사실은 진실일 것이다. (…) 다만 내가 바라는 것은 그러한 자기기만적 허구가 법을 지배하지 않는 사회이며, 최소한 우리의 공통된 삶을 형성하는 제도를 만들 때 우리 모두는 아이와 같으며, 많은 면에서 세상을 통제할 수 없다는 사실을 인정하는 사회다.[9]

인간성, 특히 자신의 취약성을 인정하고 그것을 감추지 않는 사회를 형성해야 한다는 주장은 그녀도 밝힌 바와 같이, "인간성을 불안정성이라는 조건을 공유하고 있는 것으로 이해하려는 감정적 발달이 이루어질 때 정치적 평등이 유지될 수 있다"[10]는 루소J. Rousseau의 입장을 반영한 것이다. 요컨대 전지전능함에 대한 터무니없는 환상(기만)과 욕구를 버리고, 인간이 지닌 근원적인 취약성을 인정하고 동시에 그것을 기꺼이 '서로' 감수할 수 있는 시민들로 구성된 사회를 지향해야 한다는 것이다.

물론 이와 같은 사회적 상에 대한 패러다임은 그녀의 정치적 자유주의 이념에서 비롯된 것이다. 정치적 자유주의란 "인간의 존엄성이라는 관념과, 호혜성과 상호 존중으로 대변되는 사회관계"를 추구하는 입장이며, 이때 상호 존중이란 "인간의 삶을 구성하는 궁극적인 선에 대한 다양한 관념을 존중하는 것을 포함"[11]한다.

이러한 입장에서 볼 때, 특히 인간의 유한성과 동물성에 대한 강한 기피 또는 부정(혹은 초월)의 욕구[12]와 밀접한 관련을 맺고 있는 혐오와 수치심은 바람직한 사회를 구성하기 위해서는, 불가피하지만(인간이 존재하는 한 사라지지 않고 끈질기게 존속할 것이라는 점에서) 지속적으로 반대해야만 하는 것이다. 왜냐하면 이 두 감정은 필연적으로 "지배적인 집단이 다른 집단을 예속시키고 낙인찍는 사회적 행위 양식과 연결"[13]될 수밖에 없기 때문이다. 다른 집단에 대한 예속과 낙인찍기는 호혜성과 상호존중이라는 정치적 자유주의의 이상과는 어떻게 해도 공존할 수 없다.[14]

수치심은 자주 우리에게 진실을 들려주기도 한다. 소중한 가치를 지니고 있는 목적이 있으며, 우리는 그러한 가치에 따라 행동하지 않고 있다는 것이다. 그리고 수치심은 대개 우리가 될 수 있는 어떤 존재, 즉 좋은 일을 하는 착한 사람이 되려는 욕구를 표현한다. 그래서 우리는 수치심이 도덕과 무관하며, 오

직 사회적 승인이나 비난과 연결된 감정이라고 생각해서는 안 된다.[15]

물론 위의 인용문에서 보듯 그녀 역시 혐오와는 달리 일정한 형태의 수치심이 좋은 일을 하는 착한 사람이 되려는 욕구(또는 도덕적 동기)를 포함하고 있다는 점에서 "긍정적인 윤리적 가치"[16]를 가지며, 또한 "좋은 이상과 관련해서는 귀중한 도덕적 기능"[17]을 할 수 있다는 사실을 수긍한다. 그러나 문제는 수치심의 유아기적 기원이다. 이른바 원초적 수치심primitive shame은 결코 신뢰할 수 없는 것이다.

그녀 또한 좋은 수치심과 나쁜 수치심을 구분한다. 그러나 모든 형태의 수치심이 원초적 수치심으로 귀결될 여지가 농후하다는 점에서 공적 영역에서 어떤 형태로건 수치심을 주고받는 행위에 대해 반대하는 것이다.

소년문화, 사회적 낙인찍기의 기원

너스바움은 유아기에 형성되는 수치심의 기원을 살피기 위해 대상관계 정신분석 이론(도널드 위니콧)에 주로 의지한다. 유아기의 전지전능함이 무력감과 쌍을 이룬다는 바로 그 사실로부터 다음과 같은 원초적 수치심이 생겨난다.

> 유아가 자신이 다른 사람에게 의존하고 있다는 점을 알게 되고, 이때쯤 세상의 중심이고 중심이 되어야 하는 분명한 존재로 자신을 인식하게 되면, 그 결과 원초적이고 초보적인 수치심이 뒤따르게 될 것을 예상할 수 있다. 수치심은 자신이 충분하길 기대하는 어떤 면에서 자신이 약하고 불충분하다는 깨달음을 수반하기 때문이다. 아이의 반응은 이를 감추기 위해 자신의 부족함을 알 수 있는 사람들의 시선을 피해 숨는 것이다.[18]

결국 수치심은 일반적인 의미에서 '자존감'의 결핍여부와 상관없이, "자신의 존재에 대한 초기적 의식과 편안함과 영양을 제공하는 원천과 분리되어 있는"[19] 무력한 존재라는 의식으로부터 발생한다고 할 수 있다. 곧 "완전성 또는 완벽성을 마땅히 자신이 가져야 하는 것이라고 이미 판단했을" 유아가 "피할 수 없는 나르시시즘적 좌절"에 직면했을 때, "전형적인 유아의 원초적 나르시시즘이 원초적이고 널리 퍼진 형태의 수치심을 유발"[20]하는 것이다.

따라서 수치심이란 원리적으로 인간의 "불충분함에 대한 고통스러운 자각"[21]이다. 동시에 그것은 "특정 사회가 지닌 규범적 정향에 상관없이 그 밑바탕에 존재"하는 것으로서 "자신이 유한한 존재임과 동시에 과도한 욕심과 기대가 두드러지는 존재라는 인식 안에 존재하는 일정한 긴장을 해소하는 매우 일시적인 방법"[22]이기도 하다.

특히 그녀가 병리적 나르시시즘의 형태인 원초적 수치심이 지배하는 집단의 예로서 '소년문화'를 들고 있음은 흥미롭다. 소년문화의 일반적인 특징은 '여성적인 것'[23]에 대한 적대와 경멸 그리고 폄하이다.

소년들의 삶을 특징짓는 다층적인 수치심은 "여성을 향한, 자신의 취약한 부분을 향한, 종종 자신이 속한 문화의 지배적인 구성원을 향한 적대감"[24]일 수 밖에 없다. 우선 그들은 소녀들과는 달리 친밀함이 어떤 것인지 전혀 알지 못한다.

다만 소년들은 수음 과정에서 자신들이 떠올리는 여성에 대한 환상을 통해 "[자신이 다른 사람에 대한] 통제력을 가지고 있고 완전무결하다는 기쁨"[25]혹은 대리만족을 반복적으로 경험함으로써 나르시시즘적 경향에 젖게 된다.

바로 그러한 경향이 여성에 대한 경멸과 폭력으로 전이된다. 소년문화에서 보이는 여성적인 것에 대한 경멸과 폄하의 메커니즘은 자신의(내부의) 수치심을 외부의 대상으로 투사해버리는 것이다.

광범위한 사회적 수치심의 기원 역시 원리상 그와 다르지 않다. 이를테면 사회적 약자나 소수자를 낙인찍는 데 '정상'이라는 범주를 사용하는 것은 "원초적 수치심의 자연적 귀결"[26]로서 이해돼야하기 때문이다. 이른바 정상의 범주에 든다고 생각하는 부류는 자신과 다른 부류(장애인, 광인, 이방인, 여성 등)를 비정상으로 낙인찍음으로써 자신들의 위안과 안정을, 혹은 대리 행복을 얻으려는 경향이 짙다.

그들에게 '정상성'이라는 관념은 "차이가 존재하는 세상에서 침입해 들어오는 자극을 덮어주는 대리 자궁과 같은 역할"[27]을 한다. 따라서 모든 사회에서 행해지는 낙인찍기는 "유아기적 나르시시즘과 자신의 불완전성에서 생겨난 수치심에 대한 공격적 반응"이다.

그리고 그러한 자기 보호적인 공격성이 "취약한 사람과 집단에 낙인을 부과하기 위해 모욕을 주거나 수치심을 주는 행위"[28]로 이어지는 것이다. 물론 논란의 여지가 있지만, 이러한 사실 탓에 그녀는 수치심보다는 죄책감을 좀 더 긍정적인 감정으로 여긴다.

> 나는 죄책감이 잘못을 바로잡고, 용서하며, 공격성의 한계를 수용하는 태도와 관련되어 있으므로 창조적일 수 있는 가능성이 있다고 생각한다. 이와 달리 원초적 형태의 수치심은 도덕성과 공동체가 지니고 있는 모든 가능성에 위협에 되며, 실제로 창조적인 내면생활을 가로막는다. 물론 죄책감이 과도해서 중압감을 줄 수도 있으며, 이 경우 [자신의] 잘못을 바로잡는 데 너무 집착한 나머지 건강하지 못한 자학적 모습을 보일 수도 있다. 반대로 나르시시즘적 요구를 이미 포기한 상황에서는 특정한 제한적 형태의 수치심이 소중한 이상을 추구하는 동기를 제공하는

건설적 역할을 할 수도 있다.[29]

죄책감은 잘못을 교정하고, 공격성의 한계를 수용한다는 점에서 공동체에 창조적일 수 있는 감정이다. 반면 수치심은 도덕성과 공동체에 위협적인 감정이다. 그것이 건설적인 역할을 할 수 있는 것은 매우 제한적일 수밖에 없다.

우선 나르시시즘적 요구에 대한 전면적인 포기가 전제돼야 한다. 아울러 나르시시즘적 요구(유아기적 의존) 대신에 '성숙한 의존 상태'[30]라 부르는 이상적인 사회의 형태를 상정했을 때만이 수치심은 도덕성과 공동체의 이상을 추구하는 동기로, 그것도 '겨우' 자리매김할 수 있을 뿐이다.

그러나 그녀 특유의 인간 일반에 대한 비관론은 수치심을 여전히 의심스러운 것으로 규정할 수밖에 없다. 곧 수치심은 "선善을 가져올 수 있는 잠재력을 지니고 있지만" 그럼에도 불구하고 "공적 삶에서 규범적으로 신뢰하기 어렵다"[31]는 입장을 그녀가 고수하기 때문이다.

그녀에 따르면 사회 속에서 비록 시민들이 "자신이 도덕적으로 불완전하다는 사실을 받아들이고, 다른 사람의 통찰력 있는 말을 귀담아들어서 귀중한 개인적 이상을 향한 자신의 노력을 계속해서 개선해 나갈 수 있는"[32] 성숙한 인간이 된다 하더라도, 그러한 성숙성의 이면에는 필시 성숙하지 못한 소망이 늘 잠재해 있다. 이를테면 "들끓는 질투심, 세상의 중심이 되라는 요구, 지극한 행복과 편안함에 대한 갈망" 등은 자신의 "주위를 '정상인'으로 에워싸고 취약한 사람이나 집단을 낙인찍으려는 욕구"[33]로 언제든지 돌변할 수 있는 것이다.

원초적 수치심은 평범하지 않은 존재이길 바라는 소망을 담고 있기에 규범적 의미에서 비합리적이다. 뿐만 아니라 "다른 사람의 권리와 필요를 인정하지 않는 태도"[34] 곧 나르시시즘과 긴밀히 연관돼 있는 탓에 실천적 의미에서도 신뢰할 수 없다. 더군다나 "원초적 수치심과 이에 대한 공격적 반응은 대부분의 인간의 역사에서 깊고 오래된 특징"[35]이다. 따라서 그러한 수치심이 광범위한 사회적 불안과 연루되는 것은 매우 위험천만한 일이다.

특히 아래 인용문에서 보듯 사회적 불안과 결합된 원초적 수치심은 '비정상'으로 간주되는 사회적 약자나 소수자에 대한 지배집단의 낙인찍기 폭력을 불러올 수 있다.

> 수치심의 경우, 무력감과 통제력의 결여가 불러일으키는 보다 일반적인 불안은 완전무결함(또는 유아기에 존재했을 가능성이 큰 완전함에 대한 환상의 회복)에 대한 추구로 이어진다. 지배 집단은 자신들이 지닌 안정적인 통제력을 다양한 방식으로 위협한다고 여기는 하부 집단에 낙인을 안겨줌으로써 통제하고 있다는 겉모습을 얻게 된다. 하부집단은 무질서와 혼란을 일으

> 키는 사회적 불안의 초점이 되어서 낙인을 받을 수도 있고, 아니면 그냥 단순히 '정상'이 아니라는 이유에서 낙인을 받을 수도 있다. 지배 집단은 '정상'이라는 편안함을 안겨주는 허구를 통해 더욱더 효과적으로 [자신이 지닌 불안을] 숨길 수 있다.[36]

결국 그녀는 공적 영역에서 시민들에게 수치심을 주는 어떠한 법적·제도적 장치도 반대한다. 대신 그녀는 시민들을 수치심으로부터 보호해주는 '촉진적 환경'[37]을 구성할 것을 제안함으로써 그녀의 정치적 자유주의의 신념을 다시금 확인하다.

그녀에 따르면 정치적 자유주의는 "삶이란 불완전하고 불확실하다는 사실을 솔직하게 받아들이는"[38] 자세이다. 이러한 맥락에서 그녀는 정치적 자유주의를 달리 "인간성을 숨기지 않는 자유주의"[39]라고 명명한 바 있다.

맹신자들의 뻔뻔함

아리스토텔레스는 수치심 또는 부끄러움의 긍정성에 대해 이미 다음처럼 언급하고 있다.

> (…) 또한 감정에도, 감정과 관련해서도 중용이 있다. 이를테면 수치심은 미덕은 아니지만, 수치심을 느끼는 사람은 칭찬받는다. 이 경우에도 어떤 사람은 중간이라고 불리고 다른 사람은

지나치다고 불리는데, 무슨 일에나 부끄러워하는 사람이 그렇다. 모자라서 어떤 일에도 부끄러움을 느끼지 않는 사람은 파렴치破廉恥하다고 불리고, 중간에 있는 사람은 겸손하다.[40]

그러나 정치적 자유주의에 대한 정당한 이상에도 불구하고 인간 일반에 대한 비관론을 출발점으로 삼고 있는 너스바움의 주장에만 전적으로 의지한다면, 우리는 부끄러움이 갖는 그와 같은 긍정성을 전경화 할 수 없다. 게다가 부끄러움의 감정을 사회적 성찰성의 맥락으로 끌어들이기도 용이하지 않다.[41]

이 점에서 보면 게다가 오늘날의 한국적 상황, 특히 사회적 혹은 집단적 '뻔뻔함'의 만연을 염두에 둔다면, 오히려 짐멜의 부끄러움에 대한 심리학적 분석이 더 유용해 보인다.

우선 짐멜은 부끄러움을 자아가 겪는 분열 상황으로 규정한다. 곧 "한편에서는 이목의 초점이 되면서 자아가 부각되지만 다른 한편에서는 완벽하고 규범적인 자아의 이상에 못 미치는 결점을 의식하면서 자기 경멸이 생기는"[42] 분열적 상황이 바로 부끄러움이다.

여기서 더욱 중요한 사실은 부끄러움의 감정이 스스로를 책임지는 자립적인 자아나 개인을 전제한다는 점이다. 그래서 짐멜은 즉자적 존재로서의 독립된 개인이 소멸해버린 집단의 지배적인 특징을 '부끄러움의 부재' 혹은 '뻔뻔함'으로 특징짓는다.

짐멜의 설명을 좀 더 따라가 보도록 하자. 그에 따르면 부끄러움이 가능하기 위해서는 개인이 전체의 부분인가, 아니면 그 자체로 하나의 전체인가 하는 "심오한 문제"가 결정되어야 한다. 곧 "자신의 부각과 격하가 충돌을 빚을 수 있는 특이한 상황"이란 오직 "스스로 책임질 줄 아는, 전적으로 자립적인 자아의 테두리"[43]에서만 발생하기 때문이다.

문제는 개인이 어떤 집단에 매몰되게 되면 부끄러움의 감정이 일어날 수 있는 조건들이 양쪽으로부터 부정된다는 점이다. 곧 부끄러움의 감정은 "개인적 경계를 지닌 고유한 활동 영역 안에서의 활동"이라는 조건과 "규범적 표상들의 형성"[44]이라는 전제 조건을 통해 생겨나는데, 바로 이러한 두 조건이 모두 부정됨으로써 자아의 부각과 격하라는 분열적 또는 모순적 상황이 결코 일어나지 않게 된다. 그 자리를 뻔뻔함이 대신한다.

> (…) 이는 명백히 개인이 초개인적인 전체에 비해서 수행하는 역할이 미미하고, 단지 받아들이는 수준에 그칠수록 더욱 그렇다. 부유한 가문이나 고귀한 가문의 하인들이 전형적으로 보여주는 '뻔뻔함'은 여기서 설명된다. 루이 14세 때에는 "사환처럼 뻔뻔하다"는 말까지 있었다.[45]

이어 짐멜은 "아무런 결단력도 확고한 자아도 없는 청년은 개인으로서는 부끄러워할 많은 행동과 언행을 객관적인 사회 조직의 일원으로서 행"[46]한다고 덧붙이고 있다. 결국 이들은 "개인적으로 자신이 부적절하거나 부족하다고 느낄 때마다 그러한 의식은 곧 자신이 속한 집단의 중요성에 대한 의식에 의해서 밀려나고 집단에 별로 기여할 일이 없는 개인일수록 더욱 더 단순하게 집단과 유대감"[47]을 형성할 수밖에 없다.

이 대목에서 우리는 과거에도 그랬지만 현대 사회 곳곳에서 출몰하는, 곧 집단으로 삼투해버림으로써 자발적으로 자신의 개인(성)을 지워버리는 어떤 맹목적인 무리들의 형상을 떠올려 볼 수 있겠다.

아마도 에릭 호퍼Eric Hoffer라면 이들을 '맹신자the true believer' 그룹에 포함시켰을 게 분명하다. 그에 따르면 맹신자란 "숭고한 대의에 기꺼이 목숨을 바치고자 하는 광신적 신념가"[48]를 뜻하지만, 기본적으로 좌절한 사람들이며 집단 속에서 자기의 도피처를 찾는 '루저'들이다.

이러한 맹신자 그룹이 보이는 무모함은 짐멜이 말한 부끄러움의 부재나 뻔뻔함과 결코 먼 거리에 있지 않다. 왜냐하면 그것은 명백히 자기 부정(혐오)에 뿌리를 두고 있기 때문이다. 이러한 자기 부정의 의지란 너스바움 식으로 말하자면, 자신의 취약성에 대한 부인이자 그것을 초월하고자 하는 비합리적인 충동이다.

> 쓸모없는 자신에 대한 강한 혐오와 그 감정을 잊고 위장하고 벗어던지고 없애버리고자 하는 욕구가 기꺼이 자기를 희생하고자 하는 의지를 낳으며 결속력 높은 집단 속에서 자기를 잊고자 하는 의지를 낳는다. (…) 좌절감은 단결과 자발적 자기희생 욕구를 일으킬 뿐만 아니라 그 욕구를 실현시키는 기제까지 만들어낸다. 현실을 비하하는 기질, 몽상에 빠지는 습성, 습관적인 증오심, 남 하는 대로 따라 하려는 경향, 현혹되기 쉬운 경향, 불가능한 것을 시도하려는 경향을 비롯하여 극심한 좌절에 빠진 사람들의 마음을 어지럽히는 다양한 현상은 (…) 단결의 동인이자 무모함을 부추기는 배후다.[49]

위의 인용문에서 보듯 맹신자들의 특징은 쓸모없다고 여기는 자신을 극도로 혐오한다. 그런 나머지 그 사실을 어떻게든 위장하고 기피하고 싶어서 기꺼이, 곧 자기희생이라는 기만적 명분을 앞세워 집단 속으로 스스로를 해소해버린다는 점일 것이다.

이를테면 망아적忘我的 맹신자 그룹이 보이는 집단에 대한 병리적인 애착과 무모함이 사회적 낙인찍기와 같은 뻔뻔한 행동으로 전이되지 않는다고 판단해야 할 필연적인 근거는 사실상 없다.

아무튼 짐멜에게 부끄러움은 집단에 대한 맹신과 예속을 거부하는 독립적인 개인(혹은 자아)을 지시(증명)하는 감정이라는 점이다. 결국 부끄러움이란 개인의 독립성과 사회적 규범성 사이를 매개하거나 조율하는 중요한 감정적 기제 또는 성찰적 요소라는 사실을 확인할 수도 있다. 물론 짐멜이 말하는 '개인'이 구체적으로 무엇을 지칭하는지, 혹은 그것이 어떤 내포와 외연을 갖는 것인지는 논외로 하더라도 말이다.

인간주의의 극한

한편 우리는 부끄러움의 감정이 사유의 극한limit으로서 인간주의를 넘어서는[50] 어떤 사태를 가리키는 것으로 이해할 수도 있다. 이를 촉발시킨 것은 바로 아우슈비츠 생존 작가인 프리모 레비의 사유이다.

레비는 『가라앉은 자와 구조된 자』에서 자신이 살아남았다는 그 사실이 불러일으키는 부끄러움을 네 개의 차원으로 섬세하게 구분한 바 있다. 즉 '저항하지 못했다는 사실에 대한 부끄러움', '인간적 유대감을 형성하지 못했다는 사실에 대한 부끄러움', '살아남았다는 사실에 대한 부끄러움' 그리고 마지막으로 가장 문제적인 '인간이라는 사실에 대한 부끄러움'이 그것이다.[51]

우카이 사토시는 「어떤 감정의 미래—<부끄러움(恥)>의 역사성」에서 특히 레비가 언급한 '인간이라는 사실에 대한 부끄러움'을 그것과 얼핏 보기에 흡사한 '인간으로서의 부끄러움'과

대비시킨 바 있다.[52] 이 언표들은 비슷해 보이지만 서로 전혀 다른 차원에 속하는 것이다.

그에 따르면 우선 '인간으로서의 부끄러움'은 기본적으로 인간주의의 언표이다. 왜냐하면 자기나 혹은 타자가 그러한 부끄러움의 대상(언표의 주체)인 한에서 '인간'에의 귀속이 의문시되기는 하지만, 언표행위의 주체 자신은 결코 그렇지 않다. 곧 부끄럽다고 언표하는 행위 그 자체를 통해 언표행위의 주체는 그러한 귀속을 오히려 재확인하고 강화할 뿐이기 때문에 인간의 자격을 의심받는 일은 일어나지 않는다.

반면 '인간이라는 사실에 대한 부끄러움'이라는 언표는 인간주의의 극한이다. 그것은 언표의 주체 차원이건 언표 행위의 주체 차원이건 양쪽 모두에서 '인간'에의 귀속 그 자체가 문제시 된다. 그러한 부끄러움으로부터 도망치기 위해서는 '인간'으로부터 벗어나야 한다는 역설적인 충동이 그 안에 내포되어 있기 때문이다. 이로써 레비의 언표는 일종의 아포리아aporia가 될 수밖에 없다.

결국 그가 파악하거니와, 레비의 '인간이라는 사실에 대한 부끄러움'은 국민주의적/인간주의적 공간에 결코 있지 않다. "어떤 국가의 국민이라는 사실에 대한 부끄러움이 쉽사리 상정할 수 있는 외부"[53] 따위가 있을 리 없기 때문이다.

게다가 "인간이라는 사실에 대한 부끄러움은, 정의상 어떤 고유문화의 속성"도 아니다. 그것은 오히려 "보편적인, (…) 보편적 이상의, 보편성을 넘어서는 무엇"[54]일 수밖에 없다.

따라서 이러한 부끄러움의 감정은 엄연히 미래에 속하는 것인다, 우카이 사토시는 부끄러움의 감정이야말로 생성변화를 가동시키는 것이라는 들뢰즈의 주장을 환기하면서, 다음과 같이 언급한다.

> 『철학이란 무엇인가』에서는, (…) 능력으로서의 감정은 더 한층 예리하게 새로이 포착되어, 감정적 변화는 두 가지 상태간의 양적인 이행이 아니라, "인간이 인간이 아니게 되는devenir non humain de l'homme"식의 생성변화가 된다. 들뢰즈에게 부끄러움은, 무엇보다도 인간이라는 사실에 대한 부끄러움은 분명히 이러한 감정의 하나이다. 아니, 어쩌면 수많은 감정의 하나가 아니라, 감정 일반의 본질에 관련되는 어떤 특수한 지위를 가지는 감정이다. 이렇게 해석된 감정이 인간공동체의 의미의 세계로부터 벗어날 수밖에 없는 벡터를 포함하고 있다면, "위대한 소설가들", "미지의, 혹은 오인되어온 발명자들", 카프카, 프루스트, 멜빌, 로렌스, 그리고 장르를 초월해서 프란시스 베이컨까지도, 들뢰즈는 부끄러움의, 혹은 그에 가까운 감정의 발명자의 계열로 보았던 것일까?

레비의 부끄러움에서 들뢰즈의 생성변환(혹은 '되기')으로 미끄러지는 이러한 광대역의 사유에 대해 그것의 정합성이나 논리적 엄밀성을 물을 처지가 사실상 못 된다는 점을 고백해야 할 것 같다.[55] 다만 눈여겨 볼 것은 부끄러움이 비단 수많은 감정들 중의 하나가 아니라, 오히려 "감정 일반의 본질에 관련되는 어떤 특수한 지위를 가지는 감정"일 수 있다는 진술이다.

만약 우리가 그러한 진술을 적극적으로 수용한다면 부끄러움의 긍정성 여부를 떠나, 그리고 너스바움의 수치심에 대한 정치적 반대의 입장과는 다른 방향에서, 부끄러움이라는 감정을 새로운 사유(혹은 비판의 기획)를 촉발시키는 원리적인 토대로서 사고해볼 수 있는 여지가 생길 수 있다는 것이다. 이러한 점에서 들뢰즈의 다음과 같은 언급은 매우 긴요하다.

> 우리는 인간이라는 부끄러움을 아주 하찮은 경우에도 느낄 때가 있습니다. 사유의 크나큰 천박함 앞에서, 버라이어티 방송을 보면서, 어느 수상의 연설을 들으면서, 또 "태평스런 사람들"의 이야기에서 그런 것을 느낄 수도 있습니다. 그것은 철학의 가장 강한 동기 중의 하나입니다. 그래서 어쩔 수 없이 정치철학으로 흘러가는 것이지요.[56]

부끄러움이, 특히 인간이라는 사실에 대한 부끄러움이 철학의 동기이자, 게다가 그것이 정치철학일 수밖에 없다는 들뢰즈의 주장을 되새겨야 한다고 생각한다. 이는 부끄러움의 감정을 긍정적인 것인지 혹은 부정적인 것인지를 평가하는 차원 이상의 것을 함축하는 문제적 발언이기 때문이다.

정치적 또는 법의 규제적 조건으로서만 부끄러움이나 수치심을 평가하고, 게다가 그것이 공적 영역에서 유통되는 것을 경계하는 데에만 몰두한다면, 다른 측면에서 부끄러움이 촉발시키는 사유의 새로운 경지를 포착하는 일은 사실상 불가능할지도 모른다. 따라서 부끄러움을 사회적 성찰성의 중요한 계기로서, 혹은 이상적인 삶에 대한 비판적 기획의 원리적 토대로서 적극화하는 길을 모색하는 일이 오히려 필요하다고 할 수 있겠다.

주체(성) 형성의 조건

지금까지 부끄러움 혹은 수치심을 정치적 자유주의의 입장에서 반대하고 있는 너스바움의 이론적 논의를 주로 검토했다. 그리고 그녀와는 다른 방향에서 부끄러움의 사회적 성찰성을 획득할 수 있는 지점을 모색해 보고자 했다.

그러나 필자의 시도는 말 그대로 시론적인 성격인데다가 부끄러움과 연관된 심리적·사회적 사태 전반과 그것의 역사적 베리에이션을 포괄하고 있는 것이 결코 아니다. 물론 그렇게 하기는 현실적으로 쉽지 않은 일임에 틀림없다.

대신 필자는 부끄러움의 감정이 좋은 삶을 구상하기 위한 비판적 기획의 원리적 토대로서 가능할 수 있는지를 지극히 얕은 수준에서, 몇몇 이론적 논의들을 성기게 섭렵하는 과정에서 타진한 것에 불과하다. 물론 이 시도는 너스바움의 이론에 대한 총체적인 비판이나 그것의 지양과 같은 것도 아니다.

다만 너스바움의 이론에서 인상적인 것은 그녀가 감정을 평가하는 잣대를 도래할 이상적인 사회에 대한 상과 긴밀히 연관시키고 있다는 점이다. 물론 그녀는 수치심이 공적 영역에서 어떤 형태로건 유통되는 것에 대해 명확히 반대의 입장을 취하지만, 이는 다르게 생각하면 부끄러움을 바야흐로 우리가 추구하거나 상상하는 사회적 삶이나 형태에 대한 발본적이고도 진지한 논의와 접속시켜야 한다는 점을 강하게 상기시킨다는 점에서 반면교사로서 충분한 의의를 지니고 있다고 해야 할 것이다.

그리고 모두에서 언급한 바 있듯, 오늘날과 같은 탈경계의 현대사회에서 문제적 범주로 떠오르고 있는 부끄러움을 대면하기 위해서는 현대인의 부끄러움 부재라는 사태를 계몽적 어조로 꾸짖는 일에서 탈피해야 할 것이다. 더더군다나 "부끄러워야 사람이다!"식의 구호를 앞세워 전통적이고 규범적인 부끄러움의 담론으로 회귀하려는 일련의 보수적 열망에 대해서도 경계해야 마땅하다.

이를 위해서는 단언컨대 가치중립적인, 또는 사회역사적 맥락이 소거된 '부끄러움' 일반(만약 그런 것이 있다면 말이다!)과 그것의 형식적 원리에 대한 탐구 따위에 관심을 두지 말아야 한다고 생각한다. 부끄러움을 복잡다기한 현대 사회, 곧 '지금-여기'의 사태를 규정하고 구조화하는 문제적 범주로 끌어안고 '맥락화contextualization'하는 일이 필요하다. 부끄러움 논의에 사회철학적 또는 정치철학적 이론의 적극적인 개입이 요청되는 것도 바로 이 때문일 것이다.

이를테면 부끄러움이라는 이 감성의 지표를 새로운 '주체(성)' 형성과 그것의 탐구에 대한 실천적 논의와 연결시키거나, 아니면 '필요한 가상'으로서 바람직한 사회·삶·인간에 대한 상이랄까 인식적 프레임과 연결시켜 보는 일은 불가능할까?

더 원대하게 말하자면, 새로운 인간학의 구성을 위한 사유의 질료로서 부끄러움이라는 감정적 '사건'을 전유하는 일은 과연 불가능한 일일까? 이러한 문제들에 답할 수 있을 때만이 레비의 "인간이라는 사실에 대한 부끄러움"이라는 아포리아가 함축하고 있는 곤경이자 동시에 가능성의 지평을 더듬어볼 수 있는 것은 아닐까?

감성공동체를 위하여

초월적 공동체를 넘어

공동체에 대한 관심과 논의는 정치철학 또는 정치사상사의 오랜 주제였다. 또한 공동체주의와 자유주의 논쟁[1]은 여전히 현재 진행형이다.

서구의 경험을 비춰 보더라도 공동체 논의의 기원은 고대 아테네의 폴리스 공동체까지 거슬러 올라간다. 주지하듯 19세기 푸리에C. Fourier의 '팔랑쥬phalange'나 오웬R. Owen의 '뉴하모니new Harmony' 등은 유토피아적 기획가 맞물린 대표적인 공동체 실험이었다.

최근 한국에서도 이른바 대안 공동체 운동이 붐을 이루고 있다. 이 운동은 "인간과 자연 사이의 문제뿐만 아니라 대안 교육 운동, 공동 주거 운동, 협동조합 운동, 생산자 공동체 운동, 공동체 경제 운동 등의 형태로 폭넓게 확산"[2]되고 있는 실정이다.

한편 다양한 양상으로 전개되고 있는 마을 공동체 운동도 눈여겨 볼만하다.[3] 물론 이 외에도 공동체에 대한 논의와 실천적인 시도들은 그 수효를 헤아리기 힘들다. 더욱이 국가 단위를 뛰어넘는 공동체 논의(이를테면 아시아공동체론)까지를 고려한다면, 공동체 논의의 깊이와 폭은 상당하다.

필자의 의도는 기존의 공동체론들에 대한 진단과 평가가 아니다. 다만 이 논의는 유사가족주의라는 편집증적 네트워크와 우리의식We-ness에 기반을 둔 배타적 공동체의 유혹을 뿌리치면서 어떻게 공동체를 사유할 수 있는가, 하는 물음에 대한 작은 답변이 될 것이다.

이를 위해 필자는 김소진의 소설 『장석조네 사람들』(문학동네, 2006)을 분석할 것이다. 이 소설은 공동체를 사유하기 위한 실존적 지반과 그것을 실현하기 위한 최소 조건들에 대한 풍부한 암시들로 가득하다고 판단된다.

궁극적으로 『장석조네 사람들』이라는 소설에 의지해 필자가 생각하는 공동체의 상을 어렴풋하게나마 구상해보고자 한다. 해서 이 논의는 작품 자체에 대한 문예미학적 분석과는 관련이 멀다.

필자가 구상하는 공동체는 이른바 '감성공동체'이다. 물론 이 용어는 엄밀하게 정의된 게 아니다. 우선 목적론적(=유기적)이고 가치지향적(=초월적)인 공동체와는 대비된다는 점에서, 그렇지만 동시에 그러한 실제적인 공동체를 허물거나 지탱시키는 일종의 잠재태 또는 이념이라는 맥락에서 감성공동체라는 용어를 조심스럽게 제시해 본다.

헤테로토피아의 징한 그들

김소진의 『장석조네 사람들』은 70년대 미아리 산동네를 배경으로 한 연작 소설이다. 미아리는 "과거 강북에서 첫손 꼽히는 대규모 판자촌이었지만, 지금은 도시 재개발로 말끔한 아파트들이 들어서면서 흔적도 없이 사라져버린"[4] 곳이다.

잘아는 바와 같이 이 소설의 공간적 배경인 미아리는 "김소진 소설의 원형이자 창작의 모태"이며 그의 "성장기의 원체험과 가족사의 기억이 깃들인 장소"[5]이다. 그러나 필자의 관심사는 미아리가 작가의 원체험과 관련 있다는 사실이 아니다. 오히려 미아리라는 공간 그 자체이다.

미아리는 계급 불평등과 지역 불균형을 낳는 자본의 시소게임이 필연적으로 양산할 수밖에 없는 소외의 공간이다.[6] 쉽게 말해 미아리는 변두리(주변부)이다. 변두리란 통상 지역의 가장자리를 일컫는다. 따라서 중앙 또는 중심을 전제하는 상대적 개념이다.

그러나 자본주의가 태생적으로 끊임없는 변두리의 생산을 통해 유지된다고 했을 때, 변두리란 단순히 어떤 특수한 지역이나 장소를 지칭하지 않는다. 변두리는 과거와 현재도 그랬고, 여전히 미래에도 존재할 자본주의 모순의 보편적 징후이다.

이점에서 변두리는 양가적이다. 먼저 변두리는 "도시로 편입하려고 하지만 도시에서 끊임없이 타자화된 개인들이 모여 다양한 모순을 형성하고 있는 배제의 공간"이다. 그곳의 삶은 "주변 환경의 열악함 속에서 끊임없는 불안정, 경제적 궁핍함, 무질서, 비도덕적, 비윤리적인 모습"을 드러낸다.

그러나 다른 한편, "도시화와 함께 도시적 삶의 양식이 이미 철저하게 정치·경제·문화적으로, 그리고 이데올로기 및 언어로 자본의 요구에 영토화된 것"이라면 변두리의 삶은 "다양한 가치가 혼재하면서 지배적 가치들을 비켜나가는 현실비판을 위한 가능성의 장"[7]이기도 하다.

이 점에서 김소진의 『장석조네 사람들』은 주목에 값한다. 이 작품은 1980년대를 풍미했던 민족이나 계급과 같은 "추상적인 거대담론이 배제하고 외면했던 것들, 거대담론과 깊이 연관되어 있으면서도 거대담론에 의해 침탈되고 타자화되었던 것들을 탐착"[8]함으로써 변두리의 양가성을 잘 포착하고 있기 때문이다.

도시가 일종의 유토피아라면, 김소진의 미아리는 '헤테로토피아heterotopia'이다. 헤테로토피아는 푸코가 『말과 사물』에서 유토피아utopia와의 대비를 위해 끌어들인 용어이다. 유토피아는 그리스어에서 '없는 것'을 의미하는 'ou'와 '장소'를 가리키는 'topos'의 합성어이다.

반면 헤테로토피아는 유토피아에서 'ou' 대신에 '이형異形 또는 이질異質'을 의미하는 'hetero'를 대입한 것이다. 우리는 유토피아의 뜻을 '어느 곳에도 없는 장소', 따라서 다소 허황된 것 정도로 이해하는 게 보통이다.

그런데 만약 'ou'를 보다 적극적인 의미로 사용한다면 유토피아의 뜻은 '장소를 없애다' 식으로 풀이될 수 있다. 푸코는 유토피아에는 "불가사의한 균질의 공간"이 있다고 말한다.

따라서 유토피아란 이질적인 장소'들'을 없애는 대신 하나의 가상적인 균질의 장소를 상정하는 것이다. 결국 유토피아라는 개념은 중립적이지도 무구하지도 않다. 묵계처럼 폭력과 억압을 전제하는 동일자의 형이상학과 겹치기 때문이다.

반면 헤테로토피아는 이질적인 장소들의 현존이나 그것들의 공존을 의미한다. 그것은 "사물들이 연결되지 않은 작은 섬들로 응집되는 다수의 소규모의 단편적 영역들"[9]을 전제하는 것이다.

아무튼 미아리라는 헤테로토피아적 공간에 먹이사슬의 최하층에 위치한 부적응자들, 소위 '징한 그들'[10]이 산다. "한 지붕 아래 아홉 개의 방이 한 일-자로 늘어서 있어서"[11] 일명 '기찻집'이라고도 불리는 장석조네에 세 들어 사는 아홉 가구의 인물들이 그들이다.

그들은 전형적인 노동자도 아니다. 사회 변혁의 긍정적 전망을 품어줄만한 건강한 민중 형상과도 이미 관련이 멀다.

그들의 면모는 이렇다. 촌의 상머슴 출신이 날품팔이 둘남아범, 아줌마들에게 인기 높은 양은 장수 최씨, 6·25 전쟁 통에 이북의 부인과 생이별하고 늦은 살림을 차린 전직 공사판 십장 오영감, 고아 출신 면도사로 외롭게 지내다 오영감과 살림을 차린 성금 어메, 전공電工 겐짱 박씨 형제와 흑산도 논다니 출신의 새댁, 놀라운 괴력과 모자란 지능을 겸비한 육손이 형 강광수, 똥지게 꾼 광수 애비, 월남전에서 현지 제대한 얼금뱅이 상호, 왕십리 성냥 공장에 다니는 딸과 그 딸에게 얹혀사는 폐병쟁이 진씨, 쌍과부집 주모 택이 엄마와 공사판에서 허리를 다친 의처증 남편, 채소장수 뚱땡이 홍남댁, 그녀의 딸인 동두천 양공주 옥자, 직업도 없이 빈둥대는 옥자 오빠 성호, 실성한 여자 콩점이를 임신시킨 홀아비 쌍용 아범 등.[12]

그들을 굳이 전통적인 계급 분류표에 끼워 넣자면, 룸펜프롤레타리아에 가깝다. 그들은 만성적인 가난과 폭력에 노출되어 있다. 식용과 성욕이라는 원초적 욕망에 휘둘리다보니, 일상적인 도덕관념으로는 도무지 이해할 수 없는 행동을 서슴지 않는 무리가 그들이다.

그들은 후지타 쇼조가 말한 바의 '외톨이'이기도 하다. 이들 외톨이들은 사회적 신의 또는 신뢰의 정도가 결정적으로 낮아지거나 무너지면서 필연적으로 양산된다.

짐멜은 "사회는 우리가 신의라고 부르는 현상이 없이는 단 한 순간도 제대로 존재할 수 없을 것"[13]이라고 말한다. 그에 따르면 신의는 삶을 살아가는 개인들의 불안정하고 유동적인 조건을 안정화시켜 정상적인 사회적 관계를 유지하도록 만들어 주는 "심리학적 저수조"[14]이다.

곧 개인과 사회를 매개해 주는 것이 신의이다. 그러나 그러한 신의가 붕괴되었을 때, 환언하면 개인과 사회의 이원성(분리)이 강하게 의식되었을 때, 개인은 사회적 불안과 초조에 내몰리면서 결국 자기에게만 맹목적으로 집착하는 외톨이로 전락하게 된다.

자폐적 공격성의 근원

미아리 산동네에 거주하는 외톨이들의 내면을 잠식하는 것은 채워지지 않는 허기와 소증素症이다. 이로 인해 "결핍과 충족의 회로가 원활히 순환되지 않는 그들의 생활은 하루하루 다툼과 시비의 연속"이다.

또한 "목전의 사소한 이득을 둘러싼 그들의 불화와 갈등은 외부 세력을 향하기보다 주로 그들 안에서, 그들 사이에서 발생한다."[15] 따라서 외톨이들의 행동 패턴은 자폐적이고 동시에 공격적이다.

이들의 자폐성과 공격성의 근원을 이해하는 데 실마리를 제공해주는 것이 바로 「겐짱 박씨 형제」이다. 이 이야기는 흑산도 섬지방의 논다니 출신 새댁과 그녀의 남편 큰 겐짱 박씨 그리고 작은 겐짱 박씨와의 미묘한 삼각관계 그리고 그로 인한 파국(큰 겐짱 박씨와 새댁의 동반자살)이 중심 내용이다.

큰 겐짱 박씨의 오해와 질투가 비극을 불러온다. 그러나 그 기원은 훨씬 더 심층적이다.

> 해방이 되고서도 거진 오 년 가량 머물다가 일본에서 돌아온 지 얼마 안 돼 양주가 일찍 세상을 뜨자 둘은 고향의 친지집에서 눈칫밥을 먹으며 자랄 수밖에 없었다. 못난이라고 불린 먼 친척뻘 애보개 계집아이조차 왼 고개를 트는 바람에 형인 겐짱 박씨의 등짝에 코를 묻히며 천덕꾸러기로 자란 동생은 어려서부터 정에 많이 굶주려왔었다.[16]

어렸을 적 부모를 잃어버린 작은 겐짱 박씨가 천덕꾸러기로 살면서 정에 굶주렸다는 성장의 내력이 주목을 요한다. 단순한 애정 결핍 문제만은 아니다. 어떤 이유에서건 그가 유대감이나 정서적 공감의 기회를 근원적으로 박탈당했다는 점이 사태의 본질이다.

정에 굶주린 작은 겐짱 박씨를 유일하게 다정하게 대해줬던 이가 그의 형수이다. 아울러 서양화가를 꿈꾸었던 자신의 그림 솜씨에 비상한 관심을 보였던 이도 그의 형수이다.

작은 겐짱 박씨 역시 그런 형수에게 유대감과 친밀함을 드러낸다. 예컨대 궁핍에 시달리는 자신의 형수를 위해 고향 혹산도의 조약돌을 주어와 선물하는 것이 대표적이다.

그러나 이러한 모습이 큰 겐짱 박씨에게는 정상으로 보이지 않는다. 결국 이것이 사단이 되어, 큰 겐짱 박씨와 그의 아내가 동반자살하게 되면서 이야기는 파국으로 치닫는다.

프로이트S. Freud에 의하면 리비도는 본래적이고 일차적인 힘이다. 그래서 유아는 태어날 때부터 갖가지 에로틱한 형태로 무한한 쾌락을 추구하게 된다. 에고가 있기도 전에 이드 곧, 리비도의 만족을 추구하는 일차적 힘으로서 쾌락원칙이 자리 잡는다. 그러나 궁극적으로 적절하고 안정적인 사회적 교제를 이루면서 사회가 쾌락원칙을 억제해 주어야 하는 것이다. 따라서 사회는 부모를 통해 최대한 현실원칙을 부과하게 되면서 에고가 형성된다는 것[17]이다.

반면 리프킨J. Rifkin에 따르면 사회적 관계가 개인에 우선한다. 즉 개인은 언제나 하나의 관계를 통해서만 만들어진다. 이 점에서 인간에게 사회성이 일차적 충동이다.

그들이 리비도의 공격성에 사로잡히는 것은 "모든 욕구의 가장 기본적인 것이 좌절된 것에 대한 보상 반응"일 따름이다. 따라서 사람들이 대상과의 관계를 유지하려는 것은 "안락함을 추구하고 리비도를 충족시키려는 욕구"에서가 아니라, "사랑, 호의, 유대감, 인적 교제"[18]를 의도하기 때문이다.

이렇게 되면 프로이트의 주장과 달리 현실원칙이 오히려 일차적이다. 그리고 그것은 유아가 "끊임없이 애정 관계라는 목적을 향해 다른 사람과의 관계를 만드는 데 몰두"하는 힘으로 재정의할 수 있다. 결국 "사회화의 일차적 목표가 좌절되고 에고가 적절히 성숙되지 못할 경우", 즉 관계를 형성하려는 일차적 목표가 좌절될 경우에만 비로소 쾌락원칙은 "볼품없는 대안"[19]이 되고 마는 것이다.

결과적으로 유아의 충동은 공격성, 사나움, 파괴성과도 "분명히 구분" 된다. 리비도적 충동에서 말미암은 근심과 증오 그리고 공격성은 엄마건 아빠건 아니면 부모 둘 다이건 "의미 있는 타자 쪽에서 공감을 충분히 해 주지"[20] 않았을 때 생겨난다. 결국 "타고난 유대감에 대한 요구"가 무산되었을 경우에 개인은 자기 몰두적이며, 그러한 의미에서 충동적이며 공격적이다.

이들 외톨이들은 유대감과 공감의 기회를 박탈당한 자들이다. 곧 자기 몰두적 개인들일 뿐이다.

대체적으로 극단적인 파국의 형태로 귀결되는 경우는 드물다하더라도 그들 내부에서 일상적으로 벌어지는 갈등과 폭력은 어쨌든 필연이다. 아도르노 식으로 말하자면, 이러한 개인들의 행동 패턴은 이디오진크라지와 흡사하다.

이디오진크라지란 "고도로 문명화된 현대인에게도 유일하게 남아 있는 원시적이고 동물적인 반응 형식으로서 외부의 위협에 대해 본능적으로 움츠리는 말미잘의 촉수와 같은 무조건 반사"[21]를 의미한다. 즉 이는 외부의 공포와 위협에 대한 무조건적 방어로서 자기유지를 위해 생물학적 수준으로 퇴행하는 것도 마다하지 않는 행동 방식이라고 할 수 있다.

충족되지 않는 허기와 소증이 미아리의 외톨이들을 자기 유지를 위해 생물학적 수준으로 퇴행하도록 부추긴다. 뿐만 아니라 그들 내부에서 다양한 형태의 폭력을 만들어 내며, 그들을 허망하고 부질없는 것에 대한 강박과 집착으로 내몰기도 한다. 「돼지꿈」에서 보이는 도박중독자 양씨와 그의 처 상주댁 사이의 갈등이 단적인 예이다. 이들 부부 사이의 갈등과 폭력은 기본적으로 궁핍에서 비롯된 듯하다.

그런데 남편 양씨가 도박에 집착하는 것은 한몫 크게 잡아 궁핍을 벗어나 보겠다는 식의 결연한(?) 각오 따위와는 거리가 멀다. 도박은 성적 욕구를 해소하기 위한 수단에 가깝기 때문이다. 양씨가 욕망하는 것은 고작 대폿집 주인 춘하의 몸이다.

> 그 언젠가 아마 돼지꿈을 꾸었던 성싶었다. 양씨는 기세 좋게 살아오르는 끗발을 등에 업고 손가락을 갈고리처럼 세워 판돈을 긁어모았다. 옆에서 술시중을 들며 그 광경을 지켜보던 춘하네의 눈초리가 묘하게 감겨 돌아갔다. 그는 개평도 아주 후하게 풀었다. 후환을 줄이기 위한 배려이기도 했다. 그날 밤 그는 손아귀에 잡히는 대로 해우채를 쥐어주고 눈이 맞은 춘하네를 샀다. 그리고는 그네의 그 흐벅지고 딴딴한 허벅지가 노글노글 풀어진 새벽녘까지 땀으로 번들번들해진 몸뚱이를 거칠게 뒤챘다.[22]

한편 자기유지의 욕구가 대단히 애처로운 것임을 보여준 대표적인 인물이 바로 「양은 장수 끝방 최씨」의 오영감이다. 과거 십장으로 잘 나가던 무렵 오영감은 지금의 성금어메인 이발소종업원 미스 현을 아내로 맞이한다.

그런데 20년이라는 나이 차이도 문제려니와 근력이 떨어진 오영감은 경제적 능력을 상실할 수밖에 없다. 결국 성금어메는 변심하고, 고물상과 강냉이집을 운영하는 주인집의 장석조와 "원래 살던 동네와 불고 정거장 수로 서넛밖에 안 되는 곳"[23]에 살림을 차린다. 대담한 애정 행각이 아닐 수 없다.

그러나 우연한 사고로 장석조와 성금어메의 불륜은 막을 내리고 만다. 성금어메는 이러지도 저러지도 못하는 난처한 처지에 몰린다. 이를 알게 된 오영감은 양은 장수 최씨를 시켜 성금

어매를 보쌈해오도록 한다.

문제는 그 다음날이다. 뻔히 사정을 알고 있는 이웃 사람들과 아무 일 없다는 듯이 천연덕스럽게 인사를 나누는 성금어메도 대단하지만, 주인집의 장석조와 그것도 지척에서 살림을 차렸다는 사실을 알면서도 "아무 탈이 없이 지나가준 어젯밤이 그렇게 고마울 수가 없었다."[24]라고 생각해버리는 오영감의 태도는 일반의 상식과 도덕관념을 무색케 한다.

그러나 오영감이 바라는 것은 경제적 결핍에도 불구하고 어떤 식으로건 자신의 마지막 보루인 가족이라는 테두리만은 깨뜨리지 않는 것이다. 그 앞에서 아내의 성적 일탈이나 도덕적 타락조차 하등 문제되지 않는다.

결국 미아리라는 헤테로토피아에 거주하는 외톨이들의 생태는 상식에 익숙한 이들의 눈으로 보자면, 처참하다 못해 사악한 것으로 비춰질 게 분명하다. 쉼 없는 갈등과 폭력이 난무하는 곳, 배신과 꼼수가 판을 치고, 오직 생물학적인 욕구들만이 선연한 악마적 공간에서 정의나 선과 같은 바람직한 또는 초월적 가치(혹은 도덕적 명령)의 근거들을 찾아내기란 거의 불가능하다. 그 공간에 거주하는 외톨이들은 계몽의 대상이거나, 그것도 여의치 않는다면 언제든 위생 처리하듯 시선에서 말끔히 지워버리면 그만인 존재들일 지도 모른다. 과연 그런가.

관계성에 이르는 길

우리는 자본주의가 지속적인 변두리의 생산을 통해 작동된다는 점, 그리고 변두리의 생태가 자본주의 모순의 보편적 징후로 존재한다는 점을 다시금 검토해야 한다. 자본주의적 공간의 분할과 지배가 아무리 철저한 것이라 해도, 이른바 파우스트적 열정(광기)과 데카르트적 기하학으로 현실의 공간을 끊임없이 구획하고 그 안에 선과 도형을 기입해 넣는다 해도, 변두리 또는 헤테로토피아는 자본주의 체제가 작동을 멈추지 않는 한 언제어디서나 편재한다.

따라서 모든 공동체 논의는 바로 이 지점에서 시작되어야 한다. 이 점을 방기한 어떤 논의도 결국 철지난 계몽주의나 추상적 이상주의로 주저앉게 될 것이다.

김소진이 포착한 미아리는 계몽주의나 이상주의의 결과물이 아니다. 물론 『장석조네 사람들』은 김소진의 유년기억에 의존하고 있다는 점에서, 실제의 미아리와 재현된 그것 사이의 시차視差는 불가피하다.

그런데 관건은 리얼리즘적 재현의 충실성이나 리얼리티의 확보 여부가 아니다. 중요한 것은 김소진이 80년대를 풍미했던 거대담론들과 일정한 거리를 유지함으로써, 미아리라는 헤테로토피아적 공간이 지닌 양가성을 잘 포착해 냈다는 점이다. 앞서 밝힌 바와 같이 변두리는 소외와 배제의 공간이다. 동시에 현실 비판의 가능성을 지닌 혼종성의 공간이다.

이제 관건은 모두에서 언급한 부정적 사태를 피하면서 공동체를 구상할 수 있는 실마리를 연작 『장석조네 사람들』에서 찾는 일이다. 징후적 독법이 요청되는 지점이다.

진정석은 이 작품을 해석하면서 "먹고 사는 문제에 대한 집착과 몰두는 때로 세상의 깊은 이치와 도리에 대한 예지로 비약"[25] 된다고 언급했다. 그 예지란 「별을 세는 사람들」에 등장하는 똥지게꾼 광수 아비의 "별은 똥이다"로 요약되는, 언뜻 보면 개똥철학에 흡사한 듯한 발언을 두고 이르는 말이다.

> "(…) 내는 항상 똥만 쳐다보고 사니겐. 그게 내 일이니깐. 그걸 퍼주는 대가로 돈을 받아 쌀도 팔아묵고 술도 사묵지. 그리고 남들처럼 똥을 눠버려. 맞다. 기럼 그리고 그 똥을 퍼다 둘남아배 같은 자드락밭에 뿌리기도 하믄, 기러믄 거기서 느그 말대로 처녀아이 종아리처럼 희디흰 무도 나오고 배추도 나오고 상추도 솎아내고 말이다. 사람들은 그걸 먹고 또 똥을 싸고 난 그걸 푸고사니, 어떤고? 이 모든 걸 내 머리 위의 별이 다 하염없이 내려다보고 거름꾼 노릇 잘하게 한단 말시. 그럼 내가 그 별을 올려다볼 때 틀림없이 이 술로 찌들고 푸르딩딩한 내 눈에도 별빛이 고봉으로 하나 가득 담길 것이 아닌가 말여. 별은 밤에 이슬을 내리고 바람을 일으키고 배춧잎들이 살랑거리며 말하는 대화를 듣고 살이 찌는 소리에도 귀를 기울일 것이야. 틀림없지.

그 별의 선물을 먹고 우린 똥을 눈다는 것 모르면 말이 안 되지 암. 그러니깐 별은 똥이다. 내 말이 틀렸남!"[26]

똥지게꾼 광수 아비의 말은 요컨대 이렇다. 똥은 돈도 되고, 술도 되고 무나 배추도 된다. 그러나 그것들은 다시금 인간의 오장육보를 거쳐 똥이 된다. 이 순환을 주재하는 것이 바로 별이다. 다시 이 별은 똥지게꾼의 소명을 관장할 뿐만 아니라 밤에 이슬을 내리고 바람을 일으켜 무릇 생명들을 살찌운다. 이렇게 해서 '별'은 '똥'이 되는 것이다.

단순한 말장난이나 터무니없는 비유쯤으로 치부할 일이 아니다. 우선 광수 아비의 말은 모든 존재가 인연에 의해 생겨난다는 불가의 연기설緣起說을 연상케 한다. 그래서 어떠한 '개체'도 그 자체만으로는 존재할 수 없다는, 생각 이상으로 심오한 진리에 도달하고 있기 때문이다. 이를 달리 관계성의 진리라고 할 수 있다.

결국 그는 일개 비루한 똥지게꾼에서 세상의 순환적 질서를 꿰뚫는 예지자(시인)로 변신하고 있는 셈이다. 단적으로 말해, 스피노자의 『에티카』도 실상은 관계성의 진리 그 이상도 이하도 아니다. 다만 스피노자가 유일하고 절대적인 실체로서 규정했던 신 또는 자연을 광수 아비는 별이라고 바꿔 말하고 있을 따름이다.[27]

> 모든 개체들은, 굳이 더불어 공동의 집합적 신체를 구성한다고는 말하기 힘든 경우에조차, 이웃한 다른 모든 개체들에 기대어 존재한다. 내가 존재한다는 것은 내가 기대어 있는 그 모든 것이 함께 존재한다는 것을 의미한다. 이런 의미에서 개체들은, 그것이 개체로서 파악되는 경우에조차 항상-이미 코뮌적 존재다. 그것이 기대어 있는 모든 것과 결합하여 존재하는 존재. 그것은 내가 의식하든 말든, 인정하든 말든 항상-이미 벗어날 수 없는 삶의 조건이다. 나의 생존, 그것은 나를 둘러싼 저 개체들의 연속체에, 나의 외부에 기대어 있는 것이다. 역으로 나의 생존에는 나를 살아 있게 해주는 그 모든 이웃들이, 그 모든 외부가 들어와 앉아있는 것이고, 그 모든 이웃들의 연관이 표현되고 있는 것이다.[28]

그렇다면 광수 아비의 예지는 도대체 어떻게 가능한가. 우리는 아무리 해도 광수 아비가 예외적 개인(=초월적 영웅)이라고 생각할 수 없다. 최소한 골드만이 정의한 바의 문제적 개인[29]축에도 낄 수 없다는 사실을 잘 안다.

그는 미아리의 외톨이들 중 한 명에 불과하다. 자기 몰두적 개인일 따름이다. 그런 그가 자기(개체)의 외부(바깥)를 사유한다는 것은 거의 불가능하다.

자기유지에만 온통 신경을 곤두세우고 있는 이들에게 이웃은 생존을 위한 방편일 뿐이다. 따라서 이들에게 애초부터 타인을 수단으로서 뿐만 아니라 목적으로 대하라, 식의 윤리적 명령(칸트)이 들어설 여지는 없다. 물론 연대라거나 형제애와 같은 덕목도 마찬가지이다.

리프킨의 주장으로 다시 돌아가자. 사회적 관계가 항상 개인에 앞선다. 이 말은 뒤집으면, 개인들이 모여 사회적 관계를 형성한다는 식의 보편화된 상식이 어떤 결함이 있다는 점을 의미한다.

즉 홉스, 로크 그리고 루소의 계보를 잇는, 요컨대 자율적인(=대등한) 개인들이 계약에 의해 국가나 사회와 같은 공동체를 형성한다는 식의 사회계약설은 적잖이 의심스럽다. 광수아비의 예지(도약)는 이른바 독립적인 또는 자율적인 주체로서 개인이라는 근대주의적 전제로는 어떻게 해도 그 설명 불가다.

게다가 '일반 시민의 자유의지' 또는 '근대적 개아個我의 확립'과 같은 슬로건을 포함한 근대주의적 전제의 종국에 '화폐공동체'와 같은 것만이 유일할 수 있다는 점을 염두에 둬야 한다. 이와 관련하여 니시가끼 토오루西垣通는 다음과 같이 언급하고 있다.

> 전자화폐지상주의란 어떤 의미에서는 근대 자본주의의 순수한 모습이다. 이것을 받들어 모시는 지구규모의 화폐공동체란

참으로 이상한 곳이다. 그곳에서는 전자화폐의 누적과 더불어 개인의 물질적 소유를 끝없이 늘려가는 일이 원리적으로 가능하다. 이것은 종래의 공동체에서는 통상 있을 수 없는 일이다. 공동체 구성원이 큰 공을 세웠다 하더라도 그에 대한 물질적 보수는 제한적이며 그보다는 지위나 명예, 위신 등의 비물질적 보수가 주어지는 것이 보통이다. 즉 인간의 노력은 공동체 안에서 사는 기쁨이나 충족감을 크게 하기 위한 것이며 지칠 줄 모르는 물질적 소유를 향한 것은 아니다. (…) 개인의 물질적 지배력의 무한한 신장—그것은 다름이 아니라 '개개의 인간이 신이 된다'는 것이다. 이러한 사고가 가공할 자연환경 파괴를 야기한다든가 '자유민주주의 하에서의 불평등과 폭력과 차별'이라는 역설을 초래하는 것은 어쩌면 당연하다고 할 수 있다.[30]

요컨대 근대주의적 전제를 바탕에 깔고 있는 한 어떤 공동체 논의도 불평등과 폭력 그리고 차별의 덫을 벗어날 수 없다는 것이다. 덧붙여 니시가끼 토우루는 자율적 개인 또는 독립적 주체라는 근대주의적 전제가 존속하는 한, 인터넷 기반의 '가상공동체' 역시 화폐공동체의 역설을 비껴갈 수 없다고 평가하고 있다. 인터넷 가상공동체의 미래를 낙관하는 이들이라면 주목을 요하는 지점이다.

오히려 공동체를 철학적 사유의 주요한 테마로 삼은 낭시J. L. Nancy로부터 해답의 실마리를 찾을 수 있다. 그는 우선 개인이 만들어지고, 개인의 문화가 생겨난다는 것과 같은, 소위 개인이 갖는 범접할 수 없는 특권을 의문시한다. 개인이란 "공동체가 와해되는 시련 이후에 남은 찌꺼기" 곧 그것이 붕괴되고 난 후의 "추상적인 결과"[31]에 지나지 않기 때문이다.

이른바 원자론적 개인에 선행하는 공동체를 낭시는 탈자태脫自態 또는 공동-내-존재共同—內-存在 등으로 명명한다.[32] 여하튼 낭시가 말하는 공동체는 개인(성)이라는 신화가 해체되었을 경우에만 출현한다. 이를테면 개별성, 분할 불가능성(원자론), 자유의지, 능동성의 관념을 괄호 처리할 때, 공동체를 사유할 수 있는 것이다.

결국 광수 아비의 예지는 개체의 층위에서 관계의 층위로 도약한 결과였다는 식으로 볼 게 아니다. 개체성 자체가 무화되거나 지워짐으로써 관계성 안으로 진입한 무의지적 결과로 보는 것이 타당하다. 이제 관건은 주체의 수동성이다.

주체의 수동성과 얼굴

주지하듯 주체의 수동성은 레비나스의 화두이다. 그는 하이데거 철학에 대응해서, 주체의 자유라는 이념을 철저히 비판했다. 자유의 삶 속에는 윤리가 개입될 여지가 희박하다고 판단했기 때문이다.

레비나스에게 윤리의 조건은 언제나 타자의 선재성이다. 그런데 하이데거는 개체성의 틀에서 세계로의 초월이라는 현존재의 자유 이념을 강조한 나머지 윤리적 책임과는 무관한 주체의 능동성과 힘만을 부각시켜 왔다는 것이다. 반면 레비나스는 주체의 자유와 능동성을 근저에서 문제 삼는 사건을 등장시킨다. 그 사건이란 바로 얼굴의 현현이다.[33]

레비나스는 모든 윤리적 명령은 타자의 얼굴에서 비롯된다고 말한다. 이때 얼굴은 그림이나 사진 따위로 재현할 수 있는 것이 아니다. 여기서 얼굴은 주체의 인식구조를 초월하는 절대적 외부 또는 무한으로서의 타자이다.

즉 타자는 "나와 더불어 공동의 존재에 참여하고 있는 다른 자아 자체가 결코 아니"다. 그러한 타자와의 관계 역시 어떤 조화 혹은 "우리 자신이 그와 유사하다고 인식하도록 하는 공감"[34]의 관계도 아니다. 그래서 타자와의 관계는 일종의 신비이다.

그러한 신비적 관계 안에서 주체는 자신의 지배권을 상실한다. 이른바 "할 수 있음을 더 이상 할 수 없음"[35]의 상태로 내몰린다.

이때 타자는 "살인하지 말라"와 같은 윤리적 명령으로 주체 앞에 나타난다. 이를테면 타자의 얼굴은 자신이 소중하게 다뤄지길 원하듯 타인 역시 소중히 다루어야 한다는 하나의 명령이자 고통이다.

(…) 고통 받는 얼굴은 내가 어떤 식으로도 소유할 수 없는 자, 어떤 방식으로도 나로 환원되지 않는 자이다. 그 얼굴은 나의 모든 능력에 반대하여 나에게 '저항'한다. 얼굴의 저항이란, 대상 세계를 소유하고 지배하려고 하는 나의 힘을 무력화시키고 나의 윤리적 행동을 촉구하는 '윤리적 저항'이다.[36]

얼굴의 저항 앞에 선 무력한 존재, 곧 윤리적 주체의 가능성을 연작 「쌍과부집」의 보령댁과 콩점이의 관계를 통해 확인할 수 있다.

술집 '쌍과부집'을 운영하는 과부인 보령댁은 세파에 시달린 인물답게 입이 퍽 걸다. 한편 콩점이는 삼십대 초반의 실성한 여인으로 자신의 이름은 물론 어디서 살다 왔는지조차 모른다. 다만 왼쪽 볼에 콩알만한 사마귀가 있어 동네 사람들이 콩점이라 부른다.

남의 집 허드렛일을 도와주며 근근이 살아가던 어느 날 콩점이는 아비도 모르는 아이를 임신해버리고 만다. 해산일이 다가오자, 결국 그녀는 평소 살갑게 대해줬던 보령댁을 "기미가 잔뜩 앉은 부숭부숭한 얼굴"[37]로 추운 겨울날 추레한 외투 하나만 걸친 채 나타난다.

"곧 나와버리겠네. 나 원 참, 저 미친년이 내가 한때는 산파질로 끼니를 애운 적이 있는 걸 어떻게 알구설랑 기신기신 찾아와

서 엥게 붙었을꼬? 차암, 이런 개갈 안 나는 일이 또 어디 있담? 이봐, 아우네 뭐 벌써 가려고 그러우. 여기 지금 아그 받을 여자가 자네허구 나허구 빼면 또 누가 있다구 그려? 좀 늦더라도 해산 바라질랑 해주고 가야 허지 않겠냐구 젠장할 것. 아 누군 죄진 게 있어서 이 지랄인가? 저 빌어묵다 거꾸러질 미친년이 이 엄동설한 폭설에서 다 죽어가게 됐다가 여기로 구메구메 기어들어와설랑 저렇게 반나절씩이나 애를 비릊고 있으니 살천스럽게 밖으로 내칠 수도 없고 말이야. 내치더라도 뜨거운 첫 국밥이나 멕이고 내쳐야 하늘의 날벼락은 면할 수 있을 거 아니냔 말야. 일수가 사나우려니깐, 젠장."

보령댁 입장에서는 퍽 난처한 일이 아닐 수 없다. 그래서 인용문에서 보듯 예의 거친 입담과 욕설을 늘어놓는다. 그러나 보령댁은 어쩔 도리가 없다.

기미 낀 부숭부숭한 콩점이의 얼굴은 하나의 힘[38]으로 작동하여 보령댁을 무력화시킨다. 보령댁은 고통 받는 얼굴이 명령하는 윤리적 요구에 순응할 수밖에 없다.

다소 난삽하게 논의가 전개된 감이 없지 않다. 결국 이렇게 말할 수 있다. "남성적 힘과 다른, 할 수 있음을 할 수 있음, 가능한 것의 장악과는 전혀 다른"[39] 무력함(수동성) 속에서 똥지게꾼 광수 애비와 보령댁은 관계성에 진입할 수 있었다.

물론 미아리라는 헤테로토피아가 그와 같은 상태를 불러왔다거나, 그곳에 거주하는 외톨이들이 모두 그런 경지에 가닿을 수 있다는 식으로 언급하는 것은 비약이다.

미아리라는 공간 자체를 지배 권력에 대한 안티테제와 같은 것으로 이상화해야 할 뚜렷한 이유도 없다. 게다가 미아리의 외톨이들 내부에 어떤 우연한 계기에 의해 분자적인 개체들이 순식간에 몰mole적 덩어리(파시즘과 같은)로 일체화되는 그와 같은 경향을 미연에 방지할 수 있는 장치가 있다고 말하기도 곤란하다.[40]

다만 필자는 공동체를 구상하기 위한 최소 조건으로서 관계성의 진리 혹은 윤리적(수동적) 주체를 사유해야 한다고 강조하고 싶다. 그러나 애석하지만, 이러한 최소 조건들이 모두에서 언급한 바 있는 유사가족주의적 형태의 편집증적 네트워크나 우리의식을 기반으로 하는 배타적 공동체를 지양할 수 있는 유력한 대안이 될 수 있는가, 하는 물음 앞에서 머뭇거리게 된다. 왜냐하면 그것이 현실의 공간에서 즉 실천적 지평(정치적 맥락)에서 어떤 의미를 차지할 수 있고, 구체적으로 어떤 전망을 가져올 수 있는지에 대해서 현재로서는 확실한 답을 제시할 수 없기 때문이다. 결국 이 논의가 대단히 사변적임은 어쩔 수 없다.

할 수 없음의 급진성

지금까지 필자는 유사가족주의적 형태의 편집증적 네트워크 그리고 우리의식을 기반으로 하는 배타적 형태의 공동체라는 두 개의 사태를 피하면서, 어떻게 공동체를 사유할 수 있는가에 대한 답변을 시도했다. 이를 위해 김소진의 연작소설 『장석조네 사람들』을 분석했다.

그러나 그 답변이 적실한 것이라고 말하기는 곤란한 점이 많다. 게다가 감성공동체라는 용어를 표 나게 내세웠지만, 그에 대한 정의나 그것의 내포 또는 외연을 규정하지도 못했다. 양두구육羊頭狗肉인 셈이다. 그럼에도 불구하고 감성공동체라는 용어를 의도적으로 사용한 이유는 다음과 같다. 물론 이 역시도 명쾌하게 정리된 게 아니다.

우선 대개의 공동체 논의들이 그 유토피아적 성향으로 인해 논의와 실천의 토대를 차안此岸이 아닌 피안彼岸에 설정하려는 듯한 인상을 지울 수 없다. 피안의 목록들은 많다. 이를테면 도시의 피안으로서 전원, 현재의 피안으로서 과거, 섞여 있음의 피안으로서 분리되어 있음, 참여의 피안으로서 도피와 같은 것들이다.

따라서 피안에 대한 그리움에는 '지금 그리고 여기'라는 감각적 현실(헤테로토피아)에 대한 부정과 증오가 은밀히 자리 잡고 있다고 할 수 있다. 거기에 덧붙여 그러한 피안에 대한 지향

안에는 예외성에 대한 맹신 같은 게 있는 것처럼 보인다. 이 예외성의 관념이 주인(대표하는 자)과 노예(대표되는 자)의 딜레마를 존속시킨다고 생각한다.

아울러 자유의지, 주체의 능동성, 계몽과 개발, 소유와 확장과 같은 근대주의적 전제들, 이른바 이성주의에 입각한 공동체 논의들이 과연 타자의 고통에 눈감지 않으면서, 유사가족주의적 네트워크나 우리의식에 기반을 둔 배타적 공동체라는 블랙홀을 비껴갈 수 있을지 의문이기 때문이다.

오히려 '할 수 없음', '무능력', '무력함'이 갖는 어떤 급진성과 윤리성을 기존과는 다른 관점에서 사유하는 것이 오늘날 필요한 것은 아닐까. 물론 이 글에서 빠진 것은 그러한 사유가 불러올 수 있는 실천적 또는 정치적 지평에 대한 부분이다. 이 부분은 훗날의 과제로 남겨둔다.

주

치유를 말하기 이전에

출전: 정명중, 『'인문'과 '치유', 그 접합을 위한 제언 : '사회'없는 사회에서 '사회' 만들기」, 『인간연구』 제18호, 가톨릭대학교 인간학연구소, 2010.

1 가라타니 고진, 박유하 옮김, 『일본근대문학의 기원』, 민음사, 1997. 141～142.쪽.

2 미셸 푸코, 홍성민 옮김, 『임상의학의 탄생』, 인간사랑, 1994. 33쪽.

3 프리드리히 니체, 김정현 옮김, 『니체전집 14 : 선악의 저편·도덕의 계보』, 책세상, 2007, 377～378쪽.

4 가라타니 고진, 앞의 책, 145쪽.

5 정과리, 『의학과 문학』, 문학과 지성사, 2004. 207쪽.

6 물론 안타깝게도 '개인을 떠받치고 있는 어떤 것', 식의 표현 역시 실체화된 '개인'이라는 의심스러운 관념으로부터 결코 자유롭지 못한 게 사실이다. 그럼에도 불구하고 중요한 것은 우리들의 시선이 가닿아야 할 곳이 어떤 점이나 좌표로서 '개인'이 되어서는 안 된다는 것이다.

7 그레고리 베이트슨, 박대식 옮김, 『마음의 생태학』, 책세상, 2006. 189쪽.

8 칼 마르크스·프리드리히 엥겔스, 최인호 외 옮김, 『저작선집 1』, 박종철출판사, 2002. 2쪽.

9 노명우, 「주체의 재생산과 문화적 사회안전망」, 『문화과학』 제45호, 문화과학사, 2006. 73～74쪽.

10 테어도어 아도르노·막스 호르크하이머, 김유동 옮김, 『계몽의 변증법』, 문학과지성사, 2002, 146쪽, 역주.

11 같은 책, 270쪽.

12 인터넷 국립국어원 표준어국어대사전http://www.korean.go.kr 참조.

13 인터넷 두산백과http://www.doopedia.co.kr 참조.

14 서동진, 「웰빙 시대의 소비문화 '비판'을 위하여」, 『문화과학』 제41호, 2005, 92쪽.

15 이러한 맥락에서 착한 소비자 또는 윤리적 소비Ethical Consumption라는 용어들 역시 의심스러운 게 사실이다. 소비 행위를 자율적인 삶의 영역으로 간주하는 것도 문제려니와 '인간적 자본주의'라는 형용모순을 전제한다는 점에서 자본주의 사회의 근본적 모순과 병폐에 대한 발본적인 문제 제기와는 다소 거리가 멀기 때문이다.

16 권오현, 「IMF 이후 성공학 서적의 유행과 출판·독서 시장」, 『한국사회』 제7집 2호, 2005, 92~93쪽.

17 인터넷 국립국어원 표준어국어대사전http://www.korean.go.kr 참조.

18 강준만, 「한국인들의 처절한 삶의 투쟁에 관한 보고서」, 『인물과 사상』 2004년 3월호, 개마고원, 2004, 152~153쪽.

19 노여진, 「일본의 히키코모리ひきこもり와 한국의 은둔형 외톨이의 비교 고찰- 발생원인과 대책을 중심으로」, 전북대석사학위논문, 2007, 2~3쪽 참조.

20 강수돌, 「두 개의 진실 : 삶의 논리, 돈의 논리」, 『당대비평』 통권 제11호, 2000. 183~184쪽.

21 이효덕, 「국민 국가의 안과 밖 : 국민국가·국가·주체」, 『당대비평』 제7호, 생각의 나무, 1996, 212~213쪽.

22 심광현, 「촛불시위로 열린 "제3 공간"의 키잡이, "민중의 집 운동"」, 『문화과학』 통권55호, 문화과학사, 2008, 233쪽.

23 롤프 옌센, 서정환 옮김, 『드림소사이어티』, 리드리드출판, 2005, 서문 참조.

불안은 영혼을 잠식하고

출전: 정명중, 『길 없는 청춘들의 서사』, 『인간·환경·미래』 제8호, 인간환경미래연구원, 2012.

1 사카이 다카시, 김은주 옮김, 『폭력의 철학』, 산눈, 2007, 148쪽.

2 한재호, 『부코스키가 간다』, 창비, 2009.
문진영, 『담배 한 개비의 시간』, 창비, 2010.
김혜나, 『제리』, 민음사, 2010.
전석순, 『철수 사용 설명서』, 민음사, 2011.

3 『부코스키』, 69쪽.

4 같은 책, 65쪽.

5 『담배』, 21쪽.

6 같은 책, 44쪽.

7 『제리』, 74쪽.

8 같은 책, 107쪽.

9 같은 책, 213쪽.

10 같은 책, 79쪽.

11 같은 책, 30쪽.

12 같은 책, 218쪽.

13 후지타 쇼조, 이홍락 옮김, 「전체주의의 시대경험」, 『창작과 비평』, 창비, 1995, 겨울호, 415쪽.

14 『제리』, 47쪽.

15 같은 책, 100쪽.

16 리처드 래비스·버니스 래저스, 정영목 옮김, 『감정과 이성』, 문예출판사, 1997, 51쪽.

17 제레미 리프킨, 이경남 옮김, 『공감의 시대』, 민음사, 2011, 71~76쪽. 참조.

18 『부코스키』, 11쪽.

19 같은 책, 90~91쪽.

20 같은 책, 185쪽.

21 『담배』, 82쪽.

22 같은 책, 86쪽.

23 같은 책, 21쪽.

24 같은 책, 143~144쪽.

25 『제리』, 56쪽.

26 같은 책, 54쪽.

27 같은 책, 59~60쪽.

28 앤소니 기든스., 배은경·황정미 옮김, 『현대 사회의 성·사랑·에로티시즘』, 새물결, 2003, 148쪽.

29 같은 책, 149~150.

30 『제리』, 181~182쪽.

31 같은 책, 213쪽.

32 이 두개의 관계 패턴 안에서 윤리적 맥락(레비나스적 의미의 '얼굴')을 찾을 수도 없으려니와, 오히려 일정한 계기만 주어진다면 상호적이건 일방적이건 무차별적인 폭력의 장으로 전이될 소지까지 있다고 생각한다. 이점에 대해서는 기회가 닿으면 다른 자리를 빌어서 논의하고 싶다.

33 『설명서』, 109쪽.

34 이하 '거짓 물음(문제)'에 대한 설명은 졸고, 「철학을 넘어 '배움의 윤리학'으로」, 『진보평론』 32호, 메이데이, 2007, 여름호, 331~332쪽의 내용을 약간 변형한 것임.

35 가라타니 고진, 송태욱 옮김, 『탐구 1』, 새물결, 1998, 14쪽.

36 『설명서』, 49쪽.

37 같은 책, 140쪽.

38 같은 책, 46쪽.

39 같은 책, 113쪽.

40 같은 책, 114쪽.

41 같은 책, 118쪽.

42 같은 책, 119쪽.

43 같은 책, 58쪽.

44 같은 책, 144~145쪽.

괴물의 탄생

출전: 정명중, 「괴물의 탄생 : 신자유주의, 유연성 그리고 '지존파'」, 『열린정신 인문학 연구』 제17집, 원광대학교 인문학연구소, 2016.

1 후지타 쇼조, 이순애 엮음/이홍락 옮김, 『전체주의의 시대경험』, 창작과비평사, 1999, 56~58쪽.

2 같은 책, 55쪽.

3 같은 책, 58쪽.

4 앞서 본문에서 인용한 쇼조의 언급은 원래 1986년 2월 잡지 『사상의 과학思想の科學』에 실린 「전체주의의 시대경험」이라는 글의 일부이다. 이 글이 실린 시점이 1986년인 점을 고려할 때, 즉 이미 신자유주의 체제가 바야흐로 가공할 위세를 펼쳐 나아갈 무렵이라는 점을 염두에 둘 때, 전혀 엉뚱한 것을 필자가 이 글에서 아전인수로 끌어들이는 것은 아닌 듯하다. 물론 그의 진술에서 '신자유주의'라는 용어가 명시적으로 드러난 것은 아니지만, 그럼에도 불구하고 오늘날 우리가 겪고 있는 신자유주의 체제의 모순과 문제점을 이미 상당한 수준에서 선취하고 있었다고 해도 무리 없다고 생각한다.

5 게오르그 짐멜, 김덕영·윤미애 옮김, 『짐멜의 모더니티 읽기』, 새물결, 2005, 194쪽.

6 루시앙 골드만, 조경숙 옮김, 『소설사회학을 위하여』, 청하, 1992, 20쪽.

7 이는 증오범죄의 특징 중 하나인 '비합리성'을 보여주는 사례로 볼

수도 있다. 참고로 증오범죄의 특징은 비합리성 외에도 잔인성, 대량성, 무차별성, 지속성, 모방성 등이 있다고 한다.(김진현, 「한국형 증오범죄에 관한 연구」, 『한국범죄심리연구』 제6권 1호, 한국범죄심리학회, 2010, 35~37쪽. 참조)

8 파울 페르하에허, 장혜경 옮김, 『우리는 어떻게 괴물이 되어가는가 : 신자유주의적 인격의 탄생』, 반비, 2016, 190쪽.

9 김성수·유신희, 「김영삼 정권의 신자유주의 경제개혁 : 기술관료Technocrat와 정당엘리트의 상호관계를 중심으로」, 『사회과학연구』 제25권 4호, 충남대학교 사회과학연구소, 2014, 132쪽.

10 리처드 세넷, 조용 옮김, 『신자유주의와 인간성의 파괴』, 문예출판사, 2002, 84~85쪽.

11 같은 책, 85쪽.

12 지그문트 바우만, 이수영 옮김, 『새로운 빈곤』, 천지인, 2010, 145쪽.

13 리처드 세넷, 앞의 책, 9쪽.

14 같은 책, 10쪽.

15 지그문트 바우만, 앞의 책, 125쪽.

16 같은 책, 119쪽.

17 같은 책, 121쪽.

18 같은 책, 118쪽.

19 칼 마르크스·프리드리히 엥겔스, 이진우 옮김, 『공산당 선언』, 책세상, 2004, 19~20쪽.

20 마샬 버만, 윤호병·이만식 옮김, 『현대성의 경험』, 현대미학사, 2004, 139~160쪽, 참조.

21 데이비드 하비, 임동근 외 옮김, 『신자유주의 세계화의 공간들』, 문화과학사, 2010, 44쪽.

22 파울 페르하에허, 앞의 책, 133쪽.

23 같은 책, 137쪽.

24 같은 책, 139쪽.

25 같은 책, 144쪽.

26 같은 책, 159쪽.

27 요시다 도오루, 김상운 옮김, 『정치는 감정에 따라 움직인다』, 바다출판사, 2015, 36쪽.

28 미루야마 마사오, 김석근 옮김, 『현대정치의 사상과 행동』, 한길사, 1997, 435쪽.

29 같은 책, 436쪽.

30 김찬호, 『모멸감 - 굴욕과 존엄의 사회학』, 문학과지성사, 2014, 125～126쪽.

31 참고로 한국의 헌법 제11조 1항에는 "모든 국민은 법 앞에 평등하다. 누구든지 성별·종교 또는 사회적 신분에 의하여 정치적·경제적·사회적·문화적 생활의 모든 영역에 있어서 차별을 받지 아니한다."고 명시돼 있고, 제2항에는 "사회적 특수계급의 제도는 인정되지 아니하며, 어떠한 형태로도 이를 창설할 수 없다."고 밝히고 있다.

32 김동욱, 「19세기 시칠리아 마피아 발생 연구」, 서울대학교 대학원 석사학위논문, 2002, 41쪽.

33 이 때문에 그들이 '지존파至尊派'라는 명칭을 얻게 되었다. 애초 그들의 조직 명칭은 '야망'을 뜻하는 희랍어 'Mascan'이었다고 한다. 그들을 검거했던 형사가 범죄조직 명칭으로는 적절치 않다고 판단해서 지존파로 명명한 것으로 돼 있다.

34 에릭 호퍼, 이민아 옮김, 『맹신자들』, 궁리, 2012, 93쪽.

35 에리히 프롬, 원창화 옮김, 『자유로부터의 도피』, 홍신문화사, 2014, 121쪽.

36 같은 책, 123쪽.

증오를 넘어 분노로

출전: 정명중, 「증오에서 분노로 : 임철우의 『봄날』 읽기」, 『민주주의와 인권』 제13권 2호, 전남대학교 5·18연구소, 2013.

1 스페판 에셀, 임희근 옮김, 『분노하라』, 돌베개, 2011. 21~22쪽.

2 같은 책, 26쪽.

3 이에 대한 자세한 논의는 정명중, 「저항은 과연 가능한가」, 『우리 시대의 슬픔』(정명중 외), 전남대학교출판부, 2013.을 참조할 것.

4 사카이 다카시, 김은주 옮김, 『폭력의 철학-지배와 저항의 논리』, 산눈, 2007, 58~59쪽.

5 임철우, 『봄날』 1~3권, 문학과지성사, 1997.
______, 『봄날』 4~5권, 문학과지성사, 1998.
이하 이 소설을 인용할 경우 각주에 '1-123.'과 같은 형식으로 표기함. 앞의 '1'은 제1권을 뒤의 '123'은 인용 쪽수를 가리킴.

6 "(…) 나는 그 전체적인 흐름을 따라가되, 세부적인 구성에 있어서는 보다 핵심을 이루는 몇몇 중요한 사건과 사실들을 중심 기둥으로 삼아 소설을 전개시키고자 했다. 역사적인 실재 사건을 소설로 다루는 데는 작가의 상상력이란 필수적이면서 또한 위험부담이 따른다. 사실과 상상력—그 둘 사이에서, 적어도 이번 소설에 관한 한, 나는 최대한 사실성에 의지하려 했다."(1-13)

7 이 점에서 '역사의 영혼'과 '권력의 영혼'의 충돌이라는 식으로 광주 5월의 사건에 형이상학적 의장을 덧씌우고 있는 듯 한 정찬의 장편소설 『광야』(문이당, 2002)나 룸펜 계급에 해당하는 이들이 마지막까지 도청을 사수하다가 끝내 죽음을 선택했다는 사실의 의문점을 해소하기 위해 5월을 재현했다고 밝힌 문순태의 『그들의 새벽 1, 2』(한길사, 2000)은 필자의 관심에서 제외될 수밖에 없었다. 물론 두 작가의 재현 의도에 특별한 결함이나 하자가 있어서는 아니다.

8 고백하자면 이 글은 자크 랑시에르J. Ranciere의 다음과 같은 진술로부터 촉발된 바 크다. "문학은 그 본연의 진리, 즉 그들의 무수한

행위들이 결합되어 사건의 얼굴을 만들었던 익명의 진리를 지닌다. 역사학이 기술하는 전략가들의 총괄적인 허구에 맞서 문학은 증인들은 알고 있으나 역사가는 알지 못하는 개인들의 자각적 행동과 그들을 연결시키는 무의식적 규칙으로 짜여진 진리를 대립시킨다."(자크 랑시에르, 유재홍 옮김, 『문학의 정치』, 인간사랑, 2009, 131쪽.)

9 이 글에서 사용하는 '군중'이라는 용어는 일정한 가치평가를 미리 염두에 둔 게 아님을 밝혀둔다. 유기적이고 조직적인 진압기계에 대응하는, 그래서 상대적으로 비유기적이고 분자적인 무리를 편의상 지칭하기 위해서 사용한 것에 불과하다. 물론 5월 항쟁 당시의 군중을 요즘 논의가 활발하게 진행되고 있는 '물티투도multitudo' 혹은 '다중多衆'이라는 개념과 연결시켜 보고 싶은 유혹도 없지 않다. 그러나 안타깝게도 아직은 그에 대한 확신이 없다.

10 양진오, 『임철우의 『봄날』을 읽는다』, 열림원, 2003, 75쪽.

11 1-221.

12 2-285.

13 1-125.

14 1-220~221.

15 1-132.

16 1-132.

17 1-223.

18 1-131.

19 1-127.

20 1-227.

21 2-25.

22 2-53.

23 2-55.

24 2-63.

25 2-52.

26 2–144.

27 2–146.

28 3–310～311.

29 사카이 다카시, 앞의 책, 120쪽.

30 3–322.

31 3–327.

32 5–176.

33 4–41.

34 5–175.

35 4–214.

36 이에 대해 더 자세한 논의는 정명중, 「5월의 재구성과 의미화 방식에 대한 연구–소설의 경우」, 『민주주의와 인권』 제5권 1호, 전남대학교 5·18연구소, 2005. 참조.

37 3–231.

38 3–198.

39 3–251.

40 소설에서 광천동 시민 아파트에 관한 묘사는 그때를 살았던 대다수 사람들의 사회적·경제적 또는 문화적 생태 환경에 대한 알레고리로 읽어도 무방하다고 본다. "이곳은 근처에 공장 지대를 끼고 있어서 근래엔 사람들이 제법 모여들어 살고 있지만, 예나 지금이나 지독히도 가난하고 궁벽지기는 마찬가지였다. 주민들 대부분은 빈민이었고, 온통 어디에나 시커먼 먼지와 매연을 뒤집어쓴 초라한 집들이 고약한 인분 냄새와 오물 냄새를 걸죽하니 풍기며 덕지덕지 늘어붙어 있었다. 그런 이 동네에서도 가장 궁상스럽고 험상스러운 꼴을 하고 있는 곳이 바로 이 시민아파트였다. 예전엔 이 부근 일대가 광주천 하류의 들판이었다. 시가지로부터 멀리 떨어져 있는 이 벽촌으로 맨 처음 밀려들어왔던 사람들은 대부분이 피난민들이었는데, 그들은 대충 비바람이나 가릴 정도로 가마니며 헌 판자 쪽

따위를 얼기설기 엮어 집을 만들어 살기 시작한 모양이었다. 그러다가 육 십년대말 승용차를 몰고 국회의원의 주선으로, 이름 하여 정부 지원 사업으로 생겨난 것이 바로 지금의 이 시민아파트라는 거였다."(1–43.)

41 1–155.

42 이를테면 다음과 같은 상태이다. "야단을 맞거나 능주댁의 지독스런 욕설과 신세타령 앞에서도 영님이의 얼굴엔 아무런 감정의 흔적이 나타나지 않았다. 핏기 없이 핼쑥하고 갸름한 얼굴을 가진 그 아이는 어쩌면 태어나서부터 지금껏 감정에 적절히 반응하는 법을 애당초 배우지 못했는지도 모른다. 어쩌다 드물게 웃는 때가 있긴 했지만, 그것은 칠십 노파의 웃음처럼 보였다."(1–156.)

43 제레미 리프킨, 이경남 옮김, 『공감의 시대』, 민음사, 2011, 74~76쪽.

44 1–338.

45 2–149.

46 1–310.

47 1–306.

48 1–307.

49 "소설에서 피 냄새를 맡지 않을까 착각할 정도로 『봄날』은 반복하여 피 흘리며 죽어가는 자들을 묘사한다. 이 반복은 끔찍하다. 독자들로 하여금 섬뜩한 공포를 느끼게 할 정도로 피의 반복은 끔찍하다. 과연 우리 소설사에 이와 같은 처참한 묘사가 반복적으로 제시된 사례가 있을까? 엽기적 묘사라고 해도 이런 사례는 없었으며 잔혹한 묘사라고 해도 이런 사례는 없었다. 임철우가 묘사하는 이 잔혹한 장면들은 이전에도 없었고 이후에도 보기 어려운 극한의 장면이다."(양진오, 앞의 책, 77쪽.)

50 2–139.

51 2–133~134.

52 3–190~191.

53 질 들뢰즈·펠릭스 가타리, 김재인 옮김, 『천개의 고원』, 새물결,

2001, 591쪽.

54 "박자란 규칙적이고 불규칙적인 것을 떠나 반드시 코드화된 형식을 전제하며 이 형식의 측정 단위 또한 가령 변화하더라도 결국은 소통되지 않는 환경에 안주하고 마는 데 반해, 리듬은 항상 코드 변환 상태에 놓인 <불평등한 것> 혹은 <공동의 척도를 갖지 않는 것>이기 때문이다. 박자는 단정적이지만 리듬은 비판적이며, 결정적 순간들을 잇거나 하나의 환경에서 다른 환경으로 이동해가면서 스스로를 연결하거나 한다. 리듬은 등질적인 시간-공간 속에서 작용하는 것이 아니라 이질적인 블록들과 겹쳐가면서 작용한다. 방향을 바꾸어나가는 것이다."(같은 책, 595쪽.)

55 3-192~193.

56 "이쪽 군중들을 바라보는 얼룩무늬의 검게 그을린 얼굴. 숯덩이. 불에 타 까맣게 변한 숯덩이처럼 보이는 기묘한 얼굴. 그 검은 얼굴 한쪽이 벌어지며 하얀 이빨이 얼핏 드러나는 걸 군중들은 보았다. 웃음. 얼룩무늬는 웃고 있는 것이다. 또 다른 얼룩 무늬가 다가오더니, 쓰러진 살덩어리를 발로 두어 번 세차게 걷어찼다. 여길 잘 보라는 듯이. 그리고 다시 군중들을 돌아다보며 얼룩무늬들은 저희들끼리 낄낄거렸다. 웃음소리. 드러난 흰 이빨들."(2-126~127.)

57 3-207.

58 엠마누엘 레비나스, 강연안 옮김, 『시간과 타자』, 문예출판사, 1996, 83쪽.

59 3-167~168.

60 물론 이와 비슷한 장면은 또 있다. "그런데 이상한 일이 벌어졌다. 공수부대로서도 이제는 더 이상 물러설 곳마저 없다고 여겼을 때, 어찌된 셈인지 차량 시위대는 더 이상 접근하지 않고 정지했다. 차량 대열이 계속 밀고 들어가는데도 전 병력이 그대로 자리를 지키고 서 있는 모습을 보고, 시민들은 차마 더 이상 밀어붙이지 못하고 있는 거였다."(3-311.)

61 물론 이것을 작가 임철우의 결함으로 보는 것은 무의미하다. 항쟁

의 열흘을 가로질렀던 이른바 '불씨' 또는 '불'의 체험이란 과연 무엇이었는가, 하는 물음은 결국 항쟁 공동체란 무엇이고 도대체 어떤 성질의 것이었는가를 묻는 것이다. 그것에 대한 다양한 명명법도 이미 있어왔다. 이를테면 가장 대표적인 '절대공동체'(최정운, 『오월의 사회과학』, 풀빛, 1999.)를 비롯하여 '혁명적 코뮌'이나 '초계급적 공동체' 등에 이르기까지 그 명칭은 다채롭다. 심지어 그것을 현세적 인과 관계로 환원될 수 없는 불가사의라는 점에서 신의 '계시'로 보는 적잖이 신비주의적인 견해(김상봉, 「계시로서의 역사-5·18에 대한 종교적 해석 시도」, 『신학전망』, 광주카톨릭대학교 신학연구소, 2010.) 조차 있다. 이 점은 이 불의 체험을 언어화(개념화)하기가 용이하지 않다는 사실을 말해주고 있다.

62 2-177~178.

63 "(…) 우리는 우리도 알 수 없는 사건에 휘말려 외롭게 죽어가는 개체, 즉 불연속적 존재들이라고 할 수 있다. 그러나 그럼에도 불구하고 우리에게는 잃어버린 연속성에 대한 향수가 남아 있다. 그래서 우리는 우리를 우연한 개체, 덧없이 소멸하는 개체로 떠미는 현재의 상황을 견디지 못한다. 우리는 소멸할 수밖에 없는 우리의 존재가 지속되기를 애타게 염원하는 동시에 우리를 보편적 실재實在와 이어주는 최초 연속성을 끊임없이 생각한다."(조르쥬 바타이유, 조한경 옮김, 『에로티즘』, 민음사, 1994, 15쪽.)

64 에티엔느 발리바르, 진태원 옮김, 『폭력과 시민다움-반폭력의 정치를 위하여』, 난장, 2012, 104~105쪽.

65 같은 책, 109쪽.

66 같은 책, 118쪽.

67 같은 책, 118~121쪽.

68 3-36.

69 2-134.

70 4-215.

71 5-299~300.

72 노베르트 엘리아스, 김수정 옮김, 『죽어가는 자의 고독』, 문학동네, 1998, 69쪽.

73 5-17.

74 노베르트 엘리아스, 앞의 책, 86쪽.

루저는 자기서사를 구성할 수 있는가

출전: 정명중, 「신자유주의와 자기서사」, 『인간·환경·미래』 제19호, 인간환경미래연구원, 2017.

1 김혜나, 『제리』, 민음사, 2010, 213쪽.

2 2015년 세계은행WB이 발표한 보고서에 따르면 전세계 청년(15~29세) 인구 18억 명 가운데 실업자이거나 고용불완전 상태인 또는 구직 활동을 단념한 청년이 6억 명 이상이 된다고 한다. 세계적으로 청년 3명 중 1명꼴로 실업자이거나 그에 준하는 상태인 것이다. 더구나 이 보고서는 세계경제의 둔화와 양극화가 지속되는 한 청년실업 문제가 단기에 해소될 가능성은 없을 것이라는 비관적인 전망을 덧붙이고 있다.

3 '백수白手'란 원래 돈 없이 빈둥거리며 놀고먹는 사람이라는 뜻을 지닌 백수건달白手乾達의 줄임말이었다. 그러나 이 말은 1997년 한국의 IMF(국제구제금융) 외환위기 이후 무더기로 쏟아진 실업자들 일반을 지칭하기 위한 보통명사로 굳어져버린 게 사실이다. 특히 한국에서 '88만원 세대'라 불리기도 했던 청년백수는 일본의 잃어버린 세대Lost Generation라는 뜻의 '로스제네'(ロスジェネ, 일본의 버블경제 붕괴 후 취업빙하기였던 1994~2005년에 신규졸업자가 돼 비정규직을 전전하는 세대)나 중국의 '개미족(蟻族, 중국에서 1980년대에 태어난 젊은이 중 학력은 높지만 취업난으로 인하여 빈곤한 삶을 사는 이들)이 지닌 의미지평과 상당 부분 겹치는 것처럼 보인다.

4 지그문트 바우만, 이수영 옮김, 『새로운 빈곤』, 천지인, 2010, 119쪽.

5 리처드 세넷, 조용 옮김, 『신자유주의와 인간성의 파괴』, 문예출판

사, 2014, 10쪽.

6 같은 책, 33쪽.

7 같은 책, 17쪽.

8 미셸 푸코, 이희원 옮김, 『자기의 테크놀로지』, 동문선, 2002, 36쪽.

9 폴 리쾨르, 김한식 옮김, 『시간과 이야기 3』, 문학과지성사, 2004, 471쪽.

10 이에 대한 더 자세한 논의는 김유석·이승하, 「서사적 정체성의 현대적 의의」, 『인문과학연구』 29호, 2011.을 참조할 것.

11 질 들뢰즈, 김상환 옮김, 『차이와 반복』, 민음사, 2004, 72~73쪽.

12 후지타 쇼조, 이순애 편/이홍학 옮김, 『전체주의의 시대경험』, 창작과비평사, 1999, 21쪽.

13 이러한 맥락에서 자기서사라는 용어는 요즘 한창 유행하는 문학치료학 분과에서 치료의 도구로서 제시되곤 하는 그것과는 거리가 있다. 또한 작문 수업 시간에 혹은 취업을 목적으로 써야했던 자기소개서와 같은 것을 떠올리는 것 역시 그다지 논의에 도움이 되지 않을 것이다.

14 파울 페르하에허, 장혜경 옮김, 『우리는 어떻게 괴물이 되어가는가 : 신자유주의적 인격의 탄생』, 반비, 2016, 128~129쪽.

15 오찬호, 『대통령을 꿈꾸던 아이들은 어디로 갔을까』, 위즈덤하우스, 2016, 77쪽.

16 리처드 세넷, 앞의 책, 84~85쪽.

17 김신우, 「어느 청년 백수의 기나긴 하루」, 『황해문학』 50호, 2006, 205쪽.

18 전상진, 「비참한 청년과 화려한 기성세대? : 청년성과 '세대게임'」, 강명구·김홍중·신혜선 편, 『한중일 청년을 말하다』, 진인진, 2016, 67쪽.

19 같은 글, 77쪽.

20 같은 글, 79쪽.

21 모리 요시타카, 심정명 옮김, 『스트리트의 사상』, 그린비, 2013, 221쪽.
22 스테판 에셀, 임희근 옮김, 『분노하라』, 돌베개, 2011, 21～22쪽.
23 마사 너스바움, 조계원 옮김, 『혐오와 수치심』, 민음사, 2015, 24쪽.
24 같은 책, 75쪽.
25 같은 책, 37쪽.
26 같은 책, 42쪽.
27 지그문트 바우만, 앞의 책, 127쪽.
28 리처드 세넷, 앞의 책, 207쪽.
29 임철우, 『봄날』 제3권, 문학과지성사, 1997, 93～94쪽.
30 최정운, 『오월의 사회과학』, 오월의봄, 2012, 248～249쪽.
31 리처드 세넷, 앞의 책, 209～210쪽.
32 지그문트 바우만, 권태우·조형준 옮김, 『리퀴드 러브』, 새물결, 2013, 24～25쪽.
33 전남대학교 감성인문학연구단, 『공감장이란 무엇인가 : 감성인문학 서론』, 도서출판 길, 2017, 11쪽.
34 장강명, 『표백』, 한겨레출판, 2011, 199쪽.
35 마루야마 마사오, 김석근 옮김, 『현대정치의 사상과 행동』, 한길사, 1997, 435쪽.
36 요시다 도우루, 김상운 옮김, 『정치는 감정에 따라 움직인다』, 바다출판사, 2015, 36쪽.
37 다니엘 벤사이드, 김은주 옮김, 『저항 : 일반 두더지학에 대한 서론』, 이후, 2003, 43쪽.
38 크리스토프 멘케, 김동규 옮김, 『미학적 힘 : 미학적 인간학의 근본개념』, 그린비, 2013, 149쪽.
39 레비 스트로스, 안정남 옮김, 『야생의 사고』, 한길사, 1996, 70～71쪽.

부끄러움의 지층들

출전: 정명중, 「부끄러움의 성찰성을 위한 시론」, 『감성연구』 제12집, 전남대학교 호남학연구원 인문한국사업단, 2016.

1 우카이 사토시, 박성관 옮김, 「어떤 감정의 미래―<부끄러움(恥)>의 역사성」, 『흔적』, 문화과학사, 2001, 59쪽.

2 같은 글, 59쪽.

3 게오르그 짐멜, 김덕영·윤미애 옮김, 『짐멜의 모더니티 읽기』, 새물결, 2005, 227쪽.

4 우카이 사토시는 티스론의 다음 말을 인용하면서 부끄러움의 근원적 다수성을 환기시킨다. "마지막으로, 부끄러움의 기원이 되는 상황의 복잡성을 생각하면, 어떤 부끄러운 감정도 선험적으로는 아무 것도 의미하지 않는다고 상정될 수밖에 없다고 우리는 생각한다. 그 원인에 대해서도 그 기제에 대해서도, 그 귀결에 대해서도 … 그런 까닭에, '단수형'으로 부끄러움을 말하지 않고, 오히려 늘 '복수형'으로 부끄러움hontes을 말해야 하고, 나아가 '죄책감들'sentimentes de culpabilités에 대해 이야기할 때처럼, '부끄러움의 감정들'sentimentes de hontes을 이야기해야 할 것이다."

5 우카이 사토시, 앞의 글, 60쪽.

6 최근에 국내에 번역 출간된 스튜어트 월튼Stuart Walton의 『인간다움의 조건』은 '인간을 인간이게 만드는 10가지 감정 이야기'라는 흥미 있는 부제를 달고 있는데, 이 책에서 그는 이렇게 말한 바 있다. "대부분의 감정이 그렇듯이 수치는 부정적 감정이지만, 그래도 공개적인 자리에서 반성을 하면 수치도 명예로 바뀔 수 있다고 생각한다. 그렇지만 똑같은 이치로 수치는 병적인 것이 될 수도 있다. 그래서 기운 없이 몸을 사리게 만들고 놀림을 받을지 모른다는 근거 없는 두려움에 떨게 만들고 강박충동적 행동으로 사람을 몰고 간다."(Stuart Walton, 이희재 옮김, 『인간다움의 조건』, 사이언스북스, 2012. 352~353쪽.) 참고로 그가 말한 10가지 감정은 공포, 분노,

혐오, 슬픔, 질투, 경멸, 수치, 당황, 놀람, 행복이다.

7 너스바움의 다음 언급에서 감정에 대한 인지주의적 입장이 비교적 잘 나타나고 있다. "(…) 우리는 감정에 수반된 사고를 단순히 [감정의] 부수물이나 인과적 필요조건으로 간주해서는 안 된다. 감정에 수반된 사고가 감정을 확인하거나 정의하고, 어떠한 감정을 다른 감정과 구분하는데 필요하다면, 이는 이러한 사고들이 감정 그 자체가 '되는' 것의 일부이며, 그것의 본질을 구성함을 뜻한다. 그뿐만 아니라 이러한 것들은 변동이 심하고 쉽게 변하는 느낌-구성 요소에 비해, 감정에 수반된 사고/믿음은 보다 안정적으로 분석할 수 있는 여지가 있어 보인다. (…) 나는 대부분의 감정이 복잡한 사고의 집합을 수반한다고 생각한다. (…) 모든 감정은 대상에 대한 평가를 수반하며, 대상을 사소한 것이 아니라 중요한 것으로 평가한다는 점이다."(마사 너스바움, 조계원 옮김, 『혐오와 수치심』, 민음사, 2015, 62~63쪽.)

8 같은 책, 41쪽.

9 너스바움, 앞의 책, 42~43쪽.

10 같은 책, 40쪽.

11 같은 책, 577쪽.

12 이러한 욕구를 그녀는 다음과 같이 설명한다. "우리는 사실상 다른 동물 종에 견줄 수 없는 육체적 무력한 상태로 유아기를 보내며, 도움 없이 자신의 육체적 필요를 충족시킬 수 있는 능력 면에서 보면 우리의 삶 전반에 걸쳐 비교적 무능력한 상태로 살아간다. 유아기와 유년기를 거치면서 정신과 지각을 통해 세상을 파악하는 능력은 성숙해지지만 우리 자신이 원하는 것을 얻을 수 있는 육체적 능력은 이에 부합할 만큼 성장하지 않으며, 오랜 시간 동안 타인에게 절대적으로 의존하며 지낸다. 게다가 다른 동물보다 훨씬 더 크게 우리의 한계를 인식하며, 일정한 나이가 되면 죽음이라는 사실을 인식하게 된다. 인간은 죽음을 두려워하고 걱정하며, 죽지 않기를 바란다. 이러한 모든 면에서 우리의 인생사는 그 안에 갈등과 모순

을 내재한다. 우리가 인간의 유한성과 동물성을 부정할 수 있는 방법을 생각하는 것은 놀라운 일이 아니다. 우리가 느끼는 감정이 이러한 투쟁을 반영한다는 사실도 마찬가지다."(같은 책, 75쪽.)

13 같은 책, 603쪽.

14 이하부터는 주로 너스바움의 수치심에 대한 논의로만 한정한다.

15 너스바움, 앞의 책, 378쪽.

16 같은 책, 323쪽.

17 같은 책, 401쪽.

18 같은 책, 336쪽.

19 같은 책, 337쪽.

20 같은 책, 338쪽.

21 같은 책, 341쪽.

22 같은 책, 319쪽.

23 인간의 유한성과 동물성(혐오스러운 것)은 보통 '여성적인 것(특히 여성의 몸)'과 연결되고 그것은 특정 집단에게는 혐오의 대상이 되기도 한다. "실제로 특정 집단을 겨냥해 투영되는 혐오의 가장 대표적인 대상은 여성의 몸이다. (…) 여성은 출산을 하기 때문에 동물적 삶의 연속성, 몸의 유한성과 밀접하게 연관된다. (…) 여성은 유약하고, 끈적거리며, 유동적이고, 냄새나는 존재로서, 여성의 몸은 오염된 불결한 영역으로 상상되어 왔다."(같은 책, 207~208쪽.)

24 같은 책, 369쪽.

25 같은 책, 370쪽.

26 같은 책, 398쪽.

27 같은 책, 399쪽.

28 같은 책, 400쪽.

29 같은 책, 381쪽.

30 같은 책, 409쪽.

31 같은 책, 39쪽.

32 같은 책, 393쪽.

33 같은 책, 410쪽.

34 같은 책, 39쪽.

35 같은 책, 205쪽.

36 같은 책, 603쪽.

37 촉진적 환경이란 위니콧D. Winnicott이 『성숙과정과 촉진적 환경』이라는 책에서 사용한 표현이다. 곧 절대적 의존 상태에서 상대적 의존 상태로 변해 가는 과정에서, 유아의 욕구를 미묘한 방식으로 부응해 주면서 성숙을 촉진시키는 바람직한 환경을 의미한다.(같은 책, 372쪽. 옮긴이 주 참조.)

38 같은 책, 624쪽.

39 『혐오와 수치심』 제7장 제목이다.

40 아리스토텔레스, 천병희 옮김, 『니코마코스 윤리학』, 숲, 2014, 82쪽.

41 이와 관련해서 부끄러움이 패자나 희생자의 감정이 아니라 인간 존재의 한계를 깊고도 솔직하게 인정하는 강자의 감정이라는 점에서 사회적응적인 부끄러움과 비적응적이고 파괴적인 부끄러움을 구분하면서 부끄러움의 적응적 경영management을 다루고 있는 신화연, 『부끄러움의 코드』, 좋은책 만들기, 2010.이나 '굴욕과 존엄의 감정 사회학'이라는 부제를 달고, 수치심의 문제를 모멸감과 연관시켜서 논의하고 있는 김찬호, 『모멸감』, 문학과지성사, 2014.등은 참조할 만하다.

42 짐멜, 앞의 책, 230쪽.

43 같은 책, 237쪽.

44 같은 책, 237쪽.

45 같은 책, 237쪽.

46 같은 책, 238쪽.

47 같은 책, 238쪽.

48 에릭 호퍼, 이민아 옮김, 『맹신자들』, 궁리, 2012. 12쪽.

49 같은 책, 93쪽.

50 물론 이것은 너스바움이 말했던 바의 인간의 유약성이나 동물성에 대한 거부나 기피와는 관계가 없다.

51 이에 대한 자세한 사항은 프리모 레비, 이소영 옮김, 『가라앉은 자와 구조된 자』, 돌베개, 2015, 81~103쪽. 참조.

52 우카이 사토시, 앞의 글, 43~44쪽.

53 같은 글, 45쪽.

54 같은 글, 47쪽.

55 아울러 레비의 부끄러움을 논하면서, 결국 부끄러움이 주체화와 탈주체화 형식이 맞물린 주체성("인간은 비인간을 증언하는 한에서 인간이다.")의 장소임을 밝힌, 적잖이 난해한 조르조 아감벤의 『아우슈비츠의 남은 자들』도 반드시 검토해야 하지만, 여기서는 생략할 수밖에 없다. 물론 필자의 과문함 탓이 크다. 다만 아감벤에 따르면 부끄러움이란 "주체화와 탈주체화, 자기를 잃음과 자기를 갖춤, 노예 됨과 주인 됨의 절대적 공존 속에서 산출되는 것"(G, Agamben, 정문영 옮김, 『아우슈비츠의 남은 자들—문서고와 증인』, 새물결, 2012, 161쪽.)으로서 역설적 성격을 갖는 것이다. 아무튼 이에 대한 더 자세한 논의는 후일을 기약한다.

56 질 들리즈, 김종호 옮김, 『대담 1972~1990』, 솔, 1997, 191쪽.

감성공동체를 위하여

출전: 정명중, 「감성공동체의 발견」, 『감성연구』 제3집, 전남대학교 호남학연구원 인문한국사업단, 2011.

1 오늘날 샌들M. Sandel, 매킨타이어A. MacIntyre, 왈쩌M. Walzer, 테일러C. Tayler 등으로 대표되는 공동체주의와 롤즈J. Rawls 그리고 노직R. Nozick으로 대변되는 자유주의의 논쟁은 궁극적으로 어떤 사회를 가지는 것이 바람직한가에 대한 정치철학적 논쟁으로 그 스펙트럼이 퍽 다양하다. 그렇지만 이 논쟁의 핵심은 정의justice를 어

디에 정초하여 어떻게 도출할 것인가로 귀결되는데, 결국 정당성과 선의 양자 관계를 어떻게 이해할 것인가, 하는 점이 쟁점이다. 이에 대한 더 자세한 논의는 장동진, 「자유주의와 공동체주의의 구성원리 : 정당성과 선」, 『법철학연구』 제6권 제2호, 한국법철학회, 2003.을 참조할 것.

2 박주원, 「대안 공동체론에 나타난 '대안' 개념과 '공동체' 개념의 정치 사상적 성찰」, 『역사비평』 제82호, 역사문제연구소, 2008, 353쪽.

3 1987년 설립 이후 왕성한 생명력을 보여주는 경기도 화성의 야마기시 공동체, 전남 장성의 한마음공동체(1990), 1995년 이후 전북 부안의 변산공동체 마을, 1996년 이후 전북 무주의 진도리 마을, 경기도 강화의 생태마을(1998), 경남 산청의 안솔기 마을(1999), 충남 금산 건천리 생태마을(2001), 경남 함양의 청미래 마을(2001) 등이 대표적이다 (강수돌, 「대안 공동체 운동의 평가와 전망」, 『진보평론』 제32호, 진보평론, 2007, 203쪽.)

4 진정석, 「해설 : 지속되는 삶, 끝나지 않은 이야기」, 『장석조네 사람들』(김소진), 문학동네, 2006, 263쪽.

5 같은 글, 263쪽.

6 '자본'은 '균등화'와 '차별화'를 동시에 진행시키는 힘을 갖고 있다. 전세계의 모든 지역을 자본주의의 공간체제로 편입시키는 한편(균등화), 저임금의 저수지를 확보하고 잉여의 이전을 위해 공간의 차별화를 발생시키는(차별화) 자본의 움직임은 '시소'see-saw와도 같은 것이다. 자본이 그 게임을 멈추지 않는 한 자본주의 사회에서 산업간, 부문간, 기업간 그리고 계급간 불평등과 지역불균형은 필연적인 귀결이다.(김왕배, 『도시, 공간, 생활세계』, 한울, 2000, 252쪽.)

7 류희식, 「1970년대 도시소설에 나타난 '변두리성' 연구」, 영남대학교 석사논문, 2003, 5~6쪽.

8 조명기, 「김소진 소설에 나타난 도시 주변 공간의 로컬리티」, 『현대문학이론연구』 제43집, 2010, 294쪽.

9 미셸 푸코, 이광래 옮김, 『말과 사물』, 민음사, 1995, 11~15쪽.

10 “징한 그들. 거의 뭉개지듯 (내게) 기억되던 그들의 삶. 경쟁의 먹이 사슬 제일 밑바닥에 몰켜 있었던 그들(나의 가족을 포함해서). 그들로 말미암아 나는 내 삶이 제대로 오금을 펴지 못하고 뭉개질 것만 같은 암시를 받았다. 그런 탓인지 나는 지금 전혀 경쟁에 익숙하지 못한 (자본주의)체제의 부적응자로 전락해버렸는지 모른다.”(김소진, 「원체험, 기억 그리고 소설」, 『그리운 동방』, 문학동네, 2002, 304쪽.)

11 김소진, 『장석조네 사람들』, 문학동네, 2006, 9쪽.

12 진정석, 앞의 글, 265쪽.

13 게오르그 짐멜, 김덕영·윤미애 옮김, 『짐멜의 모더니티 읽기』, 새물결, 2005, 187쪽.

14 같은 책, 188쪽.

15 진정석, 앞의 글, 265~266쪽.

16 김소진, 앞의 책, 45쪽.

17 제레미 리프킨, 이경남 옮김, 『공감의 시대』, 민음사, 2011, 74쪽.

18 같은 책, 71~72쪽.

19 같은 책, 74쪽.

20 같은 책, 75~76쪽.

21 테어도어 아도르노·막스 호르크하이머, 김유동 옮김, 『계몽의 변증법』, 문학과 지성사, 2002, 146쪽, 역주.

22 김소진, 앞의 책, 156~157쪽.

23 같은 책, 25쪽.

24 같은 책, 29쪽.

25 진정석, 앞의 글, 272~273쪽.

26 김소진, 앞의 책, 118쪽.

27 물론 스피노자주의자인 들뢰즈G. Deleuze였다면 광수 아비의 ‘별’을 ‘일의적univocal 존재’ 혹은 ‘기관 없는 신체CsO’라고 불렀을 게 분명하다.

28 이진경, 「코뮌주의 : 코뮌주의적 존재론과 존재론적 코뮌주의」,

『문화과학』 제47호, 문화과학사, 2006, 276쪽.

29 타락한 세계에서 타락한 방법으로 진정한 가치를 추구하는 인물을 의미한다.(L. 골드만, 조경숙 옮김, 『소설사회학을 위하여』, 청하, 1992, 11~34쪽.)

30 니시가끼 토우루, 고세현 옮김, 「인터넷의 미래와 공동체」, 『창작과 비평』, 제24권 제3호, 창비, 1996, 74~75쪽.

31 장-뤽 낭시, 박준상 옮김, 『무위(無爲)의 공동체』, 인간사랑, 2010, 25쪽.

32 낭시의 철학적 개념 및 용어들에 대해서는 박준상, 「『무위(無爲)의 공동체』의 몇몇 개념들에 대하여」, 『철학과 현상학 연구』 제46집, 2010을 참조할 것.

33 김동규, 「자유와 능동성을 넘어서-레비나스의 주체 물음에서 수동성과 말함」, 『철학』 제105집, 한국철학회, 2010, 58~59쪽.

34 엠마누엘 레비나스, 강연안 옮김, 『시간과 타자』, 문예출판사, 1996, 85쪽.

35 같은 책, 83쪽.

36 서동욱, 『차이와 타자』, 문학과 지성사, 2000, 143쪽.

37 김소진, 앞의 책, 174쪽.

38 "타인의 얼굴이 지닌 비폭력적, 윤리적 저항은 강자의 힘보다 더 강하게 우리의 자유를 문제 삼는다. 강자의 힘은 나의 자유를 제한할 수 있고 완전히 박탈할 수 있지만 나의 자유 자체를 문제시할 수 없다. 그러나 나는 힘없는 타인의 호소를 인정할 때 나의 자유, 나의 자기실현을 그대로 무한정 추구할 수 없다. 얼굴의 현현을 통해 나의 자발성에 제동이 걸린다. 타인의 곤궁과 무력함에 부딪힐 때 나는 내 자신이 죄인임을, 부당하게 나의 소유와 부와 권리를 향유한 사람임을 인식한다. 타인의 경험은 내 자신의 불의와 죄책에 대한 경험과 분리할 수 없다. 이 죄책은 그러나 실패나 좌절을 초래하지 않는다. 실패와 좌절은 내가 나의 계획과 야망을 실현하지 못한 것 때문에 오는 것이지 타인이 당하는 곤궁에 대한 의식, 나의 무

책임에 대한 의식에서 오는 것이 아니기 때문이다."(강연안, 「레비나스의 철학」, 『시간과 타자』, 138쪽.)

39 같은 책. 98쪽.

40 작품 「빵」에서 보이는 외톨이들의 카니발적 활력이 그와 같은 장치라고 상상하기는 어렵다.

참고문헌

가라타니 고진, 박유하 옮김, 『일본근대문학의 기원』, 민음사, 1997.

가라타니 고진, 송태욱 옮김, 『탐구 1』, 새물결, 1998.

강수돌, 「대안 공동체 운동의 평가와 전망」, 『진보평론』 제32호, 진보평론, 2007.

강수돌, 「두 개의 진실 : 삶의 논리, 돈의 논리」, 『당대비평』 통권 제11호, 2000.

강준만, 「한국인들의 처절한 삶의 투쟁에 관한 보고서」, 『인물과 사상』 2004년 3월호, 개마고원, 2004.

게오르그 짐멜, 김덕영·윤미애 옮김, 『짐멜의 모더니티 읽기』, 새물결, 2005.

권오현, 「IMF 이후 성공학 서적의 유행과 출판·독서 시장」, 『한국사회』 제7집 2호, 2005.

그레고리 베이트슨, 박대식 옮김, 『마음의 생태학』, 책세상, 2006.

김동규, 「자유와 능동성을 넘어서-레비나스의 주체 물음에서 수동성과 말함」, 『철학』 제105집, 한국철학회, 2010.

김동욱, 「19세기 시칠리아 마피아 발생 연구」, 서울대학교 대학원 석사학위논문, 2002.

김상봉, 「계시로서의 역사–5·18에 대한 종교적 해석 시도」, 『신학전망』, 광주카톨릭대학교 신학연구소, 2010.

김성수·유신희, 「김영삼 정권의 신자유주의 경제개혁 : 기술관료(Technocrat)와 정당엘리트의 상호관계를 중심으로」, 『사회과학연구』 제25권 4호, 충남대학교 사회과학연구소, 2014.

김소진, 「원체험, 기억 그리고 소설」, 『그리운 동방』, 문학동네, 2002.

김신우, 「어느 청년 백수의 기나긴 하루」, 『황해문화』 제50호, 새얼문화재단. 2006.

김왕배, 『도시, 공간, 생활세계』, 한울, 2000, 252쪽.

김유석·이승하, 「서사적 정체성의 현대적 의의」, 『인문과학연구』 29호, 강원대인문과학연구소, 2011.

김진현, 「한국형 증오범죄에 관한 연구」, 『한국범죄심리연구』 제6권 1호, 한국범죄심리학회, 2010.

김찬호, 『모멸감–굴욕과 존엄의 감정사회학』, 문학과지성사, 2014.

김혜나, 『제리』, 민음사, 2010.

노명우, 「주체의 재생산과 문화적 사회안전망」, 『문화과학』 제45호, 문화과학사, 2006.

노베르트 엘리아스, 김수정 옮김, 『죽어가는 자의 고독』, 문학동네, 1998.

노여진, 「일본의 히키코모리(ひきこもり)와 한국의 은둔형 외톨이의 비교 고찰– 발생원인과 대책을 중심으로」, 전북대석사학위논문, 2007.

니시가끼 토우루, 고세현 옮김, 「인터넷의 미래와 공동체」, 『창작과비평』, 제24권 제3호, 창비, 1996.

다니엘 벤사이드, 김은주 옮김, 『저항 : 일반 두더지학에 대한 시론』, 이후, 2003.

데이비드 하비, 임동근 외 옮김, 『신자유주의 세계화의 공간들』, 문화과학사, 2010

레비-스트로스, 안정남 옮김, 『야생의 사고』, 한길사, 1996.

롤프 옌센, 서정환 옮김, 『드림소사이어티』, 리드리드출판, 2005,

루시앙 골드만, 조경숙 옮김, 『소설사회학을 위하여』, 청하, 1992.

류희식, 「1970년대 도시소설에 나타난 '변두리성' 연구」, 영남대학교 석사논문, 2003.

리처드 래비스·버니스 래저스, 정영목 옮김, 『감정과 이성』, 문예출판사, 1997.

리처드 세넷, 조용 옮김, 『신자유주의와 인간성의 파괴』, 문예출판사, 2014.

마루야마 마사오, 김석근 옮김, 『현대정치의 사상과 행동』, 한길사, 1997.

마사 너스바움, 조계원 옮김, 『혐오와 수치심』, 민음사, 2015.

마샬 버먼, 윤호병·이만식 옮김, 『현대성의 경험』, 현대미학사, 2004.

모리 요시타카, 심정명 옮김, 『스트리트의 사상』, 그린비, 2013.

문진영, 『담배 한 개비의 시간』, 창비. 2010.

미셸 푸코, 이광래 옮김, 『말과 사물』, 민음사, 1995.

미셸 푸코, 이희원 옮김, 『자기의 테크놀로지』, 동문선, 2002.

미셸 푸코, 홍성민 옮김, 『임상의학의 탄생』, 인간사랑, 1994.

박주원, 「대안 공동체론에 나타난 '대안' 개념과 '공동체' 개념의 정치 사상적 성찰」, 『역사비평』 제82호, 역사문제연구소, 2008, 353쪽.

박준상, 「『무위(無爲)의 공동체』의 몇몇 개념들에 대하여」, 『철학과 현상학 연구』 제46집, 2010.

사카이 다카시, 김은주 옮김, 『폭력의 철학-지배와 저항의 논리』, 산눈, 2007.

서동욱, 『차이와 타자』, 문학과 지성사, 2000.

서동진, 「웰빙 시대의 소비문화 '비판'을 위하여」, 『문화과학』 제41호, 2005.

스테판 에셀, 임희근 옮김, 『분노하라』, 돌베개, 2011.

스튜어트 월튼, 이희재 옮김, 『인간다움의 조건』, 사이언스북스, 2012.

신화연, 『부끄러움의 코드』, 좋은책 만들기, 2010.

심광현, 「촛불시위로 열린 "제3 공간"의 키잡이, "민중의 집 운동"」, 『문화과학』 통권55호, 문화과학사, 2008.

아리스토텔레스, 천병희 옮김, 『니코마코스 윤리학』, 숲, 2014.

앤소니 기든스. 배은경·황정미 옮김, 『현대 사회의 성·사랑·에로티시즘』, 새물결. 2003.

양진오, 『임철우의 『봄날』을 읽는다』, 열림원, 2003.

에리히 프롬, 원창화 옮김, 『자유로부터의 도피』, 홍신문화사, 2014.

에릭 호퍼, 이민아 옮김, 『맹신자들』, 궁리, 2012.

에티엔느 발리바르, 진태원 옮김, 『폭력과 시민다움-반폭력의 정치를 위하여』, 난장, 2012.

엠마누엘 레비나스, 강연안 옮김, 『시간과 타자』, 문예출판사, 1996.

오찬호, 『대통령을 꿈꾸던 아이들은 어디로 갔을까』, 위즈덤하우스, 2016.

요시다 도오루, 김상운 옮김, 『정치는 감정에 따라 움직인다』, 바다출판사, 2015.

우카이 사토시, 박성관 옮김, 「어떤 감정의 미래—<부끄러움(恥)>의 역사성」, 『흔적』, 문화과학사, 2001,

이신자, 「김소진 장편 소설 『장석조네 사람들』 연구–인물 분석을 중심으로」, 경원대학교 교육대학원 석사논문, 2011.

이진경, 「코뮌주의 : 코뮌주의적 존재론과 존재론적 코뮌주의」, 『문화과학』 제47호, 문화과학사, 2006.

이효덕, 「국민 국가의 안과 밖 : 국민국가·국가·주체」, 『당대비평』 제7호, 생각의 나무, 1996.

임철우, 『봄날』 1～3권, 문학과지성사, 1997.

임철우. 『봄날』 4～5권, 문학과지성사, 1998.

자크 랑시에르, 유재홍 옮김, 『문학의 정치』, 인간사랑, 2009.

장강명, 『표백』, 한겨레출판, 2011.

장동진, 「자유주의와 공동체주의의 구성원리 : 정당성과 선」, 『법철학연구』 제6권 제2호, 한국법철학회, 2003.

전남대학교 감성인문학연구단, 『공감장이란 무엇인가 : 감성인문학 서론』, 도서출판 길, 2017.

전상진, 「비참한 청년과 화려한 기성세대? : 청년성과 '세대게임'」, 『한중일 청년을 말하다』,(강명구·김홍중·신혜선 편), 진인진, 2016.

전석순, 『철수 사용 설명서』, 민음사, 2011.

정과리, 『의학과 문학』, 문학과 지성사, 2004. 207쪽.

정명중, 「5월의 재구성과 의미화 방식에 대한 연구－소설의 경우」, 『민주주의와 인권』 제5권 1호, 전남대학교 5·18연구소, 2005.

정명중, 「철학을 넘어 '배움의 윤리학'으로」, 『진보평론』 제32호, 2007.

정명중. 「저항은 과연 가능한가」, 「우리 시대의 슬픔」(정명중 외), 전남대학교출판부, 2013.

제러미 리프킨, 이경남 옮김, 『공감의 시대』, 민음사, 2011.

조르쥬 바타이유, 조한경 옮김, 『에로티즘』, 민음사, 1994.

조명기, 「김소진 소설에 나타난 도시 주변 공간의 로컬리티」, 『현대문학이론연구』 제43집, 2010.

죠르조 아감벤, 정문영 옮김, 『아우슈비츠의 남은 자들』, 새물결, 2012.

지그문트 바우만, 권태우·조형준 옮김, 『리퀴드 러브』, 새물결, 2013.

지그문트 바우만, 이수영 옮김, 『새로운 빈곤』, 천지인, 2010.

진정석, 「해설 : 지속되는 삶, 끝나지 않은 이야기」, 『장석조네 사람들』(김소진), 문학동네, 2006.

질 들뢰즈, 김상환 옮김, 『차이와 반복』, 민음사, 2004.

질 들뢰즈, 김종호 옮김, 『대담 1972～1990』, 솔, 1997.

질 들뢰즈·펠릭스 가타리, 김재인 옮김, 『천개의 고원』, 새물결, 2001.

최정운, 『오월의 사회과학』, 오월의 봄, 2012.

최정운, 『오월의 사회과학』, 풀빛, 1999.

칼 마르크스·프리드리히 엥겔스, 이진우 옮김, 『공산당 선언』, 책세상, 2004.

크리스토프 멘케, 김동규 옮김, 『미학적 힘 : 미학적 인간학의 근본 개념』, 그린비, 2013.

테어도어 아도르노·막스 호르크하이머, 김유동 옮김, 『계몽의 변증법』, 문학과 지성사, 2002.

파울 페르하에허, 장혜경 옮김, 『우리는 어떻게 괴물이 되어가는가 : 신자유주의적 인격의 탄생』, 반비, 2016.

폴 리쾨르, 김한식 옮김, 『시간과 이야기 3』, 문학과지성사, 2004.

프리드리히 니체, 김정현 옮김, 『니체전집 14 : 선악의 저편·도덕의 계보』, 책세상, 2007.

프리모 레비, 이소영 옮김, 『가라앉은 자와 구조된 자』, 돌베개, 2015.

한재호, 『부코스키가 간다』, 창비, 2009.

후지타 쇼조, 이순애 엮음/이홍락 옮김, 『전체주의의 시대경험』, 창작과비평사, 1999.

후지타 쇼조, 이홍락 옮김, 「전체주의 시대의 경험」, 『창작과 비평』, 창비, 1995, 겨울호.

찾아보기

ㄴ

ㄷ

ㅇ

ㅈ

ㅎ